오직 가치투자 외길을 걸어 왔습니다
이제 그 길을 함께 걸어가고 싶습니다

최준철 김민국

한국형 가치투자

이론과 실전을 모두 담아 새로 쓴

한국형 가치투자

최준철·김민국 지음

vip value investment pioneer

이콘

저희의 현재 직업은 펀드매니저입니다. 성공한 자산운용사의 창업자로도 불립니다. 이 경우 우리 인생에서 가장 큰 사건은 2003년 대학생 신분으로 VIP투자자문을 창업한 일이 될 것입니다. 그리고 실제로 탁월한 장기 수익률을 만들기 위해 끊임없이 분석하고, 기업탐방을 다니고 토론하며 종목 발굴에 매진했다 자부합니다. 한국에서도 가치투자가 통한다는 사실을 입증하고 싶다는 사명감 또한 열정의 밑바탕에 크게 자리했습니다.

저희는 처음에 대학생 투자자로 세상에 소개됐습니다. 대학 입학 후 각자 주식투자에 흥미를 느껴 개인 투자를 하던 중 한 가치투자 사이트에서 우연히 만났고 뜻이 맞아 '서울대투자연구회'라는 동아리에서 힘을 합쳤습니다. 그렇게 나온 결과물이 2002년 출간한 『한국형 가치투자 전략』입니다. 대학생들이 무슨 주식책을 쓰냐며 출판사로부터 문전박대를 당하기도 했지만 놀랍게도 책이 나오자마자 폭발적인 반응을 얻었습니다.

저희를 향한 여러 수식어 중 한국에 가치투자를 널리 알린 '가치투자의 전도사'라는 말을 가장 좋아합니다. 바쁜 펀드매니저 생활 가운데서도 여러 매체를 통해 가치투자 전파 활동을 병행해온 이유는 이 좋은 개념을 더 널리 알리고 싶다는 욕구와 함께 아직도 한국의 투자 문화가 충분히 성숙되지 않았다는 판단 때문이었습니다.

미완의 숙제 하나가 오랫동안 저희의 마음을 짓눌러왔습니다. 세월이 흘렀어도 여전히 독자들의 사랑을 받고 있는『한국형 가치투자 전략』의 개정판 출간이 그것입니다. 투자를 더 알아갈수록, 경험이 쌓일수록 추가할 내용은 많아지는데 어디서부터 손을 대야 할지 엄두가 나지 않아 작업을 계속 미루게 됐습니다. 클래식은 클래식으로 놔두는 게 낫다는 자기합리화도 한몫했습니다. 이제 더 늦어지면 안되겠다 싶어 회사 창립 20주년에 맞춰 완전히 새로운 책을 내기로 결심했습니다. 재건축이 아닌 신축을 결정한 셈입니다.

『한국형 가치투자』는『한국형 가치투자 전략』과『가치투자가 쉬워지는 V차트』를 잇는 가치투자 3부격입니다. 1편이 가치투자의 개념과 올바른 종목 선정법, 2편이 재무제표 해석 요령에 초점을 맞췄다면 3편은 이와 겹치지 않는 내용을 더하는 데 최우선 목표를 뒀습니다. '포트폴리오 구축'과 '심리 다스리기'가 대표적인 부분입니다. 더불어 저평가 종목이 워낙 많아 노천광산에서 금덩이를 줍는 것 같았던 예전과 비교해 투자 난이도가 높아진 만큼 갱도를 파 금덩이를 캘 세부적 지침을 전달하는 데도 신경을 썼습니다.

저희는 26년간 한국적 상황에 맞는 가치투자를 현실에서 구현하고 입증하는 과정에서 무수히 많은 종목들을 들춰봤을 뿐 아니라 주식시장의 갖가지 사이클들을 겪어왔습니다. 이론의 타당성을 높이기 위해, 설명을 쉽게 하기 위해, 읽는 재미를 배가하기 위해 체험에서 길어 올린 깨달음과 노하우를 최대한 녹이려 노력했습니다. 여기 소개된 내용들은 모두 저희 두 사람이 펀드매니저로서 실제 사용하는 방법들임을 밝힙니다.

오랜 시간 가치투자를 해보니 어땠느냐고 물으신다면 "해보고 좋았으니 여전히 추천하는 겁니다. 20년 전보다 가치투자에 대한 확신은 훨씬 더 커졌습니다"라고 대답하겠습니다. "모든 종목이 성공한 것은 아니었지만 발굴 과정은 재미있었고, 실수에서 배워 다음 성장의 밑거름으로 쓴 과정 또한 의미 있었습니다"라고도 덧붙이고 싶습니다. 이 책을 통해 이미 투자에서 성공하고 있는 분들은 확신과 재미를 더 갖길, 실패한 분들은 다시 시작할 용기와 주식시장에 맞설 무기를 갖길 희망합니다. 이제 가치투자의 세계로 들어가 봅시다.

2023년 3월
지은이 최준철, 김민국

목차

제1부 ——— 가치투자 개념 익히기

1장. 가치투자의 세계관

2장. 가치투자란 무엇인가

제4부 ——— **한국에서 가치투자자로 살기**

최준철과 자본주의

　나는 부산에서 태어나 크게 부족하지도 부유하지도 않았던 유년 시절을 보냈다. 8살이 되자 교육열이 높았던 회사원 아버지는 나를 사립 초등학교로 진학시켰다. 좋은 교육을 시켜주고자 하는 의도였으니 감사할 일이지만 오히려 어린 마음에 열등감이 마음속에 자리 잡는 계기가 되었다. 부산의 내로라하는 금수저들이 다 모이는 곳이다 보니 공립 학교를 다녔으면 느끼지 않았을 상대적 빈곤감에 매일 시달렸던 탓이다. 급기야 스트레스가 쌓여 그랬는지 4학년 때 병이 났고, 퇴원하자마자 동네 학교로 전학을 갔다.

　"쟤네 집과 우리 집의 차이가 뭘까?" 나는 부자 아버지는 가만히 놔둬도 돈을 벌어주는 생산수단을 소유하고 있는 반면, 우리 아버지는 일을 멈추면 소득을 올릴 수 없는, 생산수단 그 자체라는 점이 차이의 원인이라는 결론을 내렸다. 어린이가 당시에 그런 용어를 정확하게 구사했을 리는 없겠으나 부잣집은 대부분 공장, 창고, 선박 같은 자산을 갖고 있었으므로 소유의 관점에서 월급쟁이 아버지와는 구별되어 보였음이 분명하다(부산은 당시에 제조업의 메카로서 경기가 활황이었으며 그만큼 자본가도 많았다).

　이때부터 나의 관심사는 "어떻게 하면 생산수단을 소유할 수 있을까?"

로 바뀌었다. 물론 돈을 많이 벌겠다는 의지였지만 단순히 돈만은 아니었던 것 같다. 중학교 때 아버지 서고에 꽂혀 있던 이병철 회장의 자서전인『호암자전』을 꺼내 읽었으며, 고등학교 시절엔 정주영 회장의『시련은 있어도 실패는 없다』, 김우중 회장의『세상은 넓고 할 일은 많다』를 읽고 큰 감명을 받았다. 우리나라 최고 부자들의 자서전을 읽어보니 생산수단을 갖는 방법은 단연코 창업이었다. 직장인으로서 가장 높은 자리까지 올라간 아버지를 존경했지만 나는 나의 소유물로서의 사업을 하고 싶었다. 그래서 경영학과를 지망해 입학했다.

하지만 부푼 꿈을 안고 들어간 대학에서의 교육 내용은 내 기대와 너무 달랐다. 생산수단을 스스로 만들어내는 사업가가 아니라 대기업에서 일할 고급 생산수단이 되는 방법을 가르치는 느낌이었다. 나에겐 별 의미가 없다 싶어 수업을 빼먹고 혼자 사업 구상을 하는 가운데 여러 작은 시도를 해보기도 했다. 그러나 사업이라기보단 장사에 더 가까웠고 자금, 기술, 인맥의 한계만 절감할 뿐이었다. 1996년은 인터넷이 대중화되기 전이라 사업 아이디어를 낼 만한 여지도 적었다. 벤처캐피탈이 뭔지도 몰랐던 때다.

"이렇듯 허무하게 꿈을 포기해야 하는 것인가" 하며 방황하던 중 학교 앞 서점에서 이런저런 책들을 보다가 주식투자 코너에 눈길이 갔다. 1988년 서울올림픽 즈음에 부모님이 주식투자를 시작하셨는데 그게 뭐기에 어른들이 앞다퉈 뛰어들었는지, 나는 과연 어른들보다 잘할 수 있을지 호기심이 잠재되어 있던 참이었다.

그렇게 운명처럼 버핏의 투자 생애를 다룬『마이더스의 손』, 가치투자의 창시자 벤저민 그레이엄의『현명한 투자자』, 피터 린치가 쓴『월가의 영웅』을 만났다(이로부터 25년이 지나 내 인생을 송두리째 바꾼 교과서였던 『현명한 투자자』와 『월가의 영웅』 한국어판에 추천 서문을 쓸 때 벅차 오르는 감정을 주체할 수 없었다).

주식을 갖는 순간 그 사업에 동참하게 된다는 개념은 나에게 복음처럼 다가왔다. "내가 무슨 수로 라면 회사를 창업해서 농심을 이길 수 있겠는가? 하지만 농심 주식을 사면 내가 라면 사업을 하는 셈이다. 그것도 1등이 되어서." 초등학교 때부터의 오랜 숙원이었던 생산수단을 소유할 방법을 드디어 찾았다는 생각에 유레카를 외쳤다. "컴플렉스여 이제 안녕. 나는 이제부터 가치투자자이자 자본가가 되어 소유를 통해 부자의 꿈을 이룰 것이다." 과외 아르바이트를 뛰어 종잣돈을 모은 뒤 증권사로 달려가 계좌를 텄다.

이런 배경을 가진 나에게 주식을 거래 가능한 종이쪼가리 혹은 로또로 보는 시각은 아무런 감흥을 주지 못한다. 주식투자를 남의 돈 따먹는 도박이라 보지 않으므로 기술적 분석과 트레이딩에 관심이 도통 가지 않는다. 대신 주식을 생산수단(기업)의 소유권으로 본다. 오로지 기업의 이익을 주식을 통해 향유하고 싶다. 그래서 강하고 믿을만한 회사에 투자하고 싶고 나 대신 사업을 더 잘 이끌어줄 현명한 경영자를 원한다. 지난 26년 간 나는 오로지 좋은 생산수단(기업)을 찾아내는 데 모든 열정을 다 바쳤다.

지금도 큰 기쁨 중 하나가 내가 투자한 회사의 제품을 만족스럽게 소비하는 것인데 앞에서 말한 동기로 주식을 시작한 영향이 컸다고 생각한다. 우리 집 냉장고는 내가 투자한 회사의 제품들로 가득하다. 그 회사 사람도 아니면서 유난 떤다 하겠지만 경쟁사 제품이 눈에 띄기라도 하면 정말 난리가 난다. 회사를 주식을 넘어 진짜 사업이란 실체로 느낀다는 증거다. 이런 몰입은 내가 가졌던 사업적 갈망을 해소하는 유희다.

내가 태어난 1976년 8월 코스피지수는 98이었고 상장기업 수는 우선주 포함 329개에 불과했다. 지금과 비교하면 격세지감이다(47년간 지수가 20배 올랐는데 주식으로 돈을 번 사람이 왜 별로 없는지 미스터리다). 한국 경제가 발전을 거듭한 덕에 선택할 수 있는 상장기업이 많아져서 나는 너무 감사하다. 1996년에 주식투자를 시작한 건 내게 큰 행운이었다. 그리고 가치투자의 관점으로 좋은 생산수단을 찾아 소유하는 과정이 너무나 즐겁다. 누구에게나 평등하게 생산수단 소유의 길을 열어주는 주식이 고맙다.

극단적으로 말해 자본주의는 생산수단을 소유한 사람이 생산수단을 갖지 못한 사람을 지배하는 시스템이다. 당신은 어느 편에 서고 싶은가?

잠자는 동안에도 돈이 들어오는 방법을 찾아내지 못한다면 당신은 죽을 때까지 일을 해야만 할 것이다.

———

워런 버핏

김민국과 IMF 외환위기

대부분의 투자자는 시장이 좋을 때 주식투자에 관심을 가진다. 하지만 나는 반대로 IMF 외환위기를 맞아 우리나라가 혼란에 빠져 있던 1997년에 주식투자를 시작했다. 대학생 신분으로 최악의 시기에 주식시장에 발을 들여놨으니 시작부터 참 남달랐던 셈이다. 이 결정은 결국 경제학도이던 나의 인생을 송두리째 바꿔놨다.

당시 경제학 교과서에서나 볼 수 있었던 극단적인 상황이 전개되고 있었다. 주가지수는 폭락하고 환율은 솟구쳤다. 어렸을 때부터 신문 읽는 습관이 있어 불안한 마음 반 호기심 반으로 경제 뉴스들을 챙겨봤다. 그러던 중 전쟁이나 경제위기 같은 난세에 부의 이동이 급격히 이뤄진다는 기사를 접한 후 무릎을 쳤다. 자산가격 급변동 시기를 큰 변곡점의 기회로 삼을 수 있지 않을까 싶어 투자가 가능한 수단을 찾아보기로 했다.

당시 나는 과외 아르바이트로 꽤 큰돈을 벌고 있었다. 첫 제자가 미술입시를 준비하는 고3 학생이었다. 입시에 과목별 가중치가 없이 수능 총점이 반영된다는 점에 착안해 단기에 점수를 올리기 어려운 영어와 수학보다 사회탐구를 집중적으로 가르치는 전략을 짰다. 그 덕분이었는지 학생은 원하는 대학에 진학하게 되었고 그 소문이 퍼져 예체능 입시생을 지도하는 사회탐구 전문 선생님으로 나름 유명세를 탔다.

이후 물 들어올 때 노 젓는다는 말처럼 들어오는 과외 섭외에 모두 응해 밤낮으로 일한 결과 수천 만원을 모을 수 있었다(게다가 나는 소비 성향이 매우 낮은 편이었다). 대학생치고는 큰돈이었지만 아파트 같은 부동산 투자를 하기에는 부족한 규모였다. 그래서 아이디어를 실험하기 위해 선택한 대안이 바로 주식이었다.

롤모델로 삼았던 인물은 존 템플턴이었다. 그가 본격적으로 투자를 했던 1939년은 미국이 대공황에서 완전히 회복하지 못한 상태에서 제2차 세계대전까지 터진 시기였다. 다우존스지수는 1929년 최고치인 400포인트에서 절반 이상 하락한 150포인트에 머물고 있었다. 템플턴은 이를 오히려 기회로 여겼다. 유럽에서 터진 전쟁이 오히려 미국 경제를 살릴 것이란 예측 하에 1달러 미만으로 거래되는 주식 104개에 분산 투자했다. 불과 1년 후 템플턴은 4배의 수익을 올렸으며 놀랍게도 104개 기업 중 손실을 본 기업은 4개밖에 없었다. 템플턴이 젊었던 시절의 에피소드라 당시 나에게 더 와 닿았는지도 모르겠다.

나도 템플턴처럼 돈을 벌 수 있는 시기라 판단해 호기롭게 주식 계좌를 개설했다. 뉴스를 참조해서 이름이 익숙하면서도 전망이 좋아 보이는 주식들을 사들였다. 하지만 기대와는 달리 큰 투자성과가 바로 나타나지는 않았다.

IMF 외환위기는 여전히 진행 중이라 주식시장의 변동성은 심했고 그 와중에 보유 종목들이 오르는 일이 생기더라도 전체 시장이 하락하면 다시 주가가 하락해버려 평가이익을 토해내는 상황이 반복되었다. 열심히 밀어올려 꼭대기에 갖다두면 다시 또르륵 시작점으로 굴러내려오는 신화 속 시시포스의 돌처럼 이유를 알 수 없는 무의미한 상승과 하락을 경험할수록 허무감과 함께 돈을 벌 수 없겠다는 초조함이 느껴졌다.

문득 시시포스의 운명을 벗어나 주식투자를 통해 꾸준하게 돈을 번 사람들이 과연 존재하는지가 궁금해졌다. 나는 의문이 생기면 책부터 찾는다. 무작정 서점으로 달려가서 주식투자 코너를 뒤지기 시작했다. 그때 책꽂이에서 워런 버핏의 투자 경험을 정리한 책이 내 눈에 들어왔다. 지금이야 버핏이 위인으로 거론될 만큼 유명한 인물이지만 당시만 하더라도 어느 뉴스에서도 접한 적이 없는 생소한 이름이었다.

그 책에서 내 마음을 사로잡았던 개념은 주식이 기업의 합법적인 소유권이라는 점이었다. 반대로 말하면 그런 개념도 없이 주식투자를 덜컥 시작했던 것이다. 코카콜라를 제외한 나머지 투자 사례들(가이코, 시즈캔디)은 익숙한 곳들이 아니라 그런지 100%까지는 이해가 되지 않았다. 하지만 CEO를 중시하고 회사 지분 전체를 인수한 뒤에도 원래의 CEO에게 회사 경영을 계속 맡기는 투자 철학만큼은 인상적이었다.

배웠으니 이젠 실천의 단계라 생각해 내가 내 돈을 맡기고 싶은 CEO를 한번 찾아보기로 했다. 마침 금융계에서 스타 CEO로 떠오르던 동원증권 김정태 사장이 주택은행에 은행장으로 부임한다는 뉴스를 접했다. IMF 금융위기로 어려운 상황이지만 그래도 은행들 중 대기업 여신이 적었던 주택은행은 상대적으로 우량했다. 거기에 혁신 성향의 리더가 오다니 긍정적인 변화가 예상됐다. 이거다 싶어 당장 주택은행 주식을 샀다.

곧 군대를 가야 했기에 첫 휴가를 나오기 전까지는 매매가 불가능한 개인적인 상황도 선택의 중요한 이유 중 하나였다. 어차피 자유롭게 사고팔 수 없다면 유능한 경영자에게 간접투자하는 것이 최선이라는 생각이 들었다. 투자 대가를 어설프게 흉내 내긴 했지만 그래도 내 독자적인 아이디어를 투영한 최초의 투자 결정이었다.

입대 후 첫 휴가를 나와 두근거리는 마음으로 주택은행 주가를 확인해보니 주가가 16,000원까지 올라가 있었다. 매수가가 대략 5,500원 수준이었으니 거의 3배가 오른 셈이었다. 아마 계속 사회에 있었더라면 20~30% 수익이 났을 때 이익을 실현하는 초보자의 우를 나 또한 범했을 가능성이 높다. 군대 덕분에 강제 장기투자로 불어난 투자금은 복학한 뒤 본격적으로 가치투자자의 길을 걷게 해준 소중한 종잣돈이 되어줬다.

남자는 젊은 시절의 첫사랑을 잊지 못한다고 한다. 국가 부도라는 위기의 순간 가장 위험하다 간주된 은행업 내에서 탁월한 경영자가 이끄는 우량 회사를 골라 장기투자해 큰 성공을 거뒀으니 김민국이란 대학생 투자자에게 얼마나 짜릿한 첫사랑의 추억으로 각인되었겠는가. 25년이 지난 지금도 비슷한 성공 사례를 재현하기 위해 노력하고 있으니 첫사랑이 가져다준 행복한 추억의 힘은 참으로 크다는 것을 실감한다.

우리의 지식과 경험이 독자 모두가 건전한 사고체계를 갖추고 주식투자를 통해 행복한 추억을 쌓아가는 데 큰 도움이 되길 바란다.

투자에 성공하기 위해 엄청난 지성, 비범한 통찰력, 내부 정보는 필요 없다. 필요한 것은 건전한 의사결정 원칙을 갖추고 감정이 그 원칙을 망가뜨리지 않도록 지키는 능력이다.

———

벤저민 그레이엄

가치투자 개념 익히기

1

가치투자의 세계관

마블 시네마틱 유니버스MCU를 이해하면 슈퍼히어로의 서사에 한층 더 몰입되어 마블 시리즈를 제대로 즐길 수 있는 것처럼 가치투자 또한 세계관을 이해하면 이후로 이어지는 개념과 방법을 마치 스펀지처럼 빨아들일 수 있습니다. 그래서 첫 장에선 가치투자자들이 일반적으로 공유하는 관점 8가지를 먼저 소개해드리고자 합니다.

장면 #1

2008년 10월 24일. 1년 전 기세 좋게 2,000을 넘었던 코스피지수는 1,000선을 위협할 정도로 주저 앉았다. 미국발 금융시스템 붕괴 소식이 연일 들려오고 급기야 지난달에는 대형 투자은행인 리먼브라더스가 파산을 신청했다. 상상하기 힘든 일이 현실에서 일어나며 단기간에 시장이 반토막이 났으니 정신이 반쯤 나간 상태가 됐다. 그러나 세상이 망해가는 상황에서도 다시 마음을 모아 뭐라도 해보자는 생각에 자산운용팀과

워크숍을 떠났다.

전일 코스피종가는 1,049. 회사에서 출발해 점심을 먹을 때쯤 이미 5% 이상 하락해 1,000은 진작에 깨져버렸고 오후에 단체 축구를 하는 동안 속절없이 더 추락하더니 결국 하루 만에 10.57%가 빠진 채 장을 마쳤다. 전체 상장종목 중 약 절반가량이 하한가를 기록했는데 체감상으로는 편입종목 대부분이 하한가를 맞은 느낌이었다. 정신 없이 걸려오는 분노의 항의 전화를 받느라 저녁식사 시간 전에 이미 혼이 쏙 빠져버렸다.

2008년 중 가장 큰 폭락을 겪은 날 하필 워크숍을 갔으니 저녁 토론 분위기가 좋을 리 만무했다. 무거운 분위기와 함께 투자 실패의 원인에 대한 갑론을박이 이어졌다. 미국 은행처럼 한국 시중은행들도 줄줄이 도산할 가능성이 높다는 한 애널리스트의 말에 아무도 토를 달지 못했다. 최종 판단에 책임이 있는 대표들에게 쏟아지는 비난에 대한 서운함은 둘째 치고 내일은 또 무슨 재앙 같은 일이 벌어질까 하는 두려움과 무력감에 잠을 이루기 힘들었다.

하지만 결국 세상은 망하지 않았다.

장면 #2

"1,400선을 다시 보게 될 줄이야. 코로나 확진자가 급증하니 투매가 나올 수밖에. 그런데 아무리 그래도 이건 금융위기 직후에나 봤던 수준이잖아. 지수도 지수이지만 개별종목이 이렇게 빠지는 게 도대체가 말이 되나? 아무리 코로나로 세상이 멈췄다고 하지만 여행, 항공 업종 아닌 바에야 사업이 다 안 굴러가는 건 아닐 텐데. 특히 이 종목은 오히려 병원 방문이 줄어드니 수혜 아닌가. 이 가격은 용납하기가 힘드네."

"나도 예측은 전혀 안 돼. 집 밖으로 나오지 말라는데 경제가 온전할까 싶고. 전염병 사태는 다들 처음이니 미래에 대해 누가 예단할 수 있겠어? 근데 개별종목 주가가 말이 안 되는 건 맞아. 바이러스가 퍼지다 말 거라는 기대 섞인 예측은 빗나갔지만, 길게 보면 다시 오기 힘든 일시적 매수 기회인 거 같아. 9·11 테러 때가 생각나기도 하네. 하지만 고객들이 공포에 질려 이 가격에 팔아달라 하면 어떡하지? 에휴…"

코로나 팬데믹 우려가 절정에 달했던 2020년 3월 19일 우리가 나눴던 대화의 일부다(우리는 사무실 공간을 함께 쓰고 있다). 그날 코스피지수는 장중 1,420을 터치했고 결국 8.39% 폭락해 마감했다. 개별종목들 주가는 더 처참했다. 바닥 없이 빠지는 주가에서 오는 황당함과 시장이 던지는 공포감이 뒤섞인 잊지 못할 끔찍한 하루였다.

전 세계적인 전염병 확산은 현대인들이 처음 겪는 사건이었다. 그러니 코로나의 영향이 어디까지 미칠지 누구도 장담할 수 없었다. 심지어 전 세계 경제활동이 멈출 거란 우려에 원유 선물 가격이 마이너스를 기록하는 일까지 벌어졌다. 나의 생명과 삶의 터전을 위협하는 코로나 바이러스 앞에서 인류는 집단적 공포에 몸을 떨었다.

하지만 결국 세상은 망하지 않았다.

장기적 낙관론 ──
첫 번째 세계관

세상은 불확실성으로 가득 차 있다. 금융위기와 코로나처럼 예상치 못한 거대한 사건이 터지기도 한다. 경제 주체들의 자유로운 선택을 존중하는 자본주의는 필연적으로 따르는 수요와 공급의 불일치 혹은 탐욕과 공포로 인해 사이클의 요동을 만들어낸다. 나쁜 일들이 몰려서 나타나면 자본주의의 거울인 주식시장이 폭락하는 결과로 이어진다.

사람은 위기를 맞닥뜨리게 되면 마음속에서 외치는 "도망쳐!"라는 말
에 귀를 기울이게 된다. 맹수가 나타나면 생존하기 위해 일단 도망부터

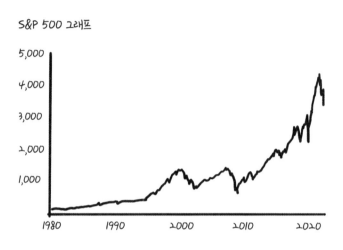

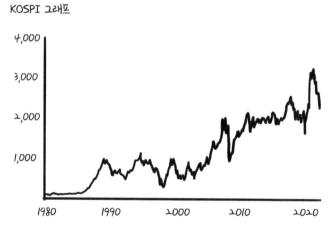

S&P 500과 코스피지수 장기 추이(1980~2022)

가고 봐야 했던, 그래서 결과적으로 살아남을 수 있었던 우리 조상 원시인의 유전자를 물려받았기 때문이다.

하지만 가치투자자는 유전자에 새겨진 본능보단 근현대 역사를 근거로 한 이성을 따라 위기 사태를 바라본다. 바로 자본주의는 스스로를 치유하는 능력이 있다는 경험적 사실이다. 이는 다시 말해 인간이 가진 위기 극복 의지와 능력을 신뢰한다는 뜻이다. 대부분의 가치투자자는 단기적으론 어떤 악재도 발생할 수 있다고 여기지만, 길게 보면 결국 회복되어 제자리를 찾아간다는 장기적 낙관론을 견지한다.

믿음의 대상과 원천은 사람마다 다르다. 예컨대 대공황마저 극복해 세계 최강대국으로 떠오른 미국의 능력을 신뢰한다면 버핏이 2008년 금융위기 때 미국을 사라고 외쳤던 것처럼 위기의 순간에 미국 주식을 살 수 있다. 금 모으기 운동을 해서라도 IMF 위기를 극복해낸 한민족의 저력을 믿는다면 폭락장에서 한국의 대표주를 살 수도 있다.

우리는 기업을 믿고 투자하는 쪽에 속한다. 인간 개개인의 능력은 뛰어나다. 그런데 이 능력을 탁월한 경영자의 지휘하에 한 가지 목표를 공유하는 조직으로 묶어내면 그 능력은 배가된다. 우리가 신뢰하는 기업의 힘이 위기의 압박을 넘어설 거라 보는 근거다. 세상과 국가는 넓은 개념이라 기업보다는 잘 와닿지 않는 이유도 있을 테다.

"비관론자는 명성을 얻지만 낙관론자는 돈을 번다." 지난 26년간 경험으로 볼 때 오래된 이 격언은 진리에 가깝다고 확신한다. 글로벌 금융위기 전망으로 미네르바는 지금도 기억될 정도의 유명세를 탔지만 이후 내놓는 예측이 계속 들어맞지 않으면서 어느 순간 사라져버렸다. 반면 글로벌 금융위기 이후로 돈을 번 사람들은 자본주의 시스템의 자가 치유능력을 믿고 끝까지 우량자산을 쥐고 버텼던 우직한 낙관론자들이었다.

마음속에 두려움을 가지고 겁 먹고 있을 때 스스로 파멸과 패배의 길을 선택하게 된다.

니체

회의주의 —
두 번째 세계관

회의주의가 낙관론 다음에 언급되어 의아함을 자아낼 수도 있겠다. 스켑티시즘skepticism은 그리스어 스켑시스에서 비롯된 말로 지식의 확실성에 대해 의문을 던진다는 뜻이다. 이를 투자로 끌고 오면 시장에서 흘러나오는 뉴스, 누군가가 속삭여주는 정보, 회사의 계획, 애널리스트의 해석 등 모든 부분에서 정보의 진위를 따지기 위한 비판적 사고를 발휘하는 것을 말한다. 낙관적이라 해서 무비판적이어서는 안 된다.

가치투자자로서 회의주의를 가장 집중적으로 발휘할 때는 역시 새로운 종목을 분석할 때다. 특히 저평가 정도가 크지 않을수록 빡빡한 반론을 제기해 테스트한다. 2021년 6월 에스엠SM Entertainment 편입을 고려할 때 우리가 던졌던 질문들은 다음과 같다.

- 소속 아티스트들과 계약을 계속 유지할 수 있는가? 유지한다 하더라도 재계약 때마다 사측에 불리한 조건으로 바뀌지 않는가? 회사는 아티스트 탈퇴에 어떤 대비를 하고 있는가?
- 온라인 콘서트라는 서비스가 처음엔 신기하겠지만 오프라인의 생생한 감동에 미치지 못해 결국 외면받지 않겠는가? 코로나가 종식되면 앨범 판매가 급감할 가능성이 없을까?

- 전통적으로 높은 일본 의존도를 탈피하기 위해선 아시아 시장을 넘어서야 하는데 하이브와 JYP에 비해 미국 사업 전개 능력이 부족하지 않은가?
- 비관련 자회사를 적자를 감수하면서까지 유지하는 이유는 무엇인가? 반대로 자금 확보의 필요성이 크지 않은 알짜 자회사 디어유를 상장해서 지분율을 희석할 필요가 있는가?

케이팝이 세계적으로 인기를 얻고 있으며 에스엠이 케이팝의 원조격 회사라는 것은 주지의 사실이다. 투자자에 따라 동방신기, 소녀시대의 한때 팬으로서 회사에 호감을 갖고 있을 수도 있고 최근 NCT나 에스파에 입덕해 관심이 커졌을 수도 있다. 하지만 그건 그거고 투자 대상으로 적격한지를 판단하기 위한 점검은 꼼꼼하게 이뤄져야 한다. 투자의사결정은 낙관론과 회의주의 사이에서 균형을 잡는 일이다.

최종적으로 회의주의의 과정을 통과한 투자 아이디어만이 채택되어 신뢰를 부여받는다. 회의주의의 반복은 결국 독립적인 사고로 이어진다. 한국 가치투자의 대부 이채원 의장은 스스로를 의심병 환자라 지칭하는데 그만큼 확인 절차를 치밀하게 거치고 이를 기반으로 강한 독립적인 의사결정을 한다는 뜻으로 해석이 가능하다. 대충 분석해 편입한 종목은 악재가 터져 주가 변동성이 심해지는 구간에서 붙잡고 있기가 힘들다.

회의주의는 과도한 낙관이 만들어내는 쏠림 현상 가운데서도 위력을 발휘한다. 나만 빼고 모두가 쉽게 돈을 버는 상황은 상식과 내부검열을 거추장스러운 존재로 여기게끔 만든다. 그러나 회의주의를 붙잡고 있으면 "이런 고평가가 정당화될 수 있는가?" "지나친 고성장이 계속 이어질 수 있겠는가?"와 같은 질문을 던질 수 있게 해준다. 한번씩 돈을 크게 잃는 이유는 과도한 낙관론이 지배할 때 회의주의를 포기하기 때문이다.

회의와 비관은 동의어가 아니다. 회의적인 태도는 낙관론이 과도할 때 비관론을 불러낸다.

———

하워드 막스

주식시장은 능멸의 대가 ——
세 번째 세계관

미국발 금융위기 공포가 극에 달했던 2008년 10월 24일로부터 1년 후 코스피 지수는 얼마였을까? 1,640. 무려 74%나 반등했다. 부끄럽게도 당시 우리는 반등에 그 정도만큼 동참하지 못했다. 공포에 질린 나머지 워크숍에서 잘못된 결론을 내리는 바람에 추가 하락을 막고자 방어적 포트폴리오로 바꿔버린 탓이었다. 한마디로 미숙한 대표들과 경험이 짧은 애널리스트들이 환장의 콜라보로 빚어낸 뒷북이었다. 종말론에 휩싸여 시장의 바닥에서 내린 이 어리석은 결정은 2010년까지 내내 수익률 회복의 발목을 붙잡았다.

"내가 사면 빠지고 내가 팔면 오른다." 개인투자자들이 내뱉는 흔한 자조이며 프로 투자자조차도 숱하게 겪는 일이다. 우리만 하더라도 금융위기 한가운데서 자책감에 휩싸여 어제 했었어야 할 일을 오늘 하는 실수를 범하지 않았던가. 주식시장이 가진 독특하고 기묘한 특성에서 비롯된 현상인데, 그럼 도대체 어쩌라는 건지 이렇게 계속 당하고만 살아야 하는 건지 세 명의 투자 대가가 남긴 어록에서 대응에 관한 힌트를 얻어

보자.

- 존 템플턴: 강세장은 비관 속에서 태어나 의심 속에서 자라며 낙관 속에서 성숙하고 행복감과 함께 사라진다.
- 워런 버핏: 모두가 두려워할 때 욕심을 내고, 모두가 욕심을 낼 때 두려워하라.
- 켄 피셔: 주식시장은 능멸의 대가the great humiliator다.

일상을 살아가는 사람들의 상식은 인과관계의 즉시성이다. 좋은 일이 생기면 좋은 결과가 바로 따른다는 사고방식이다. 그래서 경기가 좋을 때 시장이 오르고, 좋은 소식이 많을 때 주가가 오른다 여긴다. 하지만 대가들은 암울한 시기부터 주가가 오르니 그때 사고 행복감이 넘쳐흐를 때가 위험한 시기이니 그때는 팔라 조언한다. 심지어 존 템플턴은 "최적의 매수 타이밍은 시장에 피가 낭자할 때"라고까지 얘기한다.

이러한 주식시장의 능멸은 주식시장이 늘 앞서 움직인다는 데서 기인한다. 주식시장에선 이슈, 우려, 기대 그 자체가 중요한 것이 아니라 그것들이 가격에 선반영되어 있느냐의 여부가 더 중요하다. 주식에 처음 입문하는 초심자들이 가장 이해하지 못하는 개념인 동시에 분노의 원인이 되는 부분이다. "호재가 나왔는데 왜 주가가 떨어져야 하나!"(공매도 때문이다. 한국 시장의 고질적 병폐 때문이다 등 주로 남 탓으로 이어진다).

세상에서 제일 나쁜 짓이 줬다 뺏는 거라 했다. 주식시장은 이 방면에서도 대가 중의 대가다. 주가를 올려 돈을 번 것처럼 느끼게 하더니 다시 주가를 빼버려 허탈감과 상실감을 선사한다. 주식의 고점을 새로운 원금으로 생각하는 사람에게 그 허무감은 더욱 배가된다. 변동성이 우리의 마음을 갉아먹어 지치게 만드는 이유다.

변동하는 정도도 대단하다. 2020년만 하더라도 한 해에 폭락과 폭등을 동시에 시전하지 않았는가. 개별종목에서도 투자자들의 마음을 들었다 놨다 하는 일이 계속 발생한다. SPC삼립은 2022년 초 포켓몬빵으로 대박을 터뜨려 찬사를 받았지만 불과 몇 개월 후 그룹 계열사 공장에서의 사고로 인해 악덕 기업 취급을 받았다. 주식시장은 월미도 디스코팡팡 같다는 생각이 든다. 다 넘어지고 쓰러질 때까지 놀이기구를 튀기며 악마의 웃음을 짓는 존재.

투자자가 능멸을 당하지 않기 위해선 주식시장의 장난이 언젠가 멈추기 마련이라는 믿음을 바탕으로 여러 가지 방법을 동원해 디스코팡팡에서 안 떨어지도록 안전손잡이를 꽉 잡고 멘탈을 관리하는 수밖에 없다. 그리고는 기회를 봐 위기의 한가운데서 용기를 내 카운터펀치를 뻗어야 한다. 이때를 놓치면 수익률 회복이 무척 힘들어진다.

가치투자자들은 역발상투자자contrarian로 불리기도 한다. 다른 성향의 투자자들과는 사고파는 타이밍이 다름을 의미한다. 세이부 그룹의 쓰쓰미 야스지로는 태평양전쟁 막바지 미국 공군의 폭격 한가운데서 도쿄 땅들을 헐값에 사들여 훗날 일본 최고의 부동산 재벌이 되었다. 분야는 다르지만 가치투자적 행동이라 부를만하다. 물론 인간의 나약한 감정을 생각해 본다면 무척이나 어려운 일이다. 그래서 계속된 배움과 훈련이 필요하다. 이와 관련된 대가들의 명언이 유독 많은 것도 그만큼 실천이 어렵기 때문이리라.

진정으로 위대한 사람은 군중 속에서도 더할 나위 없이 온화하게 고독이라는 독립성을 지키는 사람이다.

랄프 왈도 에머슨

———

시장보다 종목 ———
네 번째 세계관

근본적으로 가치투자자들은 주식시장을 인식하는 개념 자체가 다르다. 주식투자를 도박으로 대하면 주식시장은 참가자끼리 서로의 돈을 따먹는 하우스처럼 보일 것이고, 거시경제 분석을 기반으로 시장의 오르내림을 예측해서 투자한다면 정답률에 따라 보상하는 시험장처럼 보일 수도 있겠다. 가치투자자들은 기업의 소유권을 사고파는 시장으로 본다.

가치투자의 창시자이자 워런 버핏의 스승인 벤저민 그레이엄은 그의 저서 『현명한 투자자』에서 주식시장을 한 명의 사람으로 빗댄 미스터마켓Mr. Market이란 개념을 제시했다. 미스터마켓은 매일 투자자를 찾아와 거래를 제안하는데 조울증 환자라 그날의 기분에 따라 가격이 오르락내리락한다. 그레이엄은 그의 감정을 예측하기보단 나에게 유리한 가격을 제시할 때만 거래에 응하라고 투자자들에게 조언한다.

2020년 1월부터 2022년 9월까지 삼성전자의 주가 변화를 한번 살펴보자. 최저가는 2020년 3월 20일에 기록한 42,300원, 최고가는 그로부터 11개월 후인 2021년 1월 15일 96,800원이었다. 2022년 9월 30일 기준으로는 53,100원이다. 2년간 삼성전자의 기업가치가 2020년 1월 2일 대비 아래로 최대 23%, 위로 최대 75%만큼 변했을까? 삼성전자는 단기적인 기업가치 변동이 크지 않은 거대기업이지만 미스터마켓이 내키는 대로 가격을 그리 불렀을 뿐이다.

이 개념을 받아들이면 기업의 소유권 가치가 얼마인지 알아두려 노력하는 행동으로 이어진다. 그래야 미스터마켓이 나에게 유리한 가격을 던지는지 불리한 가격을 던지는지 판단할 수 있기 때문이다. 또한 변동성(앞서 언급한 '능멸의 대가' 개념을 기억하자)에 농락당하지 않을 수 있게 된다. 만약 삼성전자의 가치를 주당 70,000원으로 계산했다면 42,300원이라서 불행할 필요가 없고 96,800원이라고 들뜰 필요가 없는 것처럼 말이다.

지수index에 대해서도 크게 신경 쓰지 않는다. 노스캐롤라이나대학의 졸업생을 대상으로 소득 수준 조사를 실시했더니 지리학과 출신들이 가장 높은 결과가 나왔다고 한다. 농구황제 마이클 조던이 지리학과 졸업생이었기 때문이다. 이런 평균의 오류는 지수에도 내재되어 있다. 삼성전자처럼 비중이 높은 종목이 올라야 코스피지수도 올라간다. 지수가 오르고 내렸느냐가 아니라 내가 투자한 종목이 어떻게 되는가가 중요하다.

가치투자자들은 종목만이 시장에 대응하는 올바른 판단 근거를 제시해준다 믿는다. 워런 버핏은 "나는 개별기업만 본다. 나는 그 기업의 가치를 가늠해보기 위해 노력한다", 피터 린치는 "경제 전망에 14분을 쓰면 그중 12분은 버리는 것이다"라는 말로 시장 예측의 무용함과 기업 분석의 유용함을 대비시키고 있다. 실제로 우리는 거시경제 전문가나 투자전략가를 초청해 시장 예측을 들어본 적이 거의 없다. 종목만 파기에도 시간이 부족하다.

미시경제보다 더 중요한 요소는 거의 없다. 미시경제는 곧 기업이다. 미시경제는 우리가 하는 일이고, 거시경제는 우리가 받아들이는 변수다.

———

찰리 멍거

장기투자 ——
다섯 번째 세계관

누구나 단기간에 돈을 벌고 싶어 한다. 이런 욕망을 이해하지 못해서 혹은 느리게 돈을 벌고 싶어서 가치투자자가 장기투자를 해야 한다고 주장하는 것이 아니다. 장기투자는 현실이 아래와 같기 때문에 필요한 개념이다.

- 주가가 언제 오를지 알 수 없다.
- 저평가가 해소되는 데는 시간이 걸린다.
- 경영자가 성장의 마법을 부리려면 그에 걸맞은 넉넉하고 합당한 시간이 주어져야 한다.

잘 와닿지 않는다면 반대로 생각해보자. 3개월 만에 돌려줘야 하는 돈으로 주식투자를 한다면 사업의 질과 저평가 정도를 기준으로 종목을 고를 수 있을까? 아마 한창 불을 뿜는 종목에 올라타거나 내부 정보가 있어 호재가 예상되는 종목에 투자할 수밖에 없을 것이다. 즉 짧은 시계열로는 가치투자 플레이를 할 수 없다.

장기투자를 전제하지 않으면 미스터마켓을 상대로 한 협상력도 저하된다. 나는 3개월의 시간밖에 없는데 미스터마켓이 3개월 내내 낮은 가격만 부른다면 평가손실에 따른 고통도 고통이지만 앞을 내다보며 더 살 수도 없으니 무력감에 치를 떨 수밖에 없다. 반면 시간을 길게 잡고 투자에 임할 경우 미스터마켓을 무시할 수도 있고 우울증에 빠져 제시한 낮은 가격을 기분 좋은 매수 기회로 활용할 수도 있다. 보통의 협상도 마찬가지다. 시간이 긴 쪽이 절대적으로 유리한 위치를 점한다.

하지만 무지성 장기투자는 경계해야 한다. "삼성전자가 망하면 대한민국이 망하는 건데" "온 국민이 카카오를 다 쓰잖아" 이런 말들은 솔직히 자세히 챙겨 보긴 귀찮지만 누구나 알만한 종목으로 손쉽게 돈을 벌고 싶다는 욕심으로 들린다. 심지어 투자 이후에도 기업가치가 유지되는지, 적정 가치 범위에 있는지 계속 챙겨야 한다. 장기투자는 마음 편한 소리 같지만 제대로 이어가기 위해선 오리처럼 수면 아래에서 발을 계속 젓는 수고가 따른다.

장기투자는 미래에 대한 겸손한 태도를 드러내는 일이다. 쫓기는 상황에서 탈피함으로써 능멸의 대가를 피할 수 있는 방법이기도 하다. 뒤에 설명하게 될 순환론적 사고와 확률론적 사고도 장기투자의 토대가 없다면 발휘될 수 없다.

가치투자자가 된다는 것은 장기투자자가 된다는 뜻이다. 보상은 때가 되면 주어질 것이며 즉각적인 만족은 없다는 사실을 감수해야 한다.

———

장마리 에베이야르

순환론적 사고 ──
여섯 번째 세계관

VIP자산운용은 2003년 설립 때부터 2007년까지 매년 높은 수익률을 올렸다. 의욕에 가득 차 다양한 종목을 발굴하는 노력도 한몫했겠지만, 무엇보다도 중국의 늘어나는 수요 덕에 에너지, 원자재, 선박 등의 자산이 귀해진다는 아이디어 하나를 찾아내 포트폴리오를 구성한 영향이 컸다. 문제는 이 추세가 끝없이 이어질 것이란 착각에 있었다. 달은 차면 기운다는 순환론적 사고의 결여로 2008년부터 2009년까지 수익률은 처참했다.

하지만 이때의 쓰디쓴 경험이 다음 변곡점에서 우리를 살렸다. 2011년엔 자동차×화학×정유의 상승세가 대단했다. 이 업종들이 더 이상 경기순환 종목이 아니라 구조적 성장주라는 논리였다. 관성적 사고를 가진 투자자들은 계속 고를 외쳤지만 순환론적 사고를 가진 가치투자자들은 소위 차화정에 거리를 두는 대신 사이클상 바닥에 있는 음식료×화장품 등의 업종에 주목했다. 차화정 장세는 유럽 재정 위기 발발과 함께 2011년 대단원의 막을 내렸고 직후부터 2014년까지 가치주 장세가 돌아오며 큰 보상을 받았다.

놀랍게도 대표적 저평가주였던 음식료×화장품주들은 이후에 버블이 낄 정도로 주가가 치솟았다가 다시 아래로 제자리를 찾았다. 다행히 이때도 조심성을 발휘한 덕에 급락의 여파를 피해갈 수 있었다. 대신 신약개발주가 주도주로 떠올라 한동안 고생길이 이어졌다. 물론 바이오도 시장의 기대치를 충족하는 결과를 내지 못하며 다시 급격한 하락의 길을 걸었다. 이렇듯 주식시장이 선호하는 산업과 종목 유형은 끊임없이 순환한다.

크게 보면 세 가지의 사이클이 위아래로 움직이며 주식시장의 순환을 이룬다. 하나는 중앙은행이 통화량을 풀었다 조였다 하며 만들어내는 유동성 사이클이다. 금리와 관련지어 생각하면 되겠다. 다른 하나는 소비자의 수요와 기업의 공급이 부딪혀 파생되는 경기 사이클이다. 기업이익과 연관도가 높다. 마지막 하나는 주식시장 참여자들이 투영하는 심리 사이클이다. 주식의 고평가 혹은 저평가를 형성하는 데 영향을 끼친다.

통화량 증가, 경기 상승, 희망회로가 맞물리면 주식시장 활황이 영원할 거란 착각으로 순환론적 사고가 마비된다. 반대로 통화량 감소, 경기 하강, 절망 회로가 겹치면 종말론에 사로잡혀 순환론적 사고가 마비된다. 반면 가치투자자는 나쁘면 좋아질 일이 남았다 생각하고 좋으면 나빠질 일이 남았다 생각하며 순환을 염두에 둔 포지션을 구축한다. "이 또한 지나가리라" "하늘 끝까지 자라는 나무는 없다" "내 차례가 반드시 오니 차선을 함부로 바꾸지 말아라" 등은 가치투자자들이 반복해서 되뇌는 대표적인 경구다.

특히 각 경제 주체들의 반작용과 가치평가 지표의 평균회귀 원리를

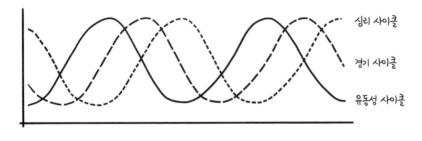

심리 사이클

경기 사이클

유동성 사이클

사이클 개념도

믿으므로 종말론을 강하게 거부한다. 오히려 이때를 사이클의 바닥으로 봐 주식을 대량으로 살 기회로 삼는다. 워런 버핏의 1974년(1차 오일쇼크), 2008년(글로벌 금융위기) 그리고 존 템플턴의 1939년(제2차 세계대전)이 이에 해당하는 사례다. 평균회귀 원리를 믿지 못하면 공포가 가득한 시장 혹은 악재가 가득한 종목에서 용기를 내기가 무척 어렵다.

대가들에 비할 바는 아니나 감히 한자리 끼어 보자면 우리가 주식을 사고 싶은 욕구가 끓어 올랐던 시기는 2001년이었다. 그래서 겁도 없이 한국 주식이 너무 싸다는 판단을 담은 책을 쓰기 시작했다.『한국형 가치투자 전략』집필을 시작한 2001년 12월 코스피지수는 650이었다. 돌아보면 새롭게 잉태된 상승 사이클의 시작점이었지만 주식투자로 돈을 벌수 있다고 생각하는 사람은 주위에 거의 없었다. "코스피지수는 1,000을 절대 돌파할 수 없다"는 미신이 당시 사람들의 머릿속을 지배했던 탓이다.

이렇듯 능멸의 대가 미스터마켓은 특정한 패턴을 오래도록 반복해 보여줌으로써 끊임없이 투자자들을 가스라이팅한다. "코스피지수가 1,000을 넘지 못한다" "한국 시장은 글렀다" "개미는 늘 실패한다" 같은 자기 비하가 대표적이다. "차화정은 더 이상 경기순환주가 아니라 구조적 성장주다" "플랫폼이 세상을 영원히 지배한다" 등 주도주가 보여준 직전 패턴에 사로잡혀 반대 시나리오를 상정하지 못하는 상태도 마찬가지다. 대중 여론에 의한 가스라이팅은 순환론적 사고를 갖지 못하게 만드는 가장 큰 걸림돌이다.

지금은 실패했지만 회복하는 사람도 많을 것이고, 지금은 축하받지만 실패하는 사람도 많을 것이다.

호라티우스, 『현명한 투자자』에서 인용

확률론적 사고 ──
일곱 번째 세계관

가치투자자는 운의 존재를 믿을까? 그렇다. 주식투자는 운칠기삼運七技三이라는 말도 기꺼이 사용할 정도다. 혹자는 운칠복삼運七福三이라고까지 말한다. 입만 열면 이성적 사고에 기업분석을 강조하는 사람들이 웬일인가 싶을 텐데 주식투자의 결과에 운이 작용한다는 사실을 부정할 수 없기 때문이다. 주식을 사고 나면 통제할 수 없는 변수에 노출되는 현실을 받아들여야 한다.

2008년 우리가 완전히 꽂힌 종목이 있었다. 지금은 아난티로 사명이 바뀐 에머슨퍼시픽이었다. 당시 인기를 끌었던 '환상의 커플'이란 드라마에 배경으로 등장한 리조트 덕분에 관심을 갖게 된 상장사였는데 스마트한 창업자를 몇 번 만나고 난 후 완전히 팬이 되어버렸다. 차별화된 기획력에 추진력까지 갖추고 있으니 대기업 중심으로 흘러온 고루한 한국의 레저업계를 뒤엎을 사람이라 확신했다. 얼마나 회사와 경영자가 좋았던지 자발적으로 회원권도 사고 남해 힐튼 리조트로 회사 전체 워크숍을 가기도 했다.

하지만 2008년 7월 이 회사가 보유한 금강산 리조트에서 한국 관광객이 피살되는 안타까운 사건이 일어나며 주가는 폭락세를 이어갔다. 불운이 닥친 것이다. 시간이 지나고 보니 이 불행했던 투자 사례는 단지 운의 문제만은 아니었음을 깨달았다. 금강산은 천혜의 절경을 자랑하지만 남북 관계에 따라 관광이 중단될 확률이 존재했다. 또한 피살 사건에 뒤이어 금융위기가 터졌는데 리조트 사업은 프로젝트별 회원권 분양에 의존하므로 경기가 하강 국면으로 접어들면 사업이 위축될 확률이 높았다.

결과적으로 운이 없었지만 과정으로 보면 확률 계산의 부재가 가져온 참사였다. 회원권 분양을 걱정할 필요가 없을 만큼 뜨거웠던 투자 집행 당시의 경기 상황 그리고 혁신적 사고와 강력한 실행력으로 무장한 CEO의 매력에 눈이 멀었던 것이다. 최소한 보수적인 시나리오를 상정해봤다면 매수를 했더라도 비중을 작게 잡았어야 했다. 매수 단가에서 주가가 4분의 1 토막이 나면서 우리는 불리한 확률에 베팅한 대가를 혹독하게 치렀다.

가치투자자는 주가 상승과 연계된 좋은 요소가 주가하락을 촉발할 나쁜 요소보다 더 많은 종목을 선호한다. 여기서 주목할 건 나쁜 요소가 전혀 없는 종목만을 담는 건 아니라는 점이다. 나쁜 요소가 발현되더라도 주가가 심하게 떨어지지 않을 수준의 가격이라면 확률적으로 나쁘지 않다 생각한다. 나쁜 요소가 없어지기만 해도 주가가 오를 확률이 존재하기 때문이다. 흠이 있느냐 없느냐 보다 오를 확률과 떨어질 확률의 비교가 더 중요하다. 미래를 다루는 주식투자라는 작업의 특성상, 확실성에 기초한 흑백논리는 경계해야 한다.

우리는 스스로의 기준에 맞는 종목을 찾았을 때 이렇게 말한다. "꽃놀이패!" 바둑에서 나온 용어로 이기면 큰 이익을 얻지만 져도 부담이 적은 패를 뜻한다. 찾는 대상이 무조건 이기는 패가 아니라는 데 주목해주길 바란다. 바둑이 많은 경우의 수로 뻗어가듯이 주식 또한 마찬가지다. 현 시점에서 모든 결과를 알 수는 없다. 단지 확률 계산을 할 수 있을 뿐이다. 우월한 확률의 수를 두다 보면 결과적으로 이길 확률이 높아진다고 믿는다. 꽃놀이패와 같은 맥락에서 모니시 파브라이가 주창한 '단도투자'가 확률론적 사고를 드러내는 대표적인 개념이기도 하다.

우리는 고배당주가 꽃놀이패의 대표격이라 생각한다. 주가가 내리면 시가배당률이 더 올라가서 좋다. 게다가 싸게 더 살 수도 있다. 주가가 횡보하면 일단 배당을 받고 기다리면 된다. 주가가 오르면 팔아서 시세차익을 거둘 수 있다. 꽃놀이패의 사고 체계를 이미 소유한 사람들이 고배당주로 투자를 시작하는 경우가 많은 건 우연이 아니다. 자사주매입소각을 지속적으로 실행하는 기업도 이에 해당한다. 주가가 오르면 오른 대로 좋고 주가가 내리면 저평가된 가격에 발행주식수를 줄여 주당순이익을 개선할 수 있어 좋다.

이렇게 추린 종목들로 포트폴리오를 구성할 때도 확률론적 사고를 적용한다. 일단 가치투자자는 기업에 어떤 일이라도 벌어질 수 있을 뿐 아니라 내가 다 맞출 수는 없다고 생각하므로 기본적으로 분산한다. 이때 주가가 떨어질 확률이 낮은 동시에 올라갈 확률이 높은 종목이라 판단할수록 높은 비중을 책정한다. 그다음은 내가 계산한 확률이 포트폴리오 전체적으로 잘 발휘되길 기대하며 진인사대천명盡人事待天命 한다. 종합적으로 볼 때 확률론적 사고는 결과가 아니라 과정에서 모습을 드러내는 생각법이다.

확률론적 사고를 장착하면 "모든 게 내 뜻대로만 되는 것은 아니다"를 되뇌며 개별 시행에서 발생하는 일들을 마음으로 받아들일 수 있게 된다(이걸 하지 못하면 극심한 스트레스에 시달려 투자를 계속 해나가기 어렵다). 또한 오랫동안 투자를 해서 반복 시행이 늘었는데 누적적인 결과가 좋다면 "운도 따라줘 너무 감사하지만 그래도 내가 투자를 계속 이어갈 만큼의 실력은 갖췄구나"라고 자신을 조금은 칭찬해줄 수 있다.

우리는 한 번도 내돈내산으로 로또를 구매해본 적이 없다. 운의 존재를 믿지 않아서가 아니다. 당첨 확률이 터무니없이 낮다고 봐서다. 돌잔치 선물 한 번 제대로 당첨되어본 적이 없는데 로또 당첨을 기대한다면 순진한 과대망상과 다름없다. 하지만 주식투자는 하기에 따라 운을 어느 정도 관리할 수 있다는 믿음이 있다(게임으로 치면 포커에 가깝다고 본다). 다행히 지금까진 잘 통해온 거 같다.

맞는가 틀리는가 그게 중요한 게 아니다. 중요한 건 옳았을 때 얼마를 벌었고 틀렸을 때 얼마를 잃었는가 하는 것이다.

조지 소로스

교집합적 사고 ——
여덟 번째 세계관

배달앱에서 평점이 5점에 육박하는 가게들의 공통점이 있다. 가격이 착하면서도 음식이 푸짐하고 맛도 좋아야 한다는 점이다. 이렇듯 가성비를 따져보는 행위는 소비자로서 구매 시의 상식이다. 하지만 주식시장에선 별로 통용되지 않는 접근인 것 같다. 싸고 좋은 주식보단 내일 당장 오를 주식이 더 각광을 받고, 싸다는 점보단 좋다는 부분이 더 주목받는다. 어떨 때는 비싸면 비쌀수록 사람들이 더 좋아하는 유일한 자산이 아닐까 하는 생각마저 든다(이를 빗대 주식은 기펜재라 부르는 사람들도 있다).

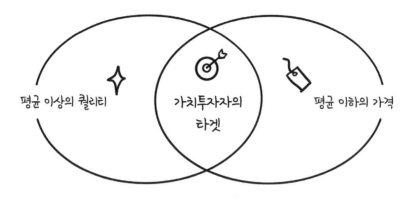

다이어그램으로 본 가치투자자의 타겟

주식시장에서 끈질기게 가성비를 따지는 집단이 가치투자자들이다. 평균 이상의 좋은 기업과 평균 이하의 낮은 가격이 중첩되는 교집합을 찾으려 부단히 노력한다. 이외에도 좋은 비즈니스 모델과 탁월한 경영자의 교집합, 높은 성장 잠재력과 안정적인 재무구조의 교집합 등도 또 다른 발견의 대상이다. 스스로의 훈련 차원에선 원칙을 지키면서도 동시에 유연성을 발휘하는, 즉 원칙과 유연성 사이의 교집합에서 의사결정을 하려 한다.

이러한 시도는 전술한 확률론적 사고와도 연결되는데, 결국 여러 기준을 동시에 충족해야 그만큼 개별투자 건의 성공 확률이 높아지기 때문이다.

좋기만 한 기업, 싸기만 한 종목을 찾는 건 그리 어려운 일이 아니다. 하지만 교집합에만 투자하고자 하면 높은 수준의 통찰력이 필요하다. 우리는 스스로 통찰력이 부족하다 여겨서 종목들을 수도 없이 검토하고 비교해보는 소위 노가다를 감수한다. 열심히 분석했지만 교집합에 해당하

지 않아 시간 매몰비용을 감수하고 과감하게 매수를 포기할 용기도 필요
하다. 이렇게 서술하고 보니 왜 대다수가 교집합적 사고를 하지 않는지
가 이해가 간다. 사실 무척 지난하고 힘든 과정이다. 기껏 구워놓고도 성
에 차지 않는다며 완성된 도자기를 깨뜨리는 도공의 모습이 떠오른다.

우리가 주식투자를 하며 짜릿함을 느끼는 순간 중 하나가 교집합에
해당하는 종목을 발굴했을 때다(다른 하나는 투자 아이디어를 시장에서
인정받아 주가가 오를 때다). 우리 중 최준철은 좋은 기업이 주가 하락으
로 좋은 가격 요건을 갖추는 순간, 김민국은 좋은 가격이 기업가치 개선
으로 좋은 기업 요건을 갖추는 순간 가슴 뛰는 마음으로 매수에 들어간
다. 실제로 최준철이 편입한 종목의 주가가 하락해 김민국이 신규 편입
하는 경우도 있고, 반대로 김민국이 발굴한 저평가 종목에서 성장 요인
을 발견해 최준철이 신규 편입하는 경우도 있다. 교집합에 속한 종목은
자신 있게 방망이를 휘두를 수 있는 자신감의 근원이다.

2001년 어느 날 우리는 상장기업 편람을 읽다가 싸고 좋은 종목을 찾
았다며 흥분해 다음날 학교에서 만나 얘기 나누자고 서로 연락을 취했
다. 거짓말처럼 우리가 상대에게 내놓은 종목은 똑같았다. 동서라는 코스
닥 상장사였다. 커피믹스라는 탁월한 사업을 보유한 1등 기업으로 당시
ROE(자기자본이익률)가 16%가 넘는 반면 PER(주가수익비율)은 4배,
배당수익률은 7%로 저평가 상태였다. 이후로 16년간 장기 보유한 우리
의 대표 종목이 되었다.

좋은 기업을 중시하는 최준철과 좋은 가격을 중시하는 김민국이 함께
교집합을 이뤄 종목을 찾아낸 결과는 달콤했다.

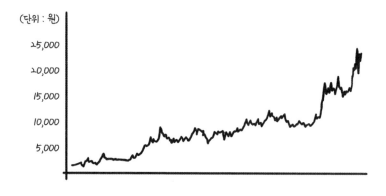

동서 장기 주가 추이(2001~2015)

맛있는 파이를 먹으려면 많은 파이를 먹어봐야 한다.

———————

존 크럼볼츠

가치투자자의 세계관 요약

2 가치투자란 무엇인가

20년 전만 해도 가치투자는 생소한 단어였습니다.『한국형 가치투자 전략』이 한국인 저자가 쓴 투자서 중 제목에 가치투자란 단어가 들어간 최초의 책일 정도였으니까요. 하지만 이제는 여러 투자법 가운데 한 갈래로서 보편적인 말로 자리매김했습니다. 그런데 아직도 가치투자에 대한 정의를 명쾌하게 내릴 수 있는 사람은 많지 않은 듯합니다. 가치투자란 과연 무엇일까요?

VIP자산운용 사명에서 VIP는 가치투자의 개척자Value Investment Pioneer 의 영문 약자다. 태생 자체가 가치투자에서 비롯되었다 보니 신입사원 면접을 볼 때 빠짐없이 "가치투자의 정의를 내려보라"는 질문을 던진다. 지금까지 느낌상 약 90%의 사람들이 "싸게 사서 제값에 파는 투자입니다"라 대답한 것 같다. 언뜻 들으면 그럴 법하나 아쉽게도 이건 정답이 아니다. 정의가 아니라 방법을 설명한 것이기 때문이다.

몇몇은 '가치 있는 기업에 투자하는 방법'이란 대답을 내놓는데 이 또한 금융적 언어라 볼 수 없는 추상적 혹은 일상적 표현이다.

가치투자의 정의

투자의 세계에서 가치value는 기업의 내재가치intrinsic value를 의미한다. 풀어서 설명하자면 어떤 특정한 자산이 수명을 다할 때까지 창출하는 현금흐름의 총합, 즉 수익가치에다 현재 청산했을 때 분배 받게 되는 순자산가치의 값이다.

비유를 들자면 닭의 내재가치는 평생 낳을 계란을 현재가치로 환산한 금액(수익가치) 혹은 당장 잡아서(청산) 시장에서 고기로 팔았을 때 받는 금액(자산가치) 중 하나에 해당한다. 닭 벼슬이 멋있고 우렁차게 꼬끼오 운다고 해서 가치가 있는 게 아니라 숫자로 환산 가능한 생산물인 계란과 고기를 주인에게 주니 가치가 있다는 뜻이다.

가격은 지불하는 것이고 가치는 얻는 것이란 교환적 개념을 주식투자에 대입해보자. 어떤 주식을 살 때는 투자자가 현재 주가에 해당하는 가격을 지불한 대신 그 주식이 표상하는 기업의 수익가치와 자산가치를 얻게 된다. 주식을 복권이 아닌 기업의 소유권으로 본다는 전제하에서 말이다.

다른 의미로도 접근 가능하다. 현대차가 미국에서 밸류카value car라는 별칭으로 불리던 시절이 있었는데 이때는 가성비가 좋다는 의미를 갖는다. 같은 맥락에서 밸류스탁value stock, 가치주이라 부를 땐 가치보다 저렴하다는 느낌을 전달하기도 한다. 대상이 꼭 주식이 아니라 부동산이나 소비할 물건이라 하더라도 낮은 가격을 지불해 높은 가치를 얻을 수 있다면 가치투자적 접근이라 불릴만하다.

17세기 네덜란드에 처음으로 증권거래소가 설립되었으니 20세기 전에도 누군가는 스스로 터득한 가치투자를 구사하고 있었을 수도 있겠다. 하지만 우리가 인지하는 가치투자의 공식적인 역사는 20세기 중반 컬럼비아대학 교수였던 벤저민 그레이엄이 『증권 분석』과 『현명한 투자자』를 통해 그 개념을 정립한 이후부터로 본다. 특히 『현명한 투자자』는 모든 가치투자자들에게 성경처럼 떠받들어지는 책이다(『한국형 가치투자 전략』은 부족하나마 이 사상을 한국에 전파하기 위한 전도지 역할 정도를 하지 않았나 싶다).

불교의 교리는 부처님에게, 기독교의 교리는 예수님에게 물어봐야 정확한 답을 얻는 것처럼 가치투자의 교리 역시 창시자에게 물어봐야 올바른 답을 얻을 수 있다. 그레이엄은 "(가치)투자란 철저한 분석을 바탕으로 투자원금의 안정성과 적당한 수익성이 보장되는 행위를 말한다"로 가치투자를 정의했다. 이를 하나씩 풀어보자.

철저한 분석은 이해하기 쉬운 개념이다. 투자 대상에 대해 열심히 공부하라는 것이다. 솔직히 이마저도 하지 않고 무작정 투자에 나서는 사

"
An investment operation is
one which, upon thorough analysis,
promises safety of principal
and an adequate return.
Benjamin Graham

벤저민 그레이엄의 가치투자 정의 원문(VIP자산운용 입구)

람도 많지만 최소한 올바른 투자는 분석을 수반해야 한다는 건 요즘의 상식이니 일단 넘어가자. 반면 투자원금의 안정성과 적당한 수익성은 두루뭉술하게 느껴진다. 이를 익숙한 말로 바꿔보면 투자원금의 안정성은 로우 리스크low risk, 적당한 수익성은 미디엄 리턴medium return에 해당한다.

그레이엄은 가치투자에 대한 정의에 한 마디를 덧붙였는데 철저한 분석, 투자원금의 안정성, 적당한 수익성 중 하나라도 지키지 않으면 투기로 간주한다 했다. 즉 세 요소를 모두 충족시켜야 가치투자가 온전히 성립한다는 것이다. 그렇다면 로우 리스크와 미디엄 리턴을 동시에 만족시키라는 얘기가 되어 이러면 우리가 금융 교과서에서 배워온 리스크와 리턴은 비례한다는(예. 하이 리스크 하이 리턴) 개념을 위반하게 된다.

실제로 우리를 포함한 많은 가치투자 운용사 홈페이지를 방문해보면 로우 리스크 미디엄 리턴을 목표로 내건 곳이 많은데 "우리는 가치투자자로서 안정적인 투자를 지향합니다"란 말을 하고 싶은 것이다. 참고로 로우 리스크 로우 리턴의 대명사는 예금이며, 하이 리스크 하이 리턴 계의 신성은 암호화폐 코인이다.

리스크

리스크의 뜻을 검색하면 '선택한 행동이 손실로 연결될 가능성the potential that a chosen action or activity will lead to a loss'이란 표현을 찾을 수 있다.

여기서 중요한 첫 번째 단어는 손실이다. 비행기를 탈 때 리스크란 추락하는 것이고, 소개팅을 나갈 때 리스크란 맘에 안 드는 상대를 만나는 것이라면, 투자 세계에서 리스크란 돈

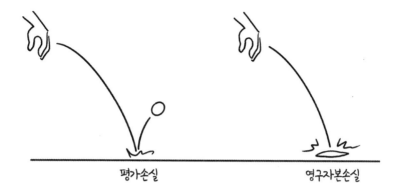

평가손실　　　　　　　　영구자본손실

평가손실과 영구자본손실의 차이

을 잃는 것이다. 더 나아가 가치투자에서 손실은 영구자본손실permanent capital loss을 뜻한다. 이는 주식을 샀는데 일시적으로 주가가 매수가 이하로 내려가 평가손실이 난 상황이 아니라 다시는 도달할 수 없는 높은 가격에 매수했거나 기업의 가치 훼손 정도가 심각해 회복 가능성이 상실된 상태를 말한다. 공을 너무 높은 곳에서 떨어뜨려 다시 그 지점으로 튕겨 올라오지 않거나 공에 바람이 빠져 튕겨 올라오지 않는 상황에 비유할 수 있겠다.

두 번째로 주목해야 할 단어는 가능성potential이다. 리스크는 위기crisis와 달리 확정된 상황이 아니다. 미래의 발생 가능성을 의미하므로 투자자가 어떤 행동을 취하느냐, 어떤 방비책을 마련하느냐에 따라 손실 발생 확률을 낮출 수도 있다는 의미다. 가치투자자들이 종목 선택과 포트폴리오 구성에서 확률론적 사고를 발휘할 수 있는 배경이다.

리스크의 가능성을 낮추기 위해 그레이엄이 제시한 방법은 두 가지다. 하나는 가치투자의 정의에서 첫 번째로 거명되었던 철저한 분석이다. 예컨대 소개팅을 나가기 전에 주선자에게 만나게 될 상대에 대해 물어보거나 SNS 계정 방문을 통해 사전조사를 해본다면 원치 않는 사람을 만나게 될 확률을 줄일 수 있는 상황과 같다.

다른 하나는 할인해서 사는 방법이다. 내재가치가 10만 원으로 추정되는 가방을 8만 원에 샀다고 해보자. 집에 갖고 와서 보니 흠집이 나 있는데 계산을 해보니 2만 원 정도의 마이너스 요인이다. 10만 원에 샀다면 2만 원 바가지 쓴 셈이지만, 8만 원에 샀으니 이론상 손실은 없다. 할인받은 2만 원이 판단 오류에 대한 완충 역할을 해준 것이다.

그레이엄은 이렇듯 실수 가능성에 대한 버퍼, 즉 안전마진을 확보함으로써 투자 시의 리스크를 낮출 수 있다고 봤다. 많은 사람이 "가치투자를 싸게 사서 제값에 파는 방법"이라 얘기하는 이유가 여기서 비롯되었다.

만약 그레이엄이 버핏을 제자로 길러내지 않았다면 리스크의 가능성을 낮게 만들기 위한 방법은 여기서 그쳤을지 모른다. 하지만 버핏이 파트너인 찰리 멍거와 필립 피셔의 영향을 받아 하이퀄리티 기업에 눈을 뜨면서 한 가지 방법이 추가됐다. 분석과 안전마진이 어차피 불확실한 미래에 대한 대비책이라면 근원적으로 미래 예측가능성 자체가 높은 기업을 고름으로써 리스크를 제어하는 방법이라 하겠다.

버핏이 60년간 코카콜라, 아멕스, 워싱턴포스트, 질레트, 애플 등으로 효용성을 입증한 방법이므로 많은 가치투자자가 이 방법을 추종한다. 그레이엄은 구약성서를 썼고 버핏은 신약성서를 썼다는 말로 가치투자의 역사를 요약하기도 한다. 종합하면 안전마진으로 리스크를 낮추고자 한 투자부터 하이퀄리티로 리스크를 낮추고자 한 투자까지가 가치투자로 인정될 수 있는 스펙트럼이라 볼 수 있다.

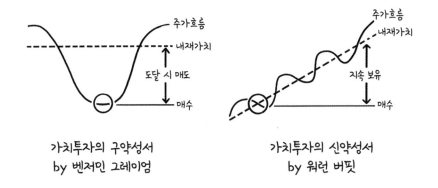

벤저민 그레이엄 vs 워런 버핏

　재미있는 점은 버핏이 상황에 따라 두 가지 방법을 모두 사용한다는 사실이다. 2000년대 초중반 그는 개인 자금으로 저평가된 한국 주식을 사들여 큰 수익을 거뒀다고 나중에 밝힌 적이 있다. 그런데 버핏의 시그니처로 여겨지는 하이퀄리티가 아니라 대한제분, 신영증권 등 속칭 담배꽁초 주식을 주워 담았던 것으로 알려졌다. 낯선 시장에서 보여준 종목 선택은 그가 가격으로 리스크를 제어할 수 있다는 믿음을 여전히 가지고 있다는 증거가 아닐까 싶다.

　안전마진을 고수하는 투자자는 주가 하락을 지지해줄 담보물이 될 만한 자산이 없는지 찾기 위해 재무상태표를 면밀히 살피는 경향을 보인다. 반면 하이퀄리티를 고수하는 투자자는 기업가치 훼손 가능성을 낮추기 위해 비즈니스 모델, 경쟁우위, 경영진 등 질적인 요소를 면밀히 살핀다는 차이가 있다(재무상태표 또한 퀄리티를 파악하게끔 하는 정보를 담고 있긴 하다). 비유하자면 안전마진 투자자는 10만 원 지폐가 든 지갑이 5만 원에 팔리고 있을 때 흥분하고, 하이퀄리티 투자자는 로고가 지워져

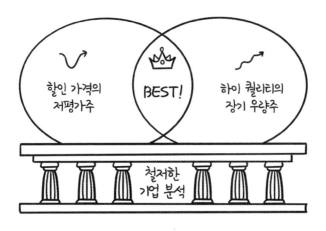

리스크 제어 요인에 따른 종목 분류

알아볼 수 없지만 자세히 뜯어보면 명품 브랜드인 지갑을 발견했을 때 흥분한다.

김민국은 할인된 가격으로, 최준철은 하이퀄리티로 리스크를 떨어뜨리려 노력하는데 어차피 그레이엄과 버핏의 방법이 합쳐져 가치투자의 기본 범주를 이루므로 어느 쪽에 조금 더 가중치를 두는가 하는 개인의 취향 차이일 뿐이다. 다만 철저한 분석은 기본 중의 기본이라는 의식을 공통적으로 갖고 있으며, 할인된 가격과 하이퀄리티가 동시에 충족되는 투자 대상이 최선이므로 최대한 교집합을 찾고자 한다는 점에선 이견이 없다. 실제로 로우 리스크 하이 리턴의 결과를 가져왔던 종목들은 가슴이 쿵쾅거릴 만큼 싸면서도 탁월한 기업들이었다.

자산가치라는 허리띠가 이익이라는 멜빵의 보호를 받을 때 가장 편안함을 느낀다.

———————   세스 클라만

리턴

적당한 수익성을 의미하는 미디엄 리턴은 사실상 태도에 관한 개념이다. 오늘 당장 상한가, 3개월에 두 배 뻥튀기 같은 과도한 목표는 달성 가능하기도 힘들뿐더러 필히 리스크를 높이는 방법을 택하게 하므로 멀리 해야 한다. 기대수익률이 높을수록 급등주, 작전주, 테마주, 상한가 따라잡기 등에 매혹당하기 쉽다.

통상 주식투자에서 목표수익률은 현재 금리의 몇 배 수 정도일 때 현실적이라 평가받는다. VIP자산운용의 장기 목표수익률은 8~12% 수준이다. 아이러니하게도 목표수익률이 왜 그렇게 높냐는 반응을 보인다면 투자를 오래 해온 사람일 가능성이 높고, 왜 그렇게 낮냐는 반응을 보인다면 실전 투자 기간이 짧을 가능성이 높다(2003년부터 2022년까지 VIP자산운용이 거둔 연평균 복리수익률은 14%였다).

미디엄 리턴은 하이 리턴과 대비되어 그걸로 어느 세월에 부자 되느냐는 반론이 있을 수 있겠다. 이에 대한 대답은 미디엄 리턴이 긴 시간을 만나 복리의 마법이 발휘되면 결국 하이 리턴으로 변모한다는 것이다.

7% 자체는 미디엄 리턴이지만 10년 동안 계속 같은 수익률을 올리면 원금의 두 배가 된다. 하이 리턴이라 볼 수 없다고? 그렇다면 기간을 늘려보자. 20년이면 원금의 약 4배가 된다. 이번엔 리턴 수치를 조금 올려

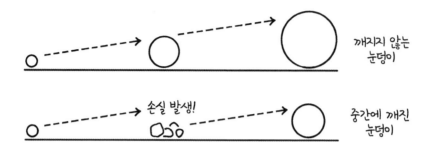

깨지지 않는 눈덩이와 중간에 깨진 눈덩이

보자. 수익률 12%를 복리로 10년간 올리면 원금의 3배가 되며 20년이면 10배 남짓까지 불어난다.

하지만 주의할 점이 있다. 장기투자는 눈덩이를 굴리는 것과 같아서 중간에 마이너스 수익률이 크게 끼면(눈덩이가 깨지면) 하이 리턴으로 이어질 수 없다. 곱하기 0이라도 나오면 게임은 종료된다. 낮은 리스크 상태를 내내 유지해야 가능한 일이란 면에서 로우 리스크와 미디엄 리턴은 늘 붙어 다녀야 한다는 결론을 내릴 수 있다.

저평가주와 장기우량주의 분류에 따라 리턴을 거두는 방식이 달라져야 하는 점도 유념해야 할 부분이다. 오른쪽 그래프에서처럼 단순 저평가주는 가격이 가치보다 내려갔을 때 제자리로 돌아오는 경향성을 가지지만 퀄리티가 높지 않으므로 계속 우상향하지는 못한다. 따라서 A종목을 싼값에 사서 제값에 팔아 수익을 확정한 뒤 또 다른 저평가주 B종목을 찾아 같은 행동을 반복하는 편이 합리적이다. 반면 장기우량주는 장기우상향하므로 이익 실현의 욕구를 누르고 지속 보유해야 리턴을 극대화할 수 있다.

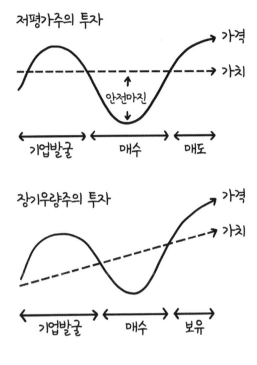

저평가주와 장기우량주 개념도

　가치투자자는 단기적인 욕심은 버리되 장기적인 결과에 욕심을 부리는 사람들이다. 하지만 성향에 따라 장기투자를 바라보는 시각에 차이가 난다. 안전마진 투자자에게 장기투자란 종목을 바꿔가며 가치와 가격 사이의 갭을 취하는 행위를 계속 반복해나가는 것을 뜻하며, 하이퀄리티 투자자에게 장기투자란 가치가 우상향하는 동안 계속 해당 종목을 쥐고 있는 것을 말한다. 가치투자자로 알려진 사람이 어떻게 단기투자를 할 수가 있느냐는 비난이 제기되는 경우가 있는데 하나의 종목 사례로 국한해, 안전마진 투자자가 수익 내는 방식을 오해한 결과다. 안전마진 해소가 투자 아이디어일 뿐 기간 자체가 목적은 아니기 때문이다.

가치투자의 프로세스

지금까지 가치투자의 개념을 살펴봤으니 이제 로우 리스크 미디엄 리턴을 달성하기 위해 해야 할 일을 차례로 알아보자.

먼저 개별 기업에 대한 철저한 분석을 수행해야 한다. 흔히 리서치라 부른다. 리서치의 대상은 크게 두 갈래로 나뉜다. 하나는 사업 분석이다. 앞 페이지 그림에서 가치 선이 고정되어 있는지, 우상향 혹은 우하향하는지를 파악하는 일이다. 당연히 우상향하는 기업일수록 좋다. 다른 하나는 가치 평가(밸류에이션)다. 내재가치를 계산하면 가치 선이 Y축에서 어디에 위치하는지 알 수 있다. 종합하면 리서치는 가치 선을 그리는 작업이다.

다음으로는 가격을 포착해야 한다. 같은 그림에서처럼 주가는 위아래로 진동하며 움직인다. 주가가 가치 선 이하에서 거래되는 시점이 매수 타이밍이다. 주가를 살피는 건 진득하게 기다리는 가치투자자의 이미지와 상충된다는 오해가 있는 것 같다. 시세를 너무 자주 확인하는 건 바람직하지 않지만 아예 보지 않으면 저평가 시점을 잡을 수 없다. 우리의 업무 신조 중 하나가 "리서치는 평소에 하고 주가가 빠질 때 산다"인데 다른 말로 하면 종목마다 가치 선을 미리 그려놨다가 주가가 그 이하로 내려갈 때 사들인다는 의미다.

김민국은 광주신세계라는 종목에 관심을 가지고 있었다. 고향인 광주에 위치한 회사이기도 했지만 무엇보다도 지방백화점이라는 이유로 실제 내용에 비해 지나치게 소외받고 있다는 느낌 때문이었다. 글로벌 금융위기가 한창이었던 2008년 11월 경기침체 우려로 주가는 10만 원까지

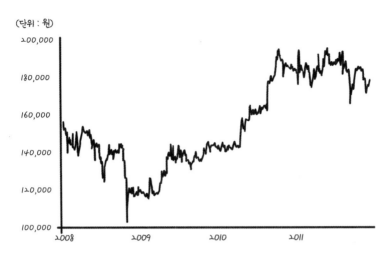

(단위 : 원)

광주신세계 주가 추이(2008~2011)

하락했다. 1년 전만 해도 16만 원에 거래되던 주식이었다.

분석 결과 2008년 3분기까지 전년 대비 매출과 이익이 여전히 성장 중이었고 연간 영업이익이 350~400억 원가량으로 추산되었다. 당시 시가총액이 1,600억 원이었으니 순이익의 약 5~6배 수준으로 이것만으로도 수익가치 기준으로 싸다고 볼 수 있었는데, 거기에 차입금 없이 현금 940억 원을 보유하고 있어 자산가치까지 더하면 명백한 저평가였다. 추가로 토지와 건물이 존재하지만 영업용 자산이니 계산에서 빼기로 했다.

최준철은 곁에서 김민국이 광주신세계를 분석한 결과를 공유받고 절대 저평가 상태라는 사실에 동의했다. 현지 사정에 밝은 김민국에게 이익이 유지될지 성장은 나타날 수 있는지 물었다. 타지방 사람들의 편견과 달리 광주 시민들의 소비가 왕성하며 특히나 광주신세계는 지역 교통의 중심인 고속버스터미널에 위치해 독보적인 입지를 자랑한다는 대답을 듣고 기업가치가 빠르진 않으나 우상향이 가능하겠다는 판단이 들었다. 지식을 보완하고 사실 확인을 하기 위해 함께 광주로 내려가 기업 탐방을 수행하기도 했다.

결국 우리는 안전마진이 충분하고(잃을 게 없는 가격이라는 표현을 쓰곤 한다) 고퀄까진 아니지만 중퀄 정도의 사업이라 판단해 매수를 결정했다. 이후 2년 넘게 보유하다 2011년 1월 20만 원 이상에서 모두 매도했는데 보유하는 동안 마음이 너무 편했어서 지금도 로우 리스크 하이 리턴의 대표적인 투자 사례로 기억에 남아있다.

가치투자에 대한 오해

규칙 1: 절대 돈을 잃지 마라

규칙 2: 절대 규칙 1을 잊지 마라

주식투자자라면 한 번쯤은 들어봤을 정도로 유명한 버핏의 금언인데 그만큼 오해가 많이 쌓인 말이기도 하다. 우리도 처음엔 안전마진을 단단하게 갖춰 더 빠질 여지가 없는 주가 수준에서 사라는 의미로 받아들였다. 하지만 버핏조차도 매수하고 나서 주가가 50% 빠지는 경험을 하기도 하고 이미 보유하고 있는 종목이더라도 주가가 하락하면 오히려 좋다는 말을 하는 것을 보며 해석이 잘못됐음을 알게 됐다.

보통 투자자들은 평가손을 손실로 인식하지만 앞서 언급한 영구자본손실이 아닌 한 돈을 잃었다 단정할 순 없다. 돈을 잃지 말라는 말은 "평가손을 내지 말라"가 아니라 "리스크 관리에 철저하라"는 말로 해석함이 옳다. 리턴보다 리스크를 먼저 꼼꼼히 따진 후 투자에 앞서 일단 로우 리스크 상태를 확보하라는 뜻이다.

안전마진은 이익 가능성을 손실 가능성보다 높여줄 뿐 손실을 완전히 방지해주지는 못한다. 하지만 안전마진을 갖춘 종목의 수가 증가할수록 이익의 합계가 손실의 합계를 초과할 확률이 높아진다. 분산투자를 통해 포트폴리오 전체가 안전마진을 갖게끔 하는 일이 곧 '절대 돈을 잃지 말라'는 금언을 실천하는 방법이다.

가치투자 개념을 설명하기 위해 사용하긴 했지만 57페이지의 그림도 오해의 소지가 있어 보인다. 여기서 내재가치를 하나의 선으로 표현했으나 현실에서 내재가치는 하나의 딱 떨어지는 숫자가 아니라 범위로 존재한다.

그렇다고 밸류에이션 시도가 무의미하다는 주장은 아니다. 낙관적 시나리오하에서의 상단, 비관적 시나리오하에서의 하단을 잡아 내재가치를 범위로 인식한다면 주가가 하단 이하에서 거래되는 종목은 가치투자자에게 더 큰 의미를 가질 수 있다. 밸류에이션의 정밀도보다는 예측의 정확도를 추구하기 바란다.

흔히 주식을 속성에 따라 가치주와 성장주로 나눈다. 이때 성장주와 대비되어 가치주는 성장이 없이 싸기만 한 주식을 떠올리게끔 한다. 하지만 가치주(저평가주)의 반대말은 성장주가 아니라 고평가주이며 (고)성장주의 반대말은 저성장주다. 성장주도 저평가된 가격에 사면 얼마든지 가치주에 포함될 수 있다. 우리가 보기에 시장에서 성장주로 불리는 주식들은 글래머주식, 모멘텀주식에 가깝다고 느낀다.

버핏은 "성장과 가치는 한 엉덩이에서 만나며 성장은 가치를 계산할 때 반영된다"라고 말한다. 이렇듯 가치투자자들은 성장을 좋아한다. 단지 성장이 반영되어 있지 않은 저평가된 가격에 사고 싶을 뿐이다. 1장에서 얘기한 바와 같이 가치투자자는 집요함과 인내를 바탕으로 교집합 영역을 노린다. 고성장과 저평가 두 마리 토끼를 한 번에 쫓을 수 있는 방법에 대해서는 다음 장에서 논의해보도록 하겠다.

우리는 해류를 예측하지 않는다. 다만 누가 해류를 거슬러 헤엄칠 수 있을지 고민한다.
─────────
찰리 멍거

가치주 기준 세우기

3 좋은 기업과 경영자

가치투자는 기업과 동행하는 투자입니다. 그런데 좋은 기업의 요소가 무엇인지 이해하지 못하면 어떤 기업과 손을 잡아야 할지, 언제까지 함께해야 할지 알 수가 없습니다. 당시 저희가 경험이 부족해『한국형 가치투자 전략』에서 제대로 짚어드리지 못한 좋은 경영자 판별법도 이번에는 그간 축적된 사유를 바탕으로 설명을 시도해보고자 합니다.

종목을 고르는 프로세스는 경마와 유사하다. 경마에서 돈을 벌려면 꾸준히 승리하는 말을 골라야 하는 것처럼 가치투자로 수익을 내기 위해선 좋은 기업을 선택할 수 있어야 한다. 또한 같은 말이라 하더라도 말을 모는 기수에 따라 경기 결과가 달라지므로 기수의 능력을 파악해야 한다. 기업에서 기수는 곧 경영자CEO다. 주식은 사업과 경영자를 한꺼번에 구매하는 행위로서 마치 운전자가 딸린 차를 사는 것에 비유할 수 있다.

마지막으로 아무리 좋은 말과 기수라 하더라도 모두가 승리를 예상한

경주마의 품종 ⇨ 비즈니스 모델

말의 성장 잠재력 ⇨ 기업의 성장 잠재력

기수의 능력 ⇨ 경영진의 능력

vs 배당률 ⇨ 기업의 가격

Buy or Not

종목 선택 프로세스

다면 배당률이 낮게 매겨져 적중에 대한 보상이 적어질 수밖에 없다. 따라서 가치투자자는 여러 베팅처 중 배당률이 잘못 매겨진 경주마를 찾으려 치열하게 노력한다.

우리가 머릿속에 갖고 있는 종목 선택 프로세스를 그림으로 나타내면 위와 같다. 각 단계를 깔때기로 표현한 건 검증 순서를 나타냄과 동시에 기준에 맞지 않은 종목을 걸러 점차 압축해나간다는 의미이기도 하다. 덧붙이자면 가격 부분이 첫 번째 순서로 올라가기도 한다. 투자 아이디어가 싼 가격에서 출발해 그다음 사업 내용을 검증해보는 경우도 많기 때문이다. 우리 중 저평가 여부를 중시하는 김민국이 주로 이 순서를 따른다.

이번 장에서는 비즈니스 모델, 성장 잠재력, 경영진 판단법에 대해 먼저 배워보고 가격을 판단하는 법은 다음 장에서 별도로 다루도록 하겠다.

비즈니스 모델

비즈니스 모델은 기업이 이익을 창출하는 방식을 뜻한다. 같은 장사라 하더라도 식당과 슈퍼마켓의 비즈니스 모델은 다르며 같은 요식업이라 해도 뷔페와 국밥집의 비즈니스 모델 간에는 차이가 있다. 화장품 업종에서 브랜드(아모레퍼시픽, 클리오), 위탁제조(코스맥스, 한국콜마), 유통업체(올리브영)가 각기 다른 방식으로 사업을 영위하는 것처럼 하나의 생태계 안에서도 여러 비즈니스 모델이 존재하기도 한다. 반도체도 마찬가지다. 완성품 회사, 장비 회사, 소재 회사, 유통 회사는 돈 버는 방식이 각기 다르다.

한 예로 영화관의 비즈니스 모델을 살펴보자. 기본적인 수입은 티켓 판매에서 나온다. 거기에 팝콘 및 음료수 판매와 영화 상영 전 광고 노출이 부가 수익으로 더해진다. 공간을 써야 하니 임대료를 지불해야 하며 사람이 서비스해야 하니 인건비가 지출된다. 여가생활에 즐기는 오락이므로 평일과 주말의 방문객 차이가 뚜렷하다. 작품이 재미있을수록 관객이 더 찾으니 특정 기간의 매출이 흥행의 영향을 받는다.

비즈니스 모델은 웬만해선 바뀌기 힘든 태생적 속성을 갖는다는 점에서 경주마의 품종에 대입해서 얘기할 수 있다. 오래도록 빨리 달릴 수 있는 유전자를 타고난 말이 아니라면 아무리 기수가 뛰어나다 하더라도 레이스라는 치열한 경쟁 속에서 계속 승리를 쟁취할 수는 없을 것이다. 말을 구매할 때 혈통을 꼼꼼히 따지는 것도 이 때문이다. 반려견을 입양할 때도 크기와 특징에 대한 선호에 맞춰 품종을 선택하는 것이 순서상 첫 번째다. 시간이 아무리 흐른다 해도 푸들이 골든리트리버가 되지는 못한다.

의대생들이 전문의가 되고자 할 때 정형외과, 재활의학과, 성형외과, 피부과 전공에 몰리는 이유도 같은 맥락이다. 소아과, 산부인과, 흉부외과와 비즈니스 모델이 달라 미래의 경제적 성과가 달라진다는 사실을 알기 때문이다. 한 번 정하면 결과를 쉽게 바꾸기 어렵다는 점도 기업의 비즈니스 모델의 속성과 동일하다.

좋은 비즈니스 모델은 적게 먹어도 근육이 잘 붙는 말처럼 투입 대비 산출이 높다는 특징을 갖는다. 즉 같은 양의 자본으로 더 많은 이익을 창출하면 그만큼 주주는 빠른 기업가치 증가를 기대할 수 있다. 매년 같은 일이 반복된다면 시간이 흐를수록 그 차이는 더 커진다. 반면 우승 상금을 경주마 먹이는 데 다 써버린다면 상업적 관점에서 마주에게 남는 이윤이 없다. 직업과 마찬가지로 사업 자체에는 귀천이 없지만 주주 입장에서 경제성을 기준으로 한 비즈니스 모델의 좋고 나쁨은 존재한다고 봐야 한다.

우리의 경험으로 비추어볼 때 비즈니스 모델이 좋은 기업들은 다음과 같은 요소들을 갖추고 있는 경우가 많았다. 첫째, 반복 구매되는 제품과 서비스를 제공한다. 둘째, 소비자 기호와 기술에 따른 변화가 크지 않다. 셋째, 고객 숫자가 많고 다변화되어 있다. 넷째, 쉽게 모방하기 힘든 무형의 자산을 보유하고 있다.

반도체장비 회사로 한때 잘 나갔던 미래산업이 현재 쪼그라든 이유는 반복 구매 상품이 아닐뿐더러 고객이 제한적이었기 때문이고, 모린스는 휴대전화 터치스크린이 저항막에서 정전용량 방식으로 넘어가는 변화를 이기지 못해 상장폐지됐다. 파티게임즈 등 다수의 모바일 캐주얼 게임 회사들은 경쟁사가 쉽게 모방할 수 있는데다 유저들이 금방 싫증을 내는 바람에 잠깐 반짝한 후 쇠락의 길을 걸을 수밖에 없었다.

사업은 '원료 투입 → 재고 축적 → 매출 채권 → 현금 → 원료 구매' 순으로 돌아간다. 이 주기 아래에서 제품의 생산과 자금의 회수까지 시간이 오래 소요되는 비즈니스 모델도 예상치 못한 변수에 대한 노출도가 크다는 점에서 좋게 보기 힘들다. 건설, 조선, 방산, 원자력, 풍력 등 중후장대형 프로젝트성 사업이 이에 해당한다.

위에서 언급한 좋은 요소들이 융합되면 자본집약적이지 않으면서 재투자의 필요성이 크지 않을 뿐 아니라 자신의 운명을 스스로 통제할 수 있으며 현금을 빠르게 만들며 높은 진입장벽을 갖게 된다. 수명이 긴 말처럼 사업 존속 기간이 오래 가는 동시에 소비자, 공급자, 경쟁자에게 갑의 위치를 점유하는 힘이 센 회사가 되는 것이다.

이는 결국 실적의 안정성, 높은 영업이익률과 자기자본이익률ROE, Return on Equity 그리고 높은 시장점유율 수치 등을 통해 드러난다. 일례로 신세계, 현대모비스, CJ ENM, SK텔레콤, 고려아연, KT&G, 한섬, 에스원, 유한양행, 국도화학 이렇게 10개 회사가 2000년 1분기부터 2022년 2분기까지 무려 90분기 연속 흑자를 기록했는데, 비즈니스 모델의 우수성이 장기간에 걸친 실적 안정성을 통해 드러난 경우라 하겠다.

영업이익률과 시장점유율도 물론 높을수록 좋지만 그만큼 경쟁자를 부르는 향기로운 독이 될 수 있다. 게다가 영업이익률은 매출을 어떤 기준으로 인식하느냐에 따라 판단에 큰 차이가 날 수 있고, 시장점유율은 시장을 어떻게 구분하느냐에 따라서 달라지는 임의적인 요소가 숨어 있어 조심해서 봐야 한다.

ROE는 주주가 맡긴 자본이 기업 활동을 통해 얼마로 불어났는지 알려주는 비율이다(이 책에서 숫자를 많이 다루지 않을 테지만 ROE는 워낙 핵심적인 지표이니 끝까지 읽어주시길 바란다. 심지어 전작 『한국형 가치투자 전략』과 『가치투자가 쉬워지는 V차트』에서도 ROE는 심도 깊게 다뤄진 주제였다). 경영자가 1,000억 원의 자기자본을 갖고 당해 100억 원의 순이익을 냈다면 ROE는 10%가 된다. 펀드매니저가 고객이 맡긴 자금을 가지고 수익률을 낸다면 경영자는 주주가 맡긴 자본과 채권자에게 빌린 부채를 활용해 수익을 창출하는 격이다.

자본가 입장에서는 ROE가 금리보다 낮은 경우 불확실성을 감수하면서까지 주식을 살 이유가 없다. 친구가 치킨집을 차리겠다며 나에게 지분투자를 권하는데 제시하는 자기자본이익률이 내가 현재 가입 중인 예금 금리보다 낮다면 예금을 빼서 굳이 투자할 이유가 있겠는가? 펀드매니저의 목표수익률이 3%라면 이 역시 펀드에 투자할 동기는 없는 것이다. ROE는 비교 대상을 초과할수록 의미를 가지는 지표다.

장기간 주가가 우상향하며 주주들에게 높은 수익을 안겨준 종목들은 모두 같은 기간 중 높은 ROE 수준을 유지했다는 공통점이 있다. 동서는 우리가 보유한 기간 동안 ROE가 늘 두 자리 숫자를 유지했고, 네이버는 2006년부터 2015년까지 무려 20%가 넘는 ROE를 장기간 연속해서 기록했으며, LG생활건강은 2005년부터 2021년까지 차석용 부회장 취임 이후 장장 16년간 10% 이하로 ROE가 떨어진 적이 없었다. 아래 주가 그래프에서도 확인할 수 있듯이 장기 주가는 유지 가능한 ROE에 수렴한다 해도 과언이 아니다.

72페이지의 표가 보여주듯 규모가 상대적으로 작은 기업도 견고한 시장 위치를 유지하며 적절한 주주정책을 가져갈 경우 상당 기간 높은 ROE가 유지 가능하다. 이크레더블, 한국기업평가, 나이스디앤비, 고려신용정보는 수요가 꾸준하면서도 신뢰성이 필요한 신용서비스업을 영위한다는 공통점이 있으며 티씨케이, 원익QnC, 리노공업처럼 IT업에 속

하지만 독보적인 아이템을 보유한 경우 높은 ROE를 유지할 수 있다는 힌트를 얻을 수 있다.

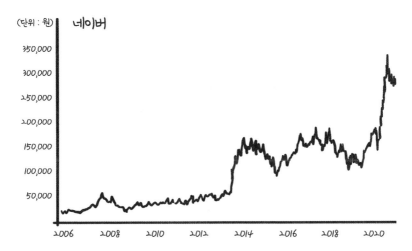

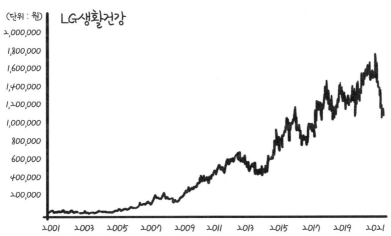

네이버 주가 추이(2006~2020)/ LG생활건강 주가 추이(2001~2021)

종목명	2012	2013	2014	2015	2016	2017	2018	2019	2020	2021
이크레더블	23.6%	20.1%	19.7%	21.5%	24.7%	24.5%	24.5%	24.1%	21.5%	20.8%
한국기업평가	19.2%	10.8%	12.5%	11.9%	11.9%	14.3%	13.8%	15.6%	18.3%	18.6%
티씨케이	8.8%	2.5%	5.8%	14.0%	20.0%	25.6%	25.4%	21.2%	22.4%	24.1%
원익QnC	10.9%	6.5%	9.0%	14.5%	29.0%	12.2%	16.0%	7.3%	18.3%	17.0%
나이스디앤비	14.7%	13.2%	14.2%	14.9%	12.9%	12.9%	17.3%	16.7%	16.8%	16.6%
리노공업	20.4%	18.8%	19.6%	18.2%	17.5%	17.6%	18.4%	17.5%	16.3%	24.7%
동남합성	7.4%	3.7%	4.2%	6.0%	11.8%	2.7%	9.6%	23.9%	20.2%	25.2%
고려신용정보	8.0%	5.3%	10.9%	21.6%	22.1%	20.3%	23.7%	29.8%	33.6%	25.9%
코웰패션	1.4%	0.8%	2.6%	9.7%	14.9%	26.0%	23.6%	20.3%	21.1%	14.0%
사람인에이치알	17.0%	8.6%	5.3%	12.4%	13.7%	2.5%	16.5%	20.3%	14.8%	20.1%

10년간 높은 ROE가 유지되는 종목 리스트

ROE는 기본 공식이 [순이익÷자기자본]이지만 다음 페이지의 식처럼 분해하면 순이익률×총자산회전율×(1+부채비율)로 바꿀 수 있다. 즉 주주자본으로 더 많은 이익을 창출하려면 마진이 높은 제품을 파는 동시에 기계장치, 재고, 매출채권 등의 자산을 최대한 돌려 써야 한다. 아니, 비즈니스 모델상 태생적으로 그럴 수 있어야 한다. 또한 부채비율이 높을수록 ROE도 따라 올라가지만 중간에 과도한 빚으로 인해 망하지 않도록 세심한 관리를 요한다. 사실 부채비율이 낮음에도 불구하고 ROE가 높은 기업이 진짜배기라 할 수 있다.

2000년대 초반 우리가 가장 좋아했던 음식료업체는 동서였지만 그만큼이나 농심과 풀무원도 좋은 회사라 여겼다. 농심은 두말할 나위 없이 높은 소비자 충성도를 가진 최고의 라면 회사였고 풀무원은 깨끗한 이미지로 주부들의 사랑을 받는 떠오르는 브랜드였다. 게다가 두부와 콩나물로 시작해 모든 식재료를 하나씩 현대화해나간다면 얼마나 매출이 커질 수 있을까 하는 흥분되는 꿈을 투영할 수 있는 투자 대상이었다.

2002년 농심과 풀무원의 ROE는 각각 11.9%, 19.2%으로 풀무원이 더

$$ROE = \frac{순이익}{자기자본} = \frac{순이익}{매출액} \times \frac{매출액}{자기자본} = \frac{순이익}{매출액} \times \frac{매출액}{총자산} \times \frac{총자산}{자기자본}$$

$$= \frac{순이익}{매출액} \times \frac{매출액}{총자산} \times \frac{자기자본+타인자본}{자기자본}$$

$$= 순이익률 \times 총자산회전율 \times \left(1 + \underbrace{\frac{타인자본}{자기자본}}_{부채비율^{☆}}\right)$$

ROE 공식

높았다. 하지만 농심의 ROE는 2004년 18%까지 증가한 반면 풀무원은 2003년 15.9%로 하락하더니 2004년에는 5.6%로 급전직하했다. 반복 구매되는 먹거리 제품이어서 총자산회전율에는 큰 변함이 없었다. 하지만 제일제당과 두산이 포장두부 시장에 진출하면서 이에 대응하기 위해 광고 집행과 할인 판매를 하다 보니 순이익률이 1%로 떨어져버린 탓이었다. 결국 2013년까지 ROE가 들쑥날쑥했던 풀무원의 주가는 제대로 된 상승 없이 박스권에 갇혀버렸다.

우리는 풀무원의 포장두부 시장점유율 70%가 속절없이 무너져내리는 광경을 통해 자본주의 사회에서 초과 이익은 반드시 경쟁을 부른다는 진리에 눈을 뜨게 됐다. 이전만 해도 특정 시장에서 강력한 브랜드와 높은 시장점유율을 구축하고 있으면 신규 사업자가 그 아성에 감히 도전할까 하는 막연한 생각에 갇혀 있었다. 어찌 보면 각자 분야에서 잘하는 일에 만족하고 서로의 영역을 존중할 거란 낭만적인 생각까지 했는지도 모르겠다.

이제 모든 산업은 두 가지로 나뉜다고 생각한다. 현재 경쟁이 벌어지고 있는 분야와 앞으로 경쟁이 벌어질 분야가 있을 뿐이다. 특히 높은 ROE를 향유하는 성장 산업이라면 경쟁은 필연적으로 따라온다. 100의 자본을 넣어 20의 산출이 나온다면 나는 10만 먹어도 오케이이라며 도전하는 후발주자들이 출연하기 마련이다. 경쟁이 없는 시장이냐가 중요한 게 아니라 경쟁이 생겼을 경우에도 우리가 검토하는 회사가 수성을 할 수 있는지 여부가 핵심 논점이다.

경쟁에서 고객을 지키고 마진을 방어해 결과적으로 ROE를 유지하려면 경쟁자들은 할 수 없지만 나는 할 수 있는 경쟁우위가 필요하다. 버핏이 비유적으로 표현해 보편적 용어로 자리 잡은 경제적 해자와 같은 의미다. 경쟁우위 요소는 대략 4가지로 요약되며 떠오르는 국내외 경쟁우위 기업들을 정리한 표는 다음과 같다.

버핏의 투자법을 흉내 내 종목을 고르던 초창기 시절에 경쟁우위에 대한 이해가 부족해 실수를 저지른 적이 있다. 네브래스카 퍼니처마트와 인터퍼블릭에 투자한 사례를 본 후 가구와 광고대행이 좋은 아이템인 줄

	경쟁우위 요소	국내기업 사례	해외기업 사례
1	고객 충성도	하이브, 하이트진로	애플, 나이키
2	전환 비용	더촌비즈온, 골프촌	마이크로소프트, 블룸버그
3	네트워크 효과	카카오, 아프리카TV	알파벳(유튜브), 메타(페이스북)
4	비용 우위	다이소, 영원무역	코스트코, 가이코

착각해 한국의 가구회사(퍼시스)와 광고대행사(오리콤)에 투자한 것이다. 알고 보니 버핏은 네브래스카 퍼니처마트에서 특정 지역을 지배하는 대형 매장으로서의 경쟁우위를, 인터퍼블릭에서 글로벌 마케팅 캠페인을 전개할 수 있는 전 세계적 네트워크라는 경쟁우위를 발견한 것이었지만, 우리가 고른 국내 회사들에겐 그와 같은 경쟁우위 요소가 없었다. 비즈니스 모델을 잘못 읽으면 이런 참사가 벌어진다.

비즈니스 모델 점검에서 중요한 건 업종 자체가 아니다. ROE가 높은지, 높은 ROE가 계속 유지될 수 있을지, 경쟁우위가 존재하는지, 경쟁우위가 유지될 수 있는지를 살펴야 한다. 시간을 오래 견딜 수 있는 와인만이 최고의 품질을 보증하는 그랑크뤼 등급을 받듯 내구성과 지속성은 좋은 기업을 결정짓는 핵심 요인이다.

좋은 사업은 결정하기 쉬운 문제들이 계속 이어진다. 나쁜 사업은 고통스러운 결정이 계속된다.

———————

찰리 멍거

성장 잠재력

"황소처럼 일만 하셔도 살림살이는 마냥 그 자리~" 미스터트롯에서 가수 영탁이 불러 대히트한 '막걸리 한잔(원곡자 강진)'의 가사 중 일부다. 열심히 일했는데 살림살이가 나아지지 않는다니, 작사가 류선우 씨도 아마 이런 상황을 안타까워하면서 노랫말을 썼을 것이다.

우리도 가끔, 열심히 사업을 하지만 성장하지 못하는 회사들을 보며 비슷한 감정을 느낀다. 곡으로까지 쓸 정도는 아니지만 말이다.

성장은 좋은 것이다. 이 명제를 부정하는 사람은 아마 없을 테다. 쟁점은 그 대상이 과연 클 수 있느냐, 그렇다면 얼마나 클 수 있느냐 하는 부분이다. 특히나 기업이든 땅이든 말이든 돈을 지불하고 구매한 투자 대상일수록 성장의 이슈는 첨예하다. 성장한 만큼이 곧 투자자의 수익으로 이어질 가능성이 높기 때문이다.

성장이란 단어를 듣는 순간 메타버스, 우주산업 등이 떠오른다면 그건 성장의 환상을 부추기는 스토리 요소에 가깝다 지적하고 싶다. 이처럼 시장에선 개념적 성장주 개념이 여전히 득세한다. 이 회사로 인해 미래가 바뀔 거라는 상상만으로도 투자자로선 흥분되는 일이니 이해는 가나, 그동안 시장에서 만들어낸 수많은 환상 중 일부만 실현된 것 또한 사실이니 경계심이 드는 건 어쩔 수 없다(확률론적 사고를 기억하자).

앞서 배운 내재가치의 의미를 다시 새겨본다면 성장이란 스토리에 그치지 않되 실체적인 이익 성장으로 이어져야 의미를 가진다. 아무리 오래된 굴뚝 산업이라 해도 10년간 이익이 늘 수 있다면 가치투자자들은 성장주라는 타이틀을 부여한다. 반면 환상에 의거해 주가가 올랐다 하더라도 입증할만한 이익(숫자)을 끝내 보여주지 못하면 다시 제자리로 돌아가고 만다. 코로나 팬데믹 전후로 이런 사례가 대거 쏟아졌다.

[기업이익=P×Q−C] 로 표현할 수 있다. P는 제품의 가격Price, Q는 판매 수량Quantity, C는 비용Cost을 뜻한다. 즉 제품 가격이 상승하고 판매 수량이 증가해 매출이 느는 가운데 비용이 감소하면 이익은 성장한다. P×Q 값이 늘면 매출액성장률로, P×Q−C 값이 늘면 영업이익성장률로 반영된다. 우리 회사 내에서도 그냥 이니셜로 부를 만큼 일상 용어로

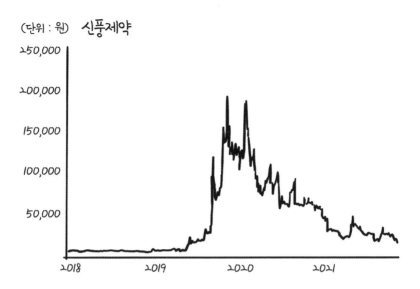

(단위 : 원)　신풍제약

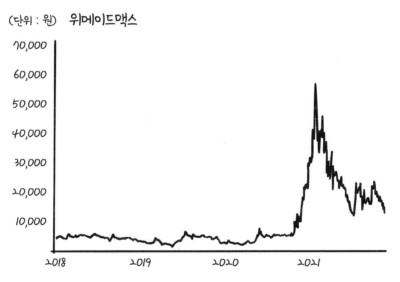

(단위 : 원)　위메이드맥스

코로나 팬데믹 이후 주가가 제자리로 돌아간 예

자리 잡았으니 앞으로 여기서도 그냥 P, Q, C로 사용하도록 하겠다.

경제학에 따르면 가격인 P가 높아지면 수요인 Q는 감소한다. 소비자들은 가격에 민감하게 반응하므로 대부분의 회사가 이 법칙에서 자유롭지 않다. 오직 두 가지 경우에 해당될 때만 Q를 희생시키지 않고 P를 올릴 수 있다.

첫 번째는 경쟁우위가 있어 가격을 편하게 올릴 수 있는 경우다. 버핏이 반복해서 얘기하는 시즈캔디 그리고 에르메스, 샤넬 등 명품 회사가 그 예다. 대체재가 마땅치 않으면 소비자는 높아진 가격을 수용할 수밖에 없다. 우리가 한국에서 목격한 대표적인 사례는 동서의 자회사 동서식품이었다. 소비자들이 맥심 커피믹스에 입맛이 길들여져 있는 데다가 스틱당 가격이 낮다 보니 일이십 원 차이에 민감하지 않은 특징으로 말미암아 제품가격을 거의 매년 올렸음에도 수요와 점유율을 계속 지켜갈 수 있었다. 커피믹스는 가정에서뿐 아니라 사무실 비품으로도 비치되기도 해 구매자의 가격 민감도가 낮은 편이다.

두 번째는 무차별한 제품이지만 갑자기 수요가 늘거나 경쟁사의 공급이 줄어들어 수급의 미스매치가 발생하는 상황이다. 2002년부터 2007년까지 국내 철강, 조선 회사들이 성장할 수 있었던 배경이다. 이 기간에 포스코는 강판 가격을 아무리 올려도 수요가 충족되지 않아 만드는 대로 팔려 나갔고, 현대중공업은 선가가 계속 올라도 배를 지을 도크가 모자라 주문을 더 받을 수 없는 정도의 호황을 누렸다. 하지만 수요를 미리 당겨 쓴 까닭에 2008년 이후 고난의 행군이 이어졌으니 그 끝이 있다는 점 또한 명심해야 한다.

Q를 늘릴 수 있는 환경으로 가장 쉽게 떠올릴 수 있는 것이 그 기업이 속한 산업의 성장이다. 뜨거운 관심을 받는 산업이 손쉽게 증시 테마의

선두에 서는 이유다. 하지만 가치투자자는 기업이 자신의 의지로 행하는 확장에 주목해 Q 성장의 원천을 좀 더 넓게 살펴본다. 생산량을 늘리는 공급 확장, 제품의 종류를 늘리는 제품 확장, 판매처를 늘리는 지역 확장이 그것이다. 이외에도 남의 시장점유율을 빼앗아와서 나의 성장을 도모하는 방법도 있고 기업 인수를 통해 남의 이익을 내 것으로 접붙이는 방법도 있다.

『한국형 가치투자 전략』에 소개된 사례 중 20년 후 20배 이상 올라 가장 높은 상승률을 기록한 오리온(구 동양제과)의 상승 배경을 살펴보자. 2002년 1월부터 2022년 6월까지 매출액과 영업이익은 각각 4.4배, 8배 증가했다.

우선 초코파이, 포카칩 등 충성도 높은 제품을 보유한 덕에 Q 하락 없이 물가 상승에 맞춰 P를 꾸준히 올릴 수 있었다. 그 사이 오감자, 꼬북칩 등 신제품을 히트시키며 제품 확장에서도 성공을 거뒀다. 뭐니 뭐니 해도 가장 핵심적인 Q 증가는 지역 확장에서 나왔다. 전형적인 내수업체였던 오리온은 지금 중국을 필두로 이어 러시아, 베트남에 진출한 결과 현재 해외매출 비중이 60%를 넘는다. 현지에 공장을 세우며 공급 확장이 뒷받침되었음은 물론이다. 거기다 현 사령탑 허인철 대표의 치열한 비용절감 노력은 잘 알려져 있다. 심지어 P와 Q가 늘어난 것만 해도 대단한데 긴장을 늦추지 않고 C까지 줄인 것이다.

이 사례를 통해 두 가지 사실을 알 수 있다. 하나는 기업 성장에 산업 성장이 반드시 따라줘야 하는 건 아니라는 점이다. 오리온은 20년 전이나 지금이나 성장 산업으로 인정받지 못하는 제과업에 속한 회사다. 중국에서의 성공이 알려지기 전까지 그다지 환호를 받는 곳은 아니었다. 다른 하나는 주식시장은 이익 성장을 장기적인 주가 상승으로 결국 반영해준다는 점이다(단기에 튀어오르지 않는다는 점도 명심하자).

특히 우리나라는 내수시장이 제한적이란 인식이 강해 지역 확장에 더 열광하는 경향이 있다. 2020년부터 2022년까지 의류업체 F&F의 주가가 6배가량 오른 이유도 MLB 브랜드를 앞세워 중국 진출을 성공시킨 데서 기인했다. 삼양식품도 불닭볶음면으로 해외 시장에서 대박을 치며 2016년부터 주가가 5배가량 상승했다. 국내 1등인 네이버와 카카오가 웹툰 등 콘텐츠를 앞세워 해외 진출을 열심히 추진하는 이유도 마찬가지다.

지역 확장이 해외에서만 일어나는 것은 아니다. 경남지역 소주 강자였던 무학은 2006년 신제품 '좋은데이'를 개발해 인접지역인 부산 시장으로 진출했다. 부산의 터줏대감인 대선주조와의 치열한 경쟁을 이겨낸 결과 2013년에는 급기야 부산 소주 시장 점유율의 70%를 거머쥐게 되었다. 성공적인 지역 확장의 열매는 달콤했다. 우리가 성공 가능성을 믿고 투자를 시작한 2009년부터 2013년까지 주가는 4배 상승했다.

앞서 ROE 개념을 탑재한 독자 중 "높은 ROE를 유지할 수 있다면 그 자체가 성장인데 P, Q, C나 시장 확장 같은 다른 개념이 더 필요합니까?"라는 의문을 가진 사람도 있을 수 있겠다. 아주 좋은 질문이다. 결론부터 얘기하면 그럴 수도 있고 아닐 수도 있다.

높은 ROE는 비즈니스 모델의 우수성을 의미하지만, 재투자해서 다시 높은 ROE를 낼 수 있는 사업처를 찾지 못하면 ROE 하락을 면치 못하게 된다. 예컨대 1,000억 원의 자기자본으로 200억 원 순이익을 낸 ROE 20%짜리 회사가 있다 치자. 그다음 해에는 순이익 200억 원이 더해져 자기자본이 1,200억 원이 되므로 ROE 20%를 그대로 유지하려면 240억 원을 벌어야 한다. 하지만 본시 자본이 필요하지 않은 사업인데다 성장을 도모할 신규 투자처가 없다면 순이익이 전년과 같은 200억 원에 그쳐 ROE는 16%로 하락하게 된다.

신용평가회사, 소프트웨어 회사, 단일 점포 백화점 등이 돈을 따박따박 버는 맛은 있지만 자사주매입소각이나 배당 같은 적절한 주주정책이 따라주지 않을 경우 성장이 나타나지 않아 높았던 ROE가 계속 하락해 주가가 재미없어지게 되는 사례를 자주 목격한 바 있다. 반면 피터 린치가 던킨도너츠에 그토록 열광한 건 고유의 레시피와 브랜드를 바탕으로 미국 전역에 계속 매장을 열 수 있으니 재투자에 의한 높은 ROE가 계속 유지될 수 있었기 때문이라 추측할 수 있다. 따라서 별도의 주주정책이 없는 한 높은 ROE의 지속가능성을 타진하기 위해선 Q 성장의 다양한 요인들을 따져 대입해볼 필요가 있다.

경영자

"은퇴는 언제쯤으로 계획하고 계십니까?" 2005년 어느 날 노래방 기기를 제조하는 상장사의 대표이사를 만난 자리에서 던진 질문이다. 딴에는 어렵게 시간을 내준 창업자에게 존경과 기대를 표현할 의도였지만 지금 돌이켜보면 얼굴이 화끈거린다. 좋은 경영의 기준도, 좋은 경영자를 알아보는 안목도 없었던 젊은 펀드매니저가 뭔가를 아는 것처럼 보이기 위해 던진 허세로 가득 찬 질문이었으니 말이다. 우리가 『한국형 가치투자 전략』에서 여러 유형 중 CEO형 기업 편을 길게 다루지 않은 건 퍽 다행스러운 일이다.

말의 기수에 해당하는 경영자의 존재에 대해선 두 가지 관점이 존재한다. 피터 린치는 "바보라도 경영할 수 있는 회사에 투자하라"며 경영자의 역량보단 단순하면서도 강한 사업이 더 중요하다는 의견을 제시한다. 실제로 『월가의 영웅』에선 린치가 투자한 회사의 경영자 이름이 잘 등장하지 않는다. 반면 버핏은 투자 사례에서 꼭 경영자의 이름을 찬사와 함께 언급한다. 파악한 경영자의 역량을 매수 고려 시 반영했다는 증거다.

우리는 장기투자를 염두에 둔다면 경영자의 역할이 매우 중요하다는 의견을 제시한다. 이런 영상을 유튜브에서 본 적이 있다. 병원 구급차 운전사는 날렵한 슈퍼카를 몰고, 톱클래스 카레이서 베텔은 무거운 구급차를 운전해 레이스를 한다. 승패는 어떻게 됐을까? 놀랍게도 베텔이 이겼다. 탁월한 운전 스킬이 자동차의 성능을 넘어선 것이다. 이처럼 탁월한 경영자가 비슷한 마법을 부리는 모습을 현장에서 여러 번 목격했다. 업계에서 존재감 없던 메리츠증권을 2010년부터 맡아 상위사로 도약시킨 최희문×김용범 콤비가 대표적이다.

문제는 탁월한 경영자인지 즉시 알아차리기가 어렵다는 데 있다. 실제로 관상을 본다는 투자자도 있다지만 솔직히 20년 이상 최고경영자들을 꽤나 만나봤다 자부하는 우리만 해도 미팅 몇 번으로 판단하기엔 여전히 역부족이다. 우리 경험상 최고경영자들은 사내에서 가장 열정적이며 비전을 고객, 주주, 직원 등의 이해관계자들에게 유창한 언어로 전달하는데 특화된 사람들이다. 실제로 그들이 뱉은 모든 말을 현실로 구현할 능력이 있는가는 별개의 문제다. 우리 또한 최고경영자들에게 속아 넘어가는 경우가 다반사였다.

결국 과거에 내렸던 의사결정들과 그 성과를 우선 면밀히 살펴본 후그가 현 시점에서 내리는 의사결정이 좋은 경영의 기준에 부합하는지, 해당 업의 속성에 맞는지 계속 판단해나가는 수밖에 없다. 점을 찍어가며 희미하게나마 선을 그어보는 방식이다. 진정한 친구를 알아보기 위해선 오랜 세월의 도움이 필요한 것과 같다.

진정한 친구보단 걸러야 하는 친구를 솎아내는 쪽이 더 쉽다. 의사결정을 쭉 보는데 "이거보단 내가 더 잘하겠다" "이렇게 좀 하지. 훈수 두고싶네"라는 마음이 샘솟는다면 걸러야 하는 경영자일 가능성이 높다. 반대로 "이거보다 더 잘할 수는 없겠다" "경영을 계속 맡기고 싶다"는 생각이 든다면 제대로 찾은 것이다.

우리의 경험과 많은 경영자에 대한 연구를 참고삼아 좋은 경영자의 공통적인 요소를 뽑아 열거해보자면 다음과 같다(최준철의 취미 중 하나는 경영자들의 전기 및 자서전 탐독이다). 뚜렷한 목표 의식, 사업에 대한 열정, 성장에 대한 열망, 시대를 읽는 안목, 업의 본질을 꿰뚫는 통찰, 변해야 하는 것과 변하지 말아야 하는 것을 구분하는 분별력, 역발상적베팅 능력, 학습 능력, 경쟁 관계 파악, 관습에 얽매이지 않는 혁신적 사고, 인간의 욕망에 대한 이해, 고객·직원·정부·주주 등 이해관계자 관리, 겸손한 태도.

특정 스포츠의 룰을 모를 경우 어떤 선수가 탁월한 활약을 펼치고 있는지 파악하기 힘들다. 미식축구 룰을 모르면 누가 좋은 쿼터백인지 구분하기 어려운 법이다. 이럴 때 인터뷰에서 받은 인상이나 과거의 이름값에 의존해 좋은 선수냐 아니냐를 쉽게 판단해버리는 우를 범하기 쉽다. 기업으로 돌아오면 좋은 경영자를 알아보기 위해선 먼저 경영에 대한 이해가 수반되어야 한다. 즉 좋은 경영의 기준을 정립해야 한다.

앞서 살펴본 개념과 연결시킨다면 좋은 경영자는 경쟁우위를 만들어유지하고 $P \times Q - C$ 관리를 잘 해내는 사람이라 할 수 있다. 다시 말해 경쟁사와의 격차를 벌리면서 매출은 늘리고 비용은 줄이고 있다면 좋은 경영자라 판단할 수 있는 근거가 된다는 의미다. 고려아연이 제련업계에서

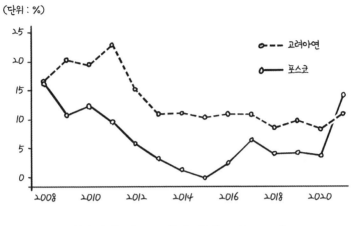

(단위 : %)

고려아연, 포스코 ROE 추이 비교(그008~그0그1)

독보적이란 평가를 받는 이유도 여기에 있다.

- P×Q↑: 계속적인 증설로 아연 제련 매출 증가. 동박, 전구체 등 신사업 전개
- C↓: 자체 화력 발전소와 배터리 저장 장치에 투자해 에너지 비용 절감
- 경쟁우위: 제련 과정의 부산물인 금, 은을 회수하는 업계 최고의 기술과 시설을 보유

2014년은 우리에게 큰 의미가 있는 해였다. 우선 꿈에 그리던 버크셔 해서웨이 주주총회에 참석했다. 눈앞에서 워런 버핏을 목격한 건 평생토록 기억에 남을 사건이다. 오마하에 가기 전 뉴욕에 들러 그렉 알렉산더라는 전설적인 가치투자자를 만났는데 그가 한국에 전파하라며 건네준

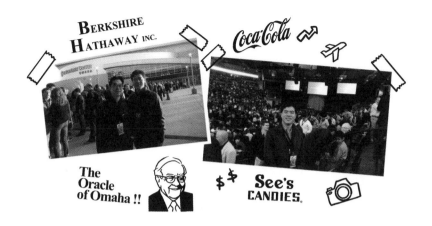

ㄴ이14년 버크셔 주총 참가 사진

책이 바로 『현금의 재발견The Outsiders』이었다. 그렉의 설명과 함께 이 책을 읽었을 때가 우리가 자본 배치 개념에 제대로 눈을 뜬 결정적인 전환점이었다. 가치투자자라면 이 책은 반드시 한번 읽어보길 바란다.

어떤 회사가 2020년에 100억, 2021년에 100억, 2022년에 100억의 이익을 냈다면 시장은 성장이 정체되었다 봐서 높은 시가총액을 부여하지 않는다(100억 → 200억 → 300억일 경우 흥분하겠지만). PER 8배를 적용해 800억 원에 거래된다고 하자. 그렇다면 2020년의 이 회사와 2022년의 이 회사는 이익 수준이 똑같으니 가치에 차이가 없는 것일까?

수익가치로는 그렇지만 직전 두 해 이익의 합인 200억이 추가로 쌓였으니 차이가 있다. 하지만 현실에서 자산가치 그 자체는 시가총액에 좀처럼 반영되지 않는다. 200억의 2년치 유보 이익은 경영자가 자본 배치를 통해 주당순이익을 늘릴 때 비로소 가치로 반영된다. 예컨대 20억 이익이 나는 회사를 200억에 인수했다면 2023년의 이익은 120(=100+20)

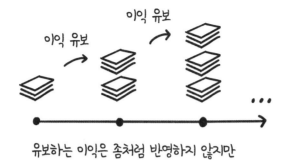

유보하는 이익은 좀처럼 반영하지 않지만

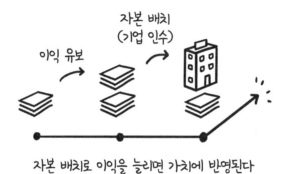

자본 배치로 이익을 늘리면 가치에 반영된다

자본 배치를 통한 주가 상승

억으로 늘어나고 PER 8배를 적용하면 시가총액은 960억이 된다.

이처럼 경영자가 자본 배치를 어떻게 하느냐에 따라 기업가치는 달라진다. 자본 배치의 방법으로는 본업에 투자(공장, 마케팅, R&D 등), 부채 상환, 기업 인수, 배당, 자사주매입이 있다. 이 중 『현금의 재발견』에서 주주가치를 극대화시킨 경영자를 소개하며 강조하는 자본 배치 전략은 기업이 싸게 매물로 나왔을 때 인수하는 활동과 주가가 내재가치보다 낮게 거래될 때 자사주를 매입해 소각하는 방식이다. 기업 인수는 이익의 절대치를 늘려주고 자사주매입소각은 주당순이익을 제고하는 효과가 있다.

전자를 잘 수행한 회사로는 LG생활건강과 동원산업이, 후자로는 메리츠금융그룹(메리츠금융지주, 메리츠화재, 메리츠증권)과 미원그룹(미원에스씨, 미원상사, 미원화학)이 대표적인 사례로 떠오른다. 자사주매입을 하는 회사들은 많지만 소각까지 꾸준히 이어가는 상장사가 아직 많지 않다는 점은 아쉬움으로 남는다.

경영자가 경쟁우위를 구축한 동시에 자본 배치까지 잘 해내면 그 기업의 유형은 소위 스노우볼 기업이 된다. 눈덩이가 굴러가며 커지듯 시간이 흐를수록 기업가치가 계속 상승함을 나타내는 비유적 표현이다. 경쟁우위는 있지만 자본 배치에 미숙하면 프랜차이즈형 기업, 경쟁우위는 없지만 자본 배치를 잘 하면 효율적 기업이 되겠고, 최악은 둘 다 없는 경

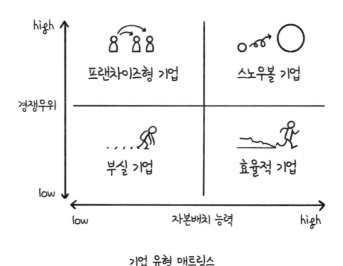

기업 유형 매트릭스

일시	구분	수량(주)	발행 주식수 대비
2017.02.23	취득	8,006	0.9%
2017.02.23	소각	8,006	0.9%
2017.04.13	취득	8,000	0.9%
2017.04.25	소각	8,000	0.9%
2017.07.13	취득	8,000	0.9%
2017.07.13	소각	8,000	0.9%
2017.10.19	소각	38,000	4.4%
2017.10.19	취득	38,000	4.4%
2017.11.13	취득	30,000	3.7%
2017.11.13	소각	30,000	3.7%
2018.04.12	취득	2,000	0.3%
2018.07.12	취득	1,856	0.3%
2018.10.17	취득	2,000	0.3%
2018.12.13	소각	22,750	2.9%
2020.03.25	취득	50,000	1.0%
2020.03.25	소각	50,000	1.0%
2020.04.08	취득	30,000	0.6%
2020.04.08	소각	30,000	0.6%
2021.02.24	취득	10,000	0.2%
2021.07.14	취득	20,000	0.4%
2022.02.09	취득	20,000	0.4%
2022.03.29	취득	25,000	0.5%
2022.06.20	취득	25,000	0.5%
2022.08.05	취득	25,000	0.5%
2022.10.12	취득	25,000	0.5%

미원상사 자사주매입소각 히스토리

우로 결국 기업가치가 감소하는 부실 기업이 될 가능성이 높다.

국내 화장품 업종으로 예를 들어 보면 스노우볼 기업으로는 LG생활건강, 프랜차이즈형 기업으로는 아모레퍼시픽, 효율적 기업으로는 코스맥스, 부실 기업으로는 에이블씨앤씨를 해당 카테고리에 넣을 수 있겠다. LG생활건강은 본업에서의 경쟁우위를 유지하는 가운데 자본 배치에도 뛰어난 반면, 아모레퍼시픽은 이 중 기업 인수와 주주정책에 소홀해 자본 배치에서 높은 점수를 줄 수 없다. 코스맥스는 화장품 제조를 위한 끊임없는 투자가 집행되어야 하는 단점이 있지만 OEM업체로서의 부족함을 긴밀한 고객 대응과 규모의 경제로 극복하고 있다. 에이블씨앤씨는 단일 브랜드숍으로서 트렌드에 맞지 않아 고객의 외면을 받고 있는가 하면 자본 배치를 통한 활로조차 못 찾고 있어 수익력이 감소하는 추세이다.

가치투자자들에게 잘 알려진 버핏의 투자 사례로 열거해보면 스노우볼 기업은 캐피탈시티즈, 프랜차이즈형 기업은 질레트, 효율적 기업은 버크셔 해서웨이, 부실 기업은 테스코다. 버핏은 최고의 경영자로 캐피탈시티즈의 톰 머피를 주저 없이 꼽는다. 톰 머피의 마법 같은 경영 사례는 『현금의 재발견』에도 소개되어 있다.

하지만 이는 어디까지나 현재 시점에서 바라봤을 때의 결론으로 경영자의 노력 여하에 따라 스노우볼 카테고리로 이동할 수 있다. LG생활건강조차 2004년 차석용 부회장이 부임하기 전까지만 해도 화장품에선 아모레퍼시픽에 치이고 생활용품에선 외국 브랜드에 밀리는 프랜차이즈형 기업과 부실 기업 사이에 위치했다.

우리가 SK에 주목했던 이유도 통신, 정유, 발전 등 현금흐름 빵빵한 자회사를 거느린 단순 지주회사에서 적극적인 자본 배치를 통해 소재,

바이오 등 성장사업을 키우는 동시에 주주정책을 개선하는 모습을 목격했기 때문이다. 즉 애매한 프랜차이즈 기업의 집합체에서 스노우볼 기업으로 이동하는 과정 중에 있다 하겠다.

반대로 경영자가 가진 능력이 사라지면 언제든 다시 열위한 유형으로 이탈할 수도 있다. 경영자도 사람이라 결국 한계에 부딪히는 순간을 맞는 게 현실이다. 영원한 스노우볼은 없으니 계속 추적해야 한다는 얘기다. 역시나 가장 피해야 할 유형은 부실 기업이다. 경쟁우위가 약한 기업이 자본 배치마저 실패하면 아무리 재벌 그룹이라도 몰락의 길을 걸을 수밖에 없다는 것을 STX그룹과 금호그룹이 보여준 바 있다.

스노우볼 기업은 확보된 경쟁우위를 바탕으로 풍부한 현금흐름을 창출하고 현금흐름은 자본 배치에 활용되어 다시 경쟁우위가 강화된다. 그러면 다시 현금흐름은 더 커지고 자본 배치를 거쳐 또 경쟁우위가 세지는 선순환을 탄다. 투자자가 찾아야 하는 스타 경영자는 이처럼 스노우

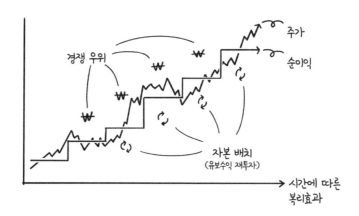

스타 경영자가 부리는 마법

볼 기업을 만들어 눈덩이를 계속 굴려갈 수 있는 능력자다. 그와 함께하면 주주는 끊임없는 기업가치 상승이 빚어낸 장기적인 우상향 주가를 향유할 수 있다.

투자자마다 경험과 배경지식에 따라 좋은 경영자를 알아보는 안목은 차이가 있기 마련이다. 우리 회사의 창립 주주였던 고故 김정주 창업자에게 2004년쯤 이런 질문을 던진 적이 있다. "저희가 보기에 네이버(당시 NHN)는 다소 고평가인 거 같은데 많은 양의 주식을 계속 보유하시는 이유가 뭔가요?" 그의 대답은 이랬다. "난 네이버의 미래를 모르지만 그냥 해진이를 믿어. 뭘 해도 잘할 무서운 친구야. 난 그냥 묻어가면 돼".

솔직히 우리는 말수가 적고 수줍음이 많은 이해진 의장에게 깊은 인상을 받지 못했으나 김정주 창업자의 눈에는 품종 좋은 말을 우승까지 시킬 수 있는 기수의 탁월한 능력이 보였던 것이다. 이후 네이버가 보여준 결과가 그의 안목을 입증했다. 그때부터 우리는 우리만이 알아볼 수

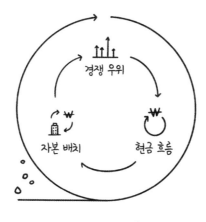

스노우볼 기업의 선순환 구조

있는 경영자를 찾아보려 노력했던 것 같다.

우리는 펀드매니저로서의 역할이 고객이 맡긴 소중한 자금을 이런 좋은 경영자를 찾아 다시 맡기는 것이라 생각한다. 경영에 대한 이해도가 갖춰진다면 투자자 자신과 합이 맞는 경영자를 알아볼 수 있을 것이다. 다소 어려운 부분이지만 탁월한 경영자가 투자의 치트키라는 점을 생각한다면 기꺼이 도전해볼만한 영역이라 믿는다.

천시天時는 지리地利만 못하고 지리는 인화人和에 못 미친다.

───────

『손자병법』

4 좋은 가격

좋은 기업이 곧 좋은 주식은 아닙니다. 가치투자자는 좋은 기업이 저평가되어 있을 때야 비로소 좋은 주식으로 인식합니다. 벤츠는 좋은 자동차이지만 대당 가격이 10억 원이라면 구매가 꺼려질 수밖에 없는 것과 마찬가지입니다. 가치평가를 수행해 저평가 여부를 판단할 수 있으면 좋은 기업과 좋은 가격의 교집합인 좋은 주식을 찾아낼 수 있습니다.

배당률이 잘못 매겨져 있다는 비유를 이해하려면 경마 룰에 대한 이해가 선행되어야 한다. 경마는 통상 패리뮤추얼pari mutuel을 채택한다. 이긴 말에 베팅한 전체 금액을 수수료 공제 후 배당률에 따라 나눠주는 방식이다. 말 그대로 상호 간 내기여서 다른 사람의 베팅에 따라 배당률이 달라진다. 즉 참여자들이 기대하는 우승 확률이 높으면 배당률은 낮아지고 우승 확률이 낮으면 배당률이 높아지는 개념이다.

한국의 전설적인 경주마였던 '당대불패'는 전성기 시절 우승이 따놓은 당상이라 여겨져 배당률이 1.2배에 불과했다고 한다. 10,000원을 걸었을 경우 우승을 거머쥐었더라도 12,000원만 받아야 한다는 뜻이다. 반대로 100배짜리 고배당이 걸린 경주마가 있다면 우승 확률은 100분의 1이지만 우승 시에는 100배를 벌 수 있다.

주식에 적용해보면 모두가 장밋빛 미래가 펼쳐질 거라 확신하는 종목은 가격이 비싸게 형성된다. 어떤 주식이 PER 100배에 거래된다면 앞으로 초고속 성장을 거듭하리란 기대감이 투영되어 있다는 뜻이고 실제로도 그럴 가능성이 없는 건 아니다. 하지만 '당대불패'의 경우처럼 기대수익률이 높지 않다는 점을 유념해야 한다.

더 나아가 기대치를 충족시키지 못할 경우엔 베팅 금액을 날릴 각오도 해야 한다. SK텔레콤은 1999년부터 20년간 이익이 12배나 늘었지만 황당하게도 같은 기간 주가는 반토막이 났다. 시장 참여자들이 20배 이상 성장을 할 줄 알았던 것이다. 안타깝게도 결국 추락으로 끝난 상당 수의 주식들은 한때 날개가 있었다.

찰리 멍거는 "투자는 패리뮤추얼 시스템에 맞서 베팅하는 것"이며 "투자란 가격이 잘못 매겨진 도박을 찾는 것과 같다"고 말한다. 예를 들어 승률이 50%이지만 배당률은 3배인 투자 기회만을 노린다는 뜻이다. 이를 위해선 베팅 가격이 잘못 매겨져 있는지 판단할 수 있을 만큼 많이 알아야 한다는 조언을 덧붙인다(여담으로 버핏은 어린 시절 경마장에서 바닥에 버려진 마권을 주우며 승부 결과가 정정될 행운을 바랐다고 한다).

이러한 주장은 버핏과 멍거가 좋은 기업 많기로 명성이 자자한 미국 시장에 주로 투자를 하면서도 왜 서학개미들이 좋아하는 이름값 높은 주식 모두를 사들이지 않는가를 이해할 수 있게 해준다. 몰라서 못 사는 게 아니라 배당률이 잘못 매겨져 있지 않다고 여겨 안 사는 것이다. 결론적으로 투자에 성공하고 싶다면 철저한 분석을 통해 좋은 기업을 저평가된 가격에 사야 한다. 좋은 가격은 좋은 기업을 좋은 주식으로 만든다.

적정 가치 구하기(1)

주식의 적정 가치를 구한다 하니 비법의 향기가 풍기는 듯하다. 특히 이과 출신들은 답이 딱 떨어지는 공식에 대한 기대감에 설렐지도 모르겠다. 하지만 미리 스포를 하자면 밸류에이션에 정답은 없다.

우리가 세상에서 가장 잘 아는 회사는 VIP자산운용이다. 그러나 회사 가치가 얼마냐고 물어본다면 우리조차 얼마라고 딱 떨어지게 대답할 수는 없으니 다른 회사야 말해봐야 입만 아프다. 사람마다 밸류에이션을 하는 방법은 제각각이며 그렇게 도출된 적정 가치라는 것도 어느 정도의 범위로 존재할 수밖에 없다.

그러면 정확하지도 않은 밸류에이션을 왜 굳이 하려고 하는가? 적정 가치가 하나의 숫자로 딱 떨어지지는 않더라도 대략 범위라도 알아야 저평가 여부를 판단할 수 있기 때문이다. 예컨대 어떤 회사의 주당 적정 가치가 10,000~15,000원으로 추정된다면 주가 5,000원은 싸다고 인지할 수 있고 50,000원은 고평가라 판단할 수 있다.

또한 밸류에이션을 위해 비즈니스 모델을 꼼꼼히 살피고 이익을 추정해보는 과정에서 저평가의 근거를 다각도로 정교하게 마련해볼 수 있다. VIP자산운용 내부에서 발간되는 기업분석 보고서마다 목표가격이 빠짐없이 들어가긴 하지만 분석 내용 대부분은 좋은 기업인지를 따지는 내용과 함께 밸류에이션 추정의 논리적 타당성에 할애된다.

현존하는 다양한 적정 가치 구하는 법 중 우리가 가장 많이 쓰는 방식

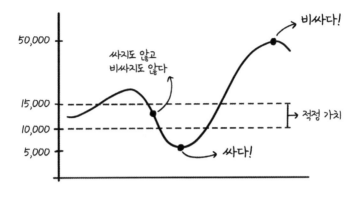

적정 가치와 가격 간 비교

은 PER 밸류에이션이다. "너무 뻔한 거 아냐" 싶을지 모르겠으나 가장 단순하면서도 누구라도 보편적으로 사용하기에 모자람이 없는 검증된 방법이라 생각한다.

수익가치 개념에 의거하면 한 기업의 가치는 결국 한 해 동안 버는 순이익에 일정한 배수를 곱한 값에 해당한다. 우리 회사 내에 "그거 몇 배짜리예요?"라고 물어보는 질문이 흔하게 제기되는데 멀티플이라고도 부르는 배수가 얼마인지 궁금하다는 뜻이다(그 회사는 얼마냐고 물어보는 경우엔 주가가 아니라 통째 거래가격인 시가총액으로 대답해야 한다).

적정 주가 = 예상 EPS(주당순이익)×적정 PER(주가수익비율)
적정 시가총액 = 예상 순이익×적정 PER

원론적으로는 DCF(현금흐름할인법)을 쓰는 것이 옳으나 어차피 성장률, 할인율, 기간 등 주관적인 요소가 개입될 수밖에 없어 더 정확하다고 볼 수만은 없다. 10년간 매년 100억 원의 순이익을 올릴 회사가 있다고 해보자. 할인율 4%를 적용해 DCF로 계산하면 현재가치는 843억 원이 나오는데 100억에 PER 10배를 곱한 값인 1,000억과 비교해도 15% 밖에 차이가 나지 않는다. 어차피 PER 밸류에이션을 할 때도 현재 이익이 고정되어 있지 않고 앞으로 어느 정도 성장한다는 가정을 감안해주므로 실제 차이는 더 줄어든다.

PER을 사용하는 쪽이 직관성은 높아지고 계산은 간편해진다는 면에서 원주율(π)이 원래는 3.14159265358979…이지만 편의상 3.14로 끊어 쓰는 것과 비슷하다 하겠다. 심지어 기업을 통으로 거래하는 인수합병 시장에서조차 이익이나 현금흐름에 배수를 곱해 쓴다. 이때 배수는 계산 값이 아닌 매도자와 매수자 간 협상의 대상이다.

단순화시킨 사례 하나를 상정해보자. A기업의 2019년부터 2022년까지 매출액, 영업이익, 순이익은 아래의 표와 같다. 2022년 10월에 이 기업을 발견했다면 PER 밸류에이션을 위해 해야 할 작업은 1) 2022년 하반기 실적을 예상해 그해 온기 실적을 추정해보고 2) 2023년부터

A 기업	2019	2020	2021	2022 1H	2022 (E)	2023 (E)	2024 (E)	2025
매출액	2,100	2,400	2,800	1,400				
영업이익	100	130	170	80		· · ·		
순이익	70	100	150	70				

기업 실적 예측 예시

2025년까지 3개년도 매출액, 영업이익, 순이익 빈칸을 채워넣는 것이다 (이 숫자들 또한 현실에선 적정 가치와 마찬가지로 하나의 숫자가 아니라 범위로 존재한다).

나중에 종목 분석에서 다시 다루겠지만 이 역시 정답이 있는 건 아니다. 개념적으로 말하자면 A기업의 과거를 참고해 현재를 반영하여 미래를 예측하는 일이다. 과정으로 들어가 보자면 재무정보, 비즈니스 모델, 수요 상황, 경쟁 환경, 자본 배치, 비용 통제력 등 A기업을 둘러싼 모든 정보를 긁어모아 스스로 판단해보는 작업이 수반된다.

P, Q, C로 설명하자면 P와 Q의 성장률을 예측한 뒤 예상되는 C를 빼서 숫자를 뽑아낼 수도 있다. 구체적인 숫자보다 기업가치의 방향성이 더 중요하다는 면에서 제품가가 얼마나 올라갈지 판매는 얼마나 늘지 따져보는 일은 투자 의사결정에 있어 매우 유용한 판단 근거를 제공한다. P,

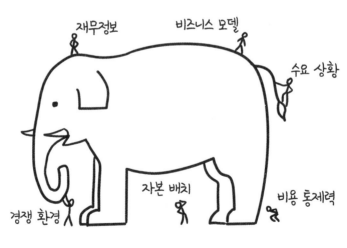

기업을 둘러싼 정보들

Q, C를 각각 구해보는 대신 P×Q가 곧 매출액이니 여기에 과거 이력과 현재 환경을 반영해 적정하게 부여한 영업이익률을 곱해 이익을 구해볼 수도 있겠다.

여기서 잠깐 세 가지 포인트를 기억했으면 한다. 첫째, 이익의 변동성이 작은 사업일수록 PER 밸류에이션 적용 시 신뢰도가 높아진다. 둘째, 빈칸을 보수적인 가정 하에 추정해 채울수록 오판에 대한 페널티가 경감될 수 있다. 기대가 크면 그만큼 실망도 큰 법이니까. 셋째, 회사에 대해 많이 알면 알수록 예상 순이익의 범위를 좁힐 수 있다. 가치투자자들이 철저히 공부하라는 말을 입에 달고 사는 데는 다 이유가 있다.

3년 치까지만 예상해보는 건 우리의 경험상 정확도를 비교적 높게 유지할 수 있는 시간 길이라고 보기 때문이다. 몇년 치 빈칸을 채워볼 거냐 하는 부분은 개인의 성향이나 능력에 따라 다를 테고 분석 대상 기업의 이익가시성에 따라 다르다. 또한 3년은 우리가 저평가 주식을 샀을 때 재평가를 기대하는 평균적인 시간 길이이기도 하다.

3년 이후부터의 숫자는 사실 기업의 방향타를 쥐고 있는 경영자의 몫이다. 다시 말해 우리 입장에서 3년 이후부터는 경영자가 미래의 숫자를 만들어가는 구간이라 생각한다. 물론 절대적인 믿음에 의존하는 것만은 아니다. 매수 이후 분기마다 공표되는 실적과 경영자가 내리는 의사결정을 추가로 확인해가면서 미래 실적 예상치를 찍어 계속 나간다(팔로우업이라 부르는 작업인데 나중에 다시 상세히 설명하도록 하겠다). 그러다 보면 경영자에게 보내는 신뢰의 수준도 자연스레 조정되어 간다.

A기업의 2025년 예상 순이익 빈칸을 300억 원으로 적어 넣었다 해보자. 이제 여기에 적정 PER만 곱해주면 적정 시가총액을 구해낼 수 있다. 2022년 현재 시가총액 1,000억 원에 거래되고 있다면 2025년까지 향후

3년간 기대 수익률은 PER이 5일 때 50%, PER이 10일 때 200%가 된다. 2025년까지 기다릴 용의가 없다면 2023년이나 2024년의 예상 순이익×적정 PER 값으로 보다 짧은 기간의 기대수익률을 구하면 되겠다.

문제는 얼마의 PER을 부여하는 것이 적정한가 하는 데 있다. 예상 순이익을 추정하는 과정이 과학에 가깝다면 적정 PER을 찾는 일은 좀 더 예술에 가깝다. 시장에서 3년 뒤 이 기업에 몇 배의 멀티플을 부여할지 현재 시점에선 알기가 어려운 까닭이다. 음반 작업으로 비유하자면 전자가 앨범에 수록하기 위해 좋은 곡을 고르는 과정과 비슷하고, 후자는 대중의 사랑을 받을 타이틀곡을 정하는 일과 비슷하다는 생각이 든다.

수록곡도 좋고 타이틀곡도 좋으면 앨범이 대박 나는 것처럼 매수 후운 좋게 이익과 PER이 동시에 상승하면 수익이 크게 발생한다. 가치투자자는 낮은 PER 구간에서 매수를 시작하므로 처음에는 이익이 성장하는 만큼만 주가 상승을 향유한다. 그러다 저성장주여서 재미없다고 생각

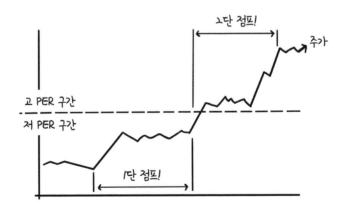

주가의 2단 점프 과정

했던 종목이 알고 보니 생각보다 성장률이 높다는 사실이 시장에 본격적으로 알려지면 PER이 뛰어 올라가는 재평가 구간을 만난다. 우리는 이를 '2단 점프'라 부른다.

우리가 피터 린치의 표현대로 4루타 이상, 즉 4배 이상의 수익률을 기록한 종목들은 대부분 이익의 성장과 PER의 재평가가 융합 작용을 일으킨 2단 점프의 결과였다. 이런 짜릿한 경험을 반복하다 보면 낮은 출발선에 선 저PER 종목들을 찾아다니게 되어 있다. 저PER은 낮은 리스크와 높은 잠재 리턴을 동시에 가진 매력적인 존재다.

PER에 영향을 주는 요인들에는 비즈니스 모델, 이익성장률, 시장 트렌드, 역사적 PER, 주식시장 전체의 평균 PER, 산업의 평균 PER 등이 있다. 경험으로 볼 때 이 중 가장 힘이 센 요인은 비즈니스 모델과 이익성장률이다. 앞서 언급한 바와 같이 높은 이익 성장이 기대되면 시장으로부터 자연스레 높은 PER을 부여받기 시작한다.

하지만 현실적으로 기업이 영원히 고성장세를 유지하기란 불가능하다. 언젠가 한계에 봉착해 성장률이 낮아지는 구간으로 다시 접어들면 성장의 영향력이 줄어드는 대신 본래 비즈니스 모델의 품질을 반영하는 적정 PER까지 하향 수렴하게 된다. 이는 곧 주가 하락을 의미하니 피하는 게 상책이겠지만 주가가 워낙 미리 움직이니 뒤늦게 알게 되는 경우가 빈번하다(장기투자를 추구하는 투자자는 이 구간을 그냥 버티기도 한다).

따라서 PER 급변에 따른 주가 하락을 피하고 싶다면 성장이 가파르면서도 오래 유지될 뿐 아니라 갑자기 성장이 없어지는 구간에서도 급락 없이 어느 정도 이상의 PER을 유지할 수 있는 회사를 원천적으로 고르는 편이 바람직하다.

SK텔레콤은 가입자가 급성장하는 동안에는 PER을 80배까지 받았으나 포화 구간으로 들어갔을 땐 10배로 하향조정되었다. 반면 나이스평가 정보는 성장 구간에서는 많게는 30배까지 받다가 성장이 주춤하더라도 웬만해선 15배 이하로 떨어지지 않는 방어력을 보였다. 신용평가 산업에서 독보적인 1위라는 위치와 재투자가 필요 없는 지식 기반 사업이라는 차별점이 상대적으로 높은 PER 지지선을 구축한 결과다.

적정 가치 구하기 (2)

PER 밸류에이션은 단순하고 직관적인만큼 한계도 가진다. E가 회계적인 순이익이므로 영업외손익이 개입돼 실질 이익 체력을 반영하지 못하는 오류 가능성을 내포하며 현금흐름과도 괴리를 보일 수 있기 때문이다. 따라서 순이익 대신 영업이익이나 현금흐름을 사용하는 등 입체적인 접근을 위해 다른 숫자들을 대입해 보완하기도 한다.

적정 시가총액(1) = 예상 영업이익 × 적정 멀티플
적정 시가총액(2) = 예상 EBITDA × 적정 멀티플

한 회사 안에도 속성이 다른 여러 사업부가 존재할 수 있고 특히 지주회사라면 각기 다른 사업을 영위하는 자회사를 두고 있으므로 단일한 PER을 적용할 경우 적정 가치가 과대평가되거나 과소평가될 수 있다. 이때는 각 사업부나 자회사의 적정 가치를 각각 계산해 합치는 SOTP Sum Of The Parts 밸류에이션을 쓰는 게 이치에 맞다.

예컨대 B라는 교육 회사가 정체된 오프라인 사업과 성장 중인 온라

인 사업을 동시에 보유하고 있다면 오프라인 사업에서 창출되는 순이익 100억에 PER 5배를 곱한 값 500억과 온라인 사업에서 창출되는 50억에 15배를 곱한 값 750억을 더해 전체 적정 가치가 1,250억이 되는 식이다. 순부채를 빼주는 것이 합당하나 예시에선 배제했다. 실제로 우리는 복합 미디어기업 CJ ENM의 적정 가치를 구할 때 미디어, 커머스, 영화, 음악 사업의 가치를 별도로 계산해 합산한 후 지분가치를 더하고 부채를 빼는 SOTP 방식을 사용했다.

순이익이 들쑥날쑥할 수밖에 없는 철강, 화학 등 소위 경기순환 기업은 PER 밸류에이션이 잘 들어맞지 않는다는 점도 주의해야 한다. 우선 작은 수요 공급의 불일치에도 이익이 크게 춤을 추기 때문에 예측가능성이 현저히 떨어진다. 이 숫자에 아무리 고민해서 PER을 부여한다 한들 적정 가치 값이 정확하기 어렵다. 차라리 앞으로 예측되는 상황과 유사했던 과거 시기에 받았던 PBR(주가순자산비율)을 적용하는 편이 대충이라도 맞추는 방법이다.

계산에서 자산가치가 배제된다는 점도 PER 밸류에이션의 한계 중 하나다. 사실 수익가치가 주가에 직접적인 영향을 주다 보니 자산가치는 무의미하다는 의견이 지배적인데 반은 맞고 반은 틀린 얘기다. 통상 주가의 상승은 이익이 증가하고 멀티플이 확장되어야 일어난다. 자산가치가 미치는 영향은 제한적이다. 하지만 주가가 하락할 때는 자산가치가 브레이크를 걸어주는 요인으로 작용한다. 은행이 대출을 내준 후 차주가 돈을 잘 갚을 때는 문제가 없지만 상환 능력이 떨어지면 잡아둔 담보가 중요해지는 것과 동일한 원리다.

자산에는 현금, 주식, 채권, 토지, 건물, 자회사 지분 등이 있다. 재무상태표를 뒤져 찾아낸 자산가치를 업사이드로 반영하는 경우 이 중 투자자가 의미 있다고 인정하는 자산을 골라 PER 밸류에이션으로 구한 수익 가치에 더하면 된다.

예컨대 우리는 수익가치가 1,000억 원, 자산가치가 500억 원으로 계산된다면 주가가 1차로는 시가총액 1,000억 원까지 도달할 수 있고 자산가치까지 반영하면 1,500억 원까지 도달 가능하다고 본다. 반대 방향인 다운사이드로 보면 주가가 하락해 시가총액이 자산가치 값인 500억 원에 근접할 경우 주가가 더 빠질 확률은 낮아지리라 기대한다. 수익가치로는 주가의 상방을, 자산가치로는 주가의 하방을 짐작해보는 식이다. 비유하자면 수익가치를 가지고 물의 수위를 잡는 동시에 자산가치라는 돌을 하나 괴어놨다고 생각하면 되겠다.

KT&G는 국내 담배 시장의 독점 기업으로서 큰 성장은 없지만 꾸준한 이익 창출 능력이 돋보이는 회사다. 이런 유형은 PER 적용이 비교적 수월하다. 수출 증대 가능성과 비즈니스 모델을 감안해 보수적으로는 8배, 낙관적으로는 12배를 줄 수 있으니 중간 값인 10배를 순이익 1조 원에 곱하면 10조 원을 적정 가치로 볼 수 있다. 별도로 3조 원의 현금성 자산을 들고 있으니 이를 더해 13조 원까지 적정 가치를 확장해도 무리가 없다. 반대로 주가가 아무리 빠져도 현금성 자산에 해당하는 3조 원 이하로 떨어질 확률은 매우 낮다.

이익 범위를 추정할 수 있고 그 이익을 우리가 추정하는 범위의 하한으로 가정하더라도 현재 주가가 합리적인 수준이라면 그 주식을 산다.

———

워런 버핏

저평가 판별하기(1)   미래 이익 추정에 근간해 적정가치를 구해 현재 시가총액과 비교하는 것을 동적 방식이라 본다면 현재 시점에서 이미 주어진 값을 갖고 저평가 여부를 판단해보는 것은 정적 방식에 해당한다. 시장의 기대가 반영된 비율이 PER(=시가총액÷순이익)이므로 PER이 낮으면 낮을수록 저평가되었다고 판단하는 방법이 대표적이다.

여기서 두 가지 의문이 제기된다.

첫 번째는 시장이 효율적인 데다가 PER은 남들도 다 보는 숫자인데 저평가 주식이라는 게 존재할 수 있느냐는 의문이다. 시장이 효율적인가는 오랜 논쟁거리이지만 가치투자자는 기본적으로 시장이 비효율적이라 믿는다. 좀 더 정확히 말하면 단기적으로는 비효율적이지만 장기적으로는 효율적이라 생각한다. 주식시장은 단기적으로는 인기를 반영하는 투표기계이지만 장기적으로는 기업가치가 반영되는 체중계라는 것이다.

우리는 26년간 주식투자를 하면서 저평가 주식이 드물어 가치투자 못해먹겠다는 생각을 해본 기억이 거의 없다. 심지어 전체 시장이 심하게 고평가되었던 시기조차도 저평가 주식은 있었다. 주식이 저평가되는 요인은 다음과 같다.

- 시장 폭락
- 인기 업종에 수급이 쏠리며 나타나는 소외
- 특정 기업과 업종에 대한 오해와 편견
- 기업의 일시적인 부진
- 언론에 오르내릴 정도의 구설수

- 지루한 회사명(피터 린치가 언급)

한 마디로 저평가는 공포, 탐욕, 질투, 과민반응, 무지, 무관심, 왜곡, 게으름, 조바심에서 비롯된다. 인간의 본성이 바뀌지 않는 이상 저평가 주식은 항상 존재할 수밖에 없을 거라 단언한다. 최소한 우리가 투자를 해 온 동안에는 그래왔다.

2000년에 롯데칠성이 무려 PER 0.8배에 거래된 적이 있었다. 시가총액이 1년 순이익에도 못 미칠 정도의 저평가였던 셈이다. 심지어 이익이 IMF 이후 매년 폭발적으로 늘어나는 중이었고 서초동에 시가총액 이상 가는 부지도 보유하고 있었다. 이런 엽기적인 상황은 당시 극심한 IT주로의 쏠림, 음식료는 저성장 산업이란 편견에서 기인했다.

개별종목의 주가 진폭은 왜 이렇게 크게 나타날까? 이 원인을 잠깐 짚고 넘어가자. 이유는 두 가지다.

첫째, 기업의 이익은 원래 진폭이 크다. 이익은 매출에서 각종 비용을 차감한 뒤 채권자에게 이자를, 정부에 법인세까지 내야 비로소 창출되는데 각 요소가 외부 환경의 영향을 크게 받으니 최종 숫자인 이익은 말할 것도 없다. 가변적이니 위험하다 볼 수 있지만 상승 쪽으로의 변동성도 크다는 점이 주식의 차별화된 매력이기도 하다.

둘째, 주가는 앞으로의 이익을 미리 반영하는 속성이 있는데 미래는 정확히 알 수가 없는 노릇이라 현재 발생한 사건에 따라 시장 참여자들의 전망이 크게 변동하기 때문이다. 사람들은 최근의 뉴스일수록 더 중요하다 여겨 기업가치 추정에 이를 필요 이상으로 반영하는 경향이 있다. 종합하자면 주가 변동성은 잔여이익에 대한 후순위 배분권을 가진 주주가 감당해야 할 몫이자 미래를 다루는 일을 하는 주식투자자의 숙명

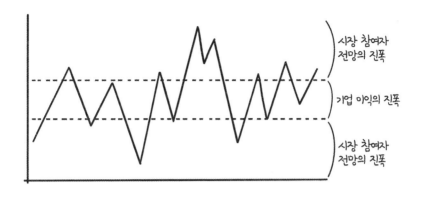

시장 참여자
전망의 진폭

기업 이익의 진폭

시장 참여자
전망의 진폭

주가의 진폭

과도 같은 것이다.

두 번째 의문은 PER이 도대체 얼마여야 저평가라 볼 수 있느냐는 것이다. 우선 PER을 역수로 뒤집어(1/PER) 일드Yield로 생각하면 다른 자산과 비교가 가능하다. PER이 10이라면 일드는 10%이니 이율 4%짜리 채권이나 5% 임대수익률을 주는 건물보다 싸다 평가할 수 있는 식이다. 당연히 PER이 낮아질수록 일드는 올라가니 더 매력적으로 변한다. 반대로 PER이 50배라면 일드가 2%에 불과하니 채권이나 건물을 사는 편이 낫다.

상대적인 저평가는 주식시장 전체의 PER 혹은 해당 기업이 속한 산업의 전체 PER과 비교해 가늠해볼 수 있다. 주식시장 전체의 PER이 12, 산업 전체의 PER이 20인데 어떤 기업의 PER이 15라면 시장보단 비싸지만 산업 가운데선 싸다는 결론을 내는 식이다. 물론 주식시장과 산업의 PER이 내려온다면 그만큼 저평가 정도는 줄어든다. 상대적인 밸류에이션은 전체 시장과 특정 산업이 각광을 받을 때 무지성 매수에 합리화 논리를 부여할 수 있으므로 주의해야 한다. 반드시 밸류에이션에 보조적으로 참고하는 선에 그쳐야 한다.

PER 배수는 원금 회수 기간으로도 해석이 가능하다. 시가총액 1,000억 원인 회사의 순이익이 200억 원이라면 회사 전체를 사들였다고 이론적으로 가정했을 때 5년(=PER 5)이면 회사가 내 것이 된다는 개념이다(롯데칠성 PER 0.8은 10개월 치 이익으로 회사 전체를 살 수 있었단 뜻이니 당시 시장의 무지가 얼마나 심각했나 돌아보게 된다).

우리의 경험치로는 기업이익이 꾸준하다는 가정하에 PER이 5배 이하면 저평가로 판단해도 무리가 없었던 거 같다. 채권의 일드가 20%까지 치솟는 경우도 드물고 주식시장 전체의 PER이 이만큼 내려올 확률도 낮기 때문이다. 참고로 이 책을 쓰고 있는 2022년 말 기준으로 PER 2~5배에 불과한 종목이 상당히 많이 보인다.

피터 린치는 PER과 성장률을 비교해 판별하는 방법을 제시했다. 일정 기간의 예상 이익성장률이 PER을 초과한다면 성장 대비 저평가됐다고 보는 식이다. 그가 고안한 PEG(주가수익성장 비율)의 공식은 [PER÷이익성장률]이다. 만약 어떤 기업의 PER이 10배, 이익성장률(G)이 20%라면 PEG는 0.5가 되는데 PER과 이익성장률이 같아지는 값인 1보다 낮아 저평가라 보는 것이다. 성장주의 PER 적정성을 판단하기에 유용하다.

비슷한 개념으로 벤저민 그레이엄은 단순한 공식을 통해 가치투자자가 감내할 수 있는 PER의 범위를 제시한다. [PER=8.5+예상 이익성장률×2]가 그것으로 이익성장률이 향후 7~10년간 10%가 예상된다면 28.5(=8.5+10×2)배까지 부여 가능하다는 뜻이다. 당연히 현재의 PER 값이 감내할 수 있는 상단 숫자와 괴리를 보이면 보일수록 저평가된 셈이다. 그런데 우리는 용기가 부족해 30배 이상의 종목에는 손이 잘 나가지 않는다.

PER을 판별하는 잣대들을 배웠고 대가들이 고안했다는 공식들이 나오기 시작하니, 지금 당장 저PER 종목들을 깡그리 담고 싶은 욕구가 올라올지도 모르겠다. 하지만 잠깐 멈추시길. 귀담아 들어야 할 두 가지 조언이 남았다.

우선 저PER은 저평가 종목 발굴의 시작점에 불과하다. 낮은 기대감이 회사가 그만큼 형편없기 때문에 합당한 수준인지 아니면 대중의 오해에서 비롯된 것인지 추가 분석 작업을 통해 판별해야 한다. 우리의 경우만 보더라도 저PER 종목 중에서 편입까지 이어지는 종목은 그다지 많지 않다. 다 그럴만한 이유가 있는 종목이 다수이기 때문이다. 하지만 저PER 종목들을 살펴보는 데서 시작하지 않고서는 저평가 종목으로 포트폴리오를 구성할 수 없다는 점을 명심하기 바란다.

또한 저PER이 저저PER로 갈 수 있다는 현실을 받아들여야 한다. 주가는 얼마든지 오버슈팅도 언더슈팅도 할 수 있다. 앞서 예로 든 롯데칠성도 PER이 2였을 때도 충분히 쌌지만 IT버블이란 희대의 역사적 배경 속에서 PER 0.8까지 내려갔음을 기억하자. PER 5배에 싸다고 샀는데 PER 3배가 되는 건 우리도 흔하게 겪는 일이다.

심지어 이런 경우도 있었다. 우리는 2013년 전북은행에 투자를 시작했다. 성장 로드맵의 실현 가능성이 높은 반면 PER 4.9배, PBR 0.36배로 절대 저평가 상태에 놓여 있다 판단해서다. 이후 전북은행은 우리캐피탈, 광주은행, 프놈펜상업은행 등을 연달아 인수하며 몸집을 불려 나갔다. 2013년 순이익 659억 원을 내던 회사에서 현재 5,000억 원 수준의 이익 체력을 가진 JB금융지주로 변신에 성공한 것이다. 그러나 2022년 현재 PER은 2.3배, PBR은 0.29배다. 8년간 이익이 8배 이상 늘었는데 시장의 평가는 거꾸로 간 셈이다.

투자 아이디어가 맞았는데 보상을 받지 못했으니 사실 1인 시위라도 하고 싶을 만큼 억울한 심정이다. 하지만 이 또한 냉정한 현실이니 어쩌겠는가. 바라는 대로 다 이뤄진다면 모두가 가치투자를 하겠지만 그러지 않으니 여전히 소수의 게임이 아니겠는가. 이렇게 스스로 마음을 다스리며 또 다른 종목을 찾아 나선다. 저평가가 심화된 상황은 용수철이 이전보다 더 수축된 것이라 상승 여력이 그만큼 더 커진 거라며 희망회로를 돌려본다.

저PER을 통해 저평가 주식을 판별하는 것 이상으로 고PER 종목을 피하는 일도 중요하다. 지나치게 높은 PER은 경마로 따져 낮은 배당률에 해당하는 동시에 기대가 높은 만큼 미래 예측이 틀렸을 경우 돈을 크게

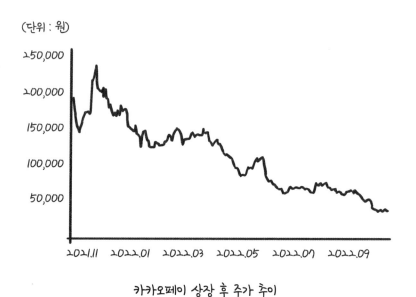

카카오페이 상장 후 주가 추이

잃는 참사로 이어질 가능성이 높다. 가치투자자는 어린이날 에버랜드에 가지 않고 높은 절벽 위에서 장난치지 않는다.

주식시장은 나의 스승이 아니라 나의 하인이 되어야 한다. 가격과 가치에 관심을 집중하라.

워런 버핏

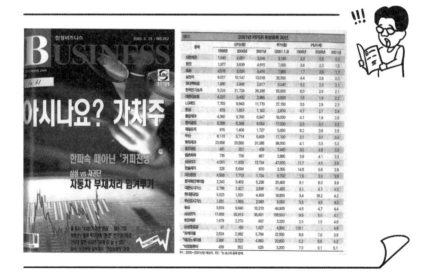

한경비즈니스 2001년 1월 15일자에 실린 저PER 유망종목 30선

최준철은 2001년 한경비즈니스를 읽던 중 저PER 종목 리스트 기사에서 현대백화점이 PER 2에 거래된다는 사실을 발견했다. 시장은 현대가에서 벌어진 형제의 난에 따른 불확실성을 염려하고 있었고 백화점은 사양산업인데다 경기가 침체되어 판매에 어려움을 겪을 거라 예상했다(언제든 경기가 좋다는 얘길 들어본 적이 있는가?).

하지만 리서치 결과 사실이 아니었다. 신용카드 발급 남발로 젊은 층의 소비가 증가하고 있었고 실제로 주말에 지점들을 방문해보니 매장마다 사람으로 가득했다. 게다가 한국의 백화점은 임대사업 모델에 가까워 재고 부담 없는 좋은 비즈니스 모델을 갖춘 데다 IMF를 거치면서 대형 백화점 위주로 시장이 재편되기까지 한 상태였다.

시가총액이 한 해 순이익의 두 배에 불과하니 희망이 좀 틀린다 해도 상관없었다. 주가가 여기서 더 빠져봐야 어디까지 빠지겠는가 하는 생각이 들었다. 더군다나 당시 시가총액은 압구정점 하나의 부동산 가치에도 미치지 못했다. 결국 PER 2배는 오해의 결과였음이 밝혀져 주가는 크게 올랐다. 이후 다시는 PER 2배를 볼 수 없었다.

이렇듯 가장 좋은 투자 대상은 역설적이게도 복잡한 밸류에이션 작업이 따로 필요 없을 만큼 딱 봤을 때 지나치게 싼 종목이다. 한 마디로 몸무게가 많이 나가는지 체크하기 위해 굳이 체중계를 동원할 필요가 없는 종목을 찾아야 한다.

주식시장에서는 모두가 흥분해서 달려드는 주식에 프리미엄을 붙인다. 일종의 오락세라고 할 수 있다. 반면 아무도 쳐다보지 않는 따분한 주식은 할인해준다. 이렇게 할인된 가격으로 거래되는 주식을 많이 사두라.

랄프 웬저

저평가 판별하기(2)

PER 밸류에이션과 마찬가지로 PER만으로는 자산가치 기준 저평가를 판별할 수 없다. 의미 있는 규모의 순현금이 있다면 PER을 보정해 쓰는 방법이 있다. 현금을 회사를 통째로 샀을 때 바로 주머니에 챙길 수 있는 개념이라 봐서 시가총액에서 제하는 것이다. 순현금을 200억 원 가지고 있고 순이익이 100억 원 나는 회사의 시가총액이 1,000억 원인 경우 여기에 순현금 200억 원을 빼서 PER을 10배가 아니라 8배로 인식하는 식이다.

종목들을 많이 보다 보면 숨어 있는 자산가치가 워낙 커서 수익가치에 앞선 투자 아이디어가 되는 때가 종종 있다. 제지회사, 방직회사처럼 부동산이 많거나 자회사가 모회사보다 더 알짜인 경우가 이에 해당한다. 자산가치를 면밀히 조사해 아예 이것을 시가총액과 비교해 저평가라 판단하는 것도 방법이다. 자산주는 수익력이 약해 고PER로 보여 패스되곤 하는데 놓치고 싶지 않다면 PBR을 기준으로 판별해야 한다.

PBR이 0.2라는 건 간단히 말해 회사가 소유한 기계장치가 80% 할인되어 팔리고 있다는 뜻이다. 언제인지는 예측하기 어렵지만 수익력이 다시 회복되면 그 원천이 되는 기계장치에 적용되는 할인율도 따라서 축소되는 것이 합리적이다. 저PBR 종목이 지리한 부진을 끝낸 후 ROE가 바닥을 치고 상승하는 국면에 접어들면 느린 거북이도 물을 만나면 빠르게 헤엄쳐 나가듯 무겁게만 보였던 주가가 급격히 상승할 수 있다.

장부가치가 아닌 보유현금만으로도 저평가가 명확히 보이는 기업도 존재한다. 예컨대 신도리코는 시가총액이 3,400억 원에 불과한 반면 2022년 3분기 말 기준으로 약 8,000억 원의 현금성 자산을 보유 중이다. 회사를 통째로 산다 쳤을 때 인수가를 지불하고도 4,600억 원의 현금이 남는다는 뜻이다. 물론 저평가의 이유는 존재한다. 복사기는 저성장 산업이 맞다. 하지만 금리인상기라면 얘기가 달라진다. 정기예금금리가 1% 일 때는 이자수익이 80억이지만 5%로 오르면 400억 원까지 뛰어오른다. 자산가치를 중시하는 투자자에겐 신도리코가 보유한 현금성 자산과 금리의 방향성이 리서치의 출발점이 될 수 있을 것이다.

PSR도 저평가 아이디어를 제공하는 지표 중 하나다. 2002년 우리는 오뚜기가 PER 관점에서 동종업계 종목에 비해 크게 저평가되어 있진 않지만 PSR이 지나치게 낮은 점에 주목했다. 시장점유율 획득을 위해 할인 판매와 광고비 집행을 공격적으로 전개하는 바람에 영업이익률이 2.6%에 불과했다. 하지만 매출액이 7,400억 원이나 되니 비용을 줄여 영업이익률이 1%만 개선되어도 74억 원의 증분(2001년 대비 37% 증가)을 기대할 수 있었다. PER도 PBR도 아닌 매출액 대비 저평가를 따지는 PSR로 접근했던 예외적인 사례다.

지주사는 다양한 자회사를 소유한 복합체다. 이를 취득가로 장부에 올려놓은 바람에 PBR은 현재 시점의 저평가 정도를 정확히 보여주지 못한다. 따라서 상장 자회사는 시가총액에 지분율을 곱한 값으로, 비상장 자회사는 현재 상황을 반영해 계산한 값으로 구한 뒤 합쳐 순부채를 빼주는 방식으로 기업가치를 구하는데 이를 NAV Net Asset Value라 한다. NAV를 시가총액과 비교하면 할인 정도를 알 수 있다. 증권사에서 발간한 지주사 분석 보고서에 NAV 할인율이 나오니 50% 이상 되는 지주사를 저평가 목록에 올려놓을 수 있겠다.

개인투자자들이 가장 쉽게 사용할 수 있는 저평가 지표는 시가배당률(=주당배당금÷주가, 배당수익률이라고도 지칭)이다. PER 역수(일드)가 기업이익 전부가 주주의 것이라는 의미를 지닌 이론적인 개념인 반면 시가배당률은 내 계좌에 꽂히는 현금 수입을 기준으로 하므로 피부에 더 와닿게끔 여타 자산과 수익률을 비교할 수 있다. 주가가 10,000원에 주당배당금이 800원이라 시가배당률이 8%라면 주가가 오르지 않아도 매년 8%를 현금으로 받을 수 있으니 채권보다 괜찮은 투자 대상이라 판단하기 편하다.

또한 순이익의 일부를 나눠주는 배당금만으로도 만족할만한 수익률이 나온다면 주가가 저평가일 가능성이 높다. PER만큼이나 직관적인 저평가 지표인 것이다. 더불어 배당 지급을 하고 있다는 사실은 현금흐름이 우수한 비즈니스 모델이며 경영자가 주주환원에 대해 막힌 생각을 가진 사람이 아닐 확률이 높다는 의미도 내포한다.

종합해보면 시가배당률 하나만으로도 여러 가지 사실을 한 번에 파악할 수 있으니 무척이나 효율적인 잣대가 아닐 수 없다. 그래서 우리는 시간과 전문성이 부족한 개인투자자에게 가장 적합한 방법은 단연코 고배당주 투자라 생각한다.

진로발효는 고배당에 중점을 두고 투자했던 회사였다. 꾸준한 배당금 증액의 배경을 파악하기 위해 2004년에 한번 들여다 보니 소주 산업 특유의 재미있는 밸류체인이 눈에 들어왔다. 조사 결과 소주 회사들은 법

	2004	2005	2006	2007	2008	2009	2010	2011	2012
주당배당금(원)	83	155	238	750	1,000	1,000	1,000	500	1,000
시가배당률	2.9%	1.8%	2.3%	4.9%	6.7%	7.6%	7.8%	4.2%	8.2%

진로발효 배당금 추이(2004~2012)

적으로 대한주정판매로부터만 주정을 받아쓰도록 되어 있는데 여기에 납품을 하는 10개 주정 회사들은 대한주정판매 보유 지분율에 따라 공급량을 할당받는다는 구조였다. 수요는 꾸준한 데다 신규 사업자가 진입할 수 없는 조건하에서 진로발효는 대한주정판매의 최대 주주로서 가장 많은 양을 납품하니 이익도 꾸준하고 제품이 불변하여 재투자가 필요 없어 배당 여력도 풍부하다는 결론을 얻었다.

2004년 83원이었던 주당배당금은 2008년에 1,000원에 이른 후 2011년을 제외하곤 5년 간 유지되었다. 2004년부터 2012년까지 보유했다면 수령한 배당금으로만 원금의 2배 이상을 회수할 수 있었다. 시가배당률이 높았던 덕에 2008년 금융위기 상황임에도 불구하고 주가 하락은 제한적이었다. 무엇보다 가장 큰 수확은 배당 지표 하나가 작지만 독특한 비즈니스 모델을 가진 기업을 살펴볼 기회를 제공했다는 것이었다.

우량주를 사는 것이 전부가 아니다. 가격이 적정한지 고려해야 한다.

하워드 막스

제 3 부

실전 가치투자 체득하기

5

종목 발굴

좋은 주식의 기준을 마련했으니 이제 그 기준에 부합하는 종목을 찾는 방법을 익힐 차례입니다. 종목 발굴은 마치 스카우터가 우리 팀에 큰 기여를 할만한 선수를 찾으러 다니는 과정과 흡사합니다. 남들이 모르는 재능을 발견한다면, 슬럼프가 끝나가고 있음을 알아챈다면, 실력에 비해 낮은 조건에 계약을 한다면 스카우터는 자기 몫을 다한 것이겠죠.

우리는 대학생 때부터 가치투자를 알리기 위한 활동의 일환으로 강단에 자주 서 왔다. 가치투자에 대해 열정적으로 설명한 후 말미에 청중과의 Q&A 시간을 갖는데 이때 거의 한 번도 빠지지 않고 나오는 질문이 하나 있다. "지금 무슨 종목을 사야 합니까?"

이걸 물어보려고 강연을 참고 들었나 하는 섭섭한 마음이 드는 건 사실이지만 틀린 질문도 아니다. 투자수익은 결국 선택한 종목으로부터 창출되기 때문이다. 버핏의 역사에서 시즈캔디, 워싱턴포스트, 아멕스, 코

종목 발굴은 투자 과정에서 씨앗을 뿌리는 일과 같다

카콜라, 애플을 지워버린다면 전설적인 성과를 올릴 수 있었겠는가? VIP 자산운용의 지난 20년 또한 종목 발굴의 역사라 해도 과언이 아니다.

다만 스스로 직접 발굴한 종목이 아니라면 아무리 대가가 추천한 종목이라 하더라도 끝까지 버텨 수익을 내기란 여간 쉬운 일이 아니다. 발굴과 매수만큼 꼼꼼한 사후관리도 따라줘야 하는 탓이다. 직접 종목을 발굴할 수 있는 방법을 익혀서 강연장에서 우리를 만나더라도 종목 추천 질문을 군이 던질 필요가 없도록 스스로를 업그레이드 시켜보자.

우리는 『한국형 가치투자 전략』에서 히트상품형, 환골탈태형, 재정의형 기업 등 무려 22가지 유형을 들며 전체 분량의 절반 이상을 종목 발굴법에 할애했다. 2001년 당시엔 저평가된 A급 종목들이 워낙 즐비했다 보니 좋은 종목의 요소를 한두 개라도 알아차려 행동(매수)으로 옮기는 게 중요했다. 상대적으로 이해하기 쉬운 소비재 회사로 사례를 많이 들었던 것도 이 때문이었다. 하지만 20년이 지난 지금 주식시장의 상황도 변했고 우리 생각도 그에 따라 바뀌었다.

지금은 A급 종목들의 저평가 정도가 당시만큼 심각하지 않다. 산업을 넓게 바라보고 정교하게 투자 아이디어를 뽑아내야 한다. 또한 죄송하게도 경험 부족 탓에 전작에서 오래 가져가야 할 종목과 그렇지 않은 종목을 구별하는 기준까지는 제시하지 못했다. 책에 수록된 사례들이 현재 시점에서 봤을 때 모두 다 성공적인 결과로만 남은 건 아니었던 이유다(다행히 2002년 1월부터 2022년 6월까지 기준으로 했을 때 모든 종목이 플러스 수익률을 기록했다. 우리 실력이 대단했던 게 아니라 그만큼 당시 대부분 주식이 쌌다는 뜻이다).

그리고 그간 정보 접근성이 획기적으로 개선되어 기존의 방식만으로는 투자자로서 경쟁자와의 차별화를 이루기가 어려워졌다. 개인투자자들도 기관투자자와 동일하게 전자공시로 실적을 챙겨보고 기업 탐방까지 가는 시대다. 2002년만 해도 분기 실적을 꾸준히 확인하는 개인투자자를 주변에서 거의 본 적이 없는데 말이다(반면 요즘엔 분기 실적에 대한 민감도가 지나친 거 같다). 이제 투자 아이디어 발굴법에도 온고창신溫故創新이 필요하다.

종목 유형

앞서 좋은 기업과 좋은 가격의 요건을 동시에 만족시키는 좋은 주식의 기준에 대해 살펴봤다. 우리는 좋은 주식을 성장의 지속성과 기울기, 저평가의 정도, 주가 반전 요인 등에 따라 네 가지 바구니로 한 번 더 분류한다. 그래야만 투자 아이디어를 만났을 때 어느 방향으로 연결 지을 수 있을지 판단하기가 쉽기 때문이다. 더불어 종목의 유형을 제대로 파악해야 그에 적합한 매매 기법을 적용해 수익률을 극대화할 수 있다(7장에서 따로 다루도록 하겠다).

1) 스노우볼snowball 유형

장기투자 하면 꾸준히 복리수익을 창출할 수 있는 종목이다. 굴리면 굴릴수록 커지는 눈덩이에 비유해 스노우볼 유형이라 부른다. 우리가 순우리말인 '눈덩이' 대신 '스노우볼'이란 영단어를 쓰는 이유는 버핏의 일대기를 다룬 유명한 책 제목(『The SnowBall』)을 떠오르게 해서다. 솔직히 복리 기계라는 의미의 컴파운더compounder가 더 정확한 표현이다.

스노우볼 종목을 발굴하기 위해선 비즈니스 모델과 경쟁우위를 지속적으로 계발해나가고 주주가치 개선을 위한 자본 배치를 꾸준히 해나갈 경영자를 발견하는 일이 무엇보다 중요하다. 다른 유형과 비교할 때, 사람이 가치 창출의 중심에 놓인 까닭에, 결론에 이를 때까지 긴 시간이 소요될 뿐 아니라 높은 수준의 통찰력이 요구된다는 특징이 있다.

[사례] 동서 2001~2015년

- 경제적 해자: 맥심, 프리마, 포스트 등 높은 브랜드력. 대규모 마케팅 집행력

- 현명한 자본 배치: 지속적인 배당금 상향. 배당 성향 유지. 2008년 동서식품 지분 추가 인수

- 성장 동력 마련: 티오피, 카누, 화이트모카, 스타벅스 컵커피 등 신제품 개발 및 출시

동서 순이익

연도	2001	2002	2003	2004	2005	2006	2007	2008	2009	2010	2011	2012	2013	2014	2015
순이익(억)	381	476	531	535	669	639	765	901	1,008	1,168	998	1,255	1,265	1,310	1,250

동서 ROE

연도	2001	2002	2003	2004	2005	2006	2007	2008	2009	2010	2011	2012	2013	2014	2015
ROE(%)	16.5	17.1	16.7	15.0	16.5	14.7	15.5	16.0	16.7	15.9	12.0	13.4	12.5	12.0	10.8

동서 순이익 및 ROE 추이 (2001~2015)

2) 그로스growth 유형

말 그대로 매출과 이익이 성장하는 종목이다. 스노우볼 유형과 비교한다면 예상되는 성장의 지속되는 기간이 상대적으로 짧고 경영진의 완성도가 다소 모자란 하위 버전이라 볼 수 있다. 그럼에도 불구하고 그로스 종목 선택이 의미가 있는 이유는 스노우볼 종목이 희귀하기도 하거니와 바로 알아차리기가 힘들어 현실에선 우선 그로스 유형에서 시작해 꾸준한 확인을 거친 뒤 후일 스노우볼 종목으로 판명되는 경우가 많기 때문이다.

그로스 종목을 발굴하기 위해선 먼저 제품이나 서비스에 대한 소비자의 호응을 파악해야 한다. 히트상품이 터지거나, 경쟁사가 사라져 협상력이 향상되거나, 내수에 국한된 사업이었는데 수출 길이 새로 열리거나, 전반적인 산업 수요가 늘어나는 등의 변화가 포착된다면 대박 아이디어로 이어질 가능성이 높다. 피터 린치가 말하는 생활 속 발견이 통하는 영역이며『한국형 가치투자 전략』에서 제시된 유형의 상당 부분이 여기에 속한다(히트상품은 흔히 애경산업의 에이지트웨니스 같은 제품을 가리키지만, 카카오의 톡비즈처럼 무형의 서비스 혹은 JYP의 트와이스 같은 아티스트일 수도 있다).

우리 중 최준철이 스노우볼과 함께 선호하는 유형이라 직접 운용을 담당하는 펀드에 그로스란 이름을 붙여 쓰곤 한다. 그렇다 해서 고평가 성장주를 산다는 의미는 아니다. 적정 가격에 거래되는 성장주라는 의미로 갈프GARP, growth at a reasonable price라 바꿔 부르는 쪽이 오해가 적겠다. PEG로 따지면 1 미만인 종목에 해당한다.

[사례] 동국제약 2000~2022년

- 성장 이력: 2000년부터 매출액이 줄어든 해가 한 번도 없음
- 제품 확장: 치센, 판시딜, 센시아 등 일반의약품에서 히트 상품 출현
- 사업 확장: 마데카솔 브랜드를 바탕으로 화장품 사업 진출. 대표상품 마데카크림

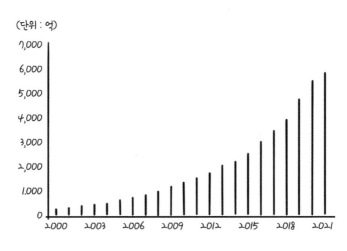

동국제약 매출액 추이 (2000~2021)

3) 저평가underpriced 유형

수익가치 혹은 자산가치 면에서 절대적으로 저평가된 종목을 말한다. 우리 중 김민국이 선호하는 영역으로 딥밸류deep value 종목이라 부르기도 한다. 다른 유형에 비해 발굴 시 숫자 의존도가 가장 강하다. PER, PBR, 시가배당률 등 가치 지표가 시작점이 되며 재무상태표 분석을 통해 숨은 자산을 찾아내어 확신을 강화하는 식이다.

그렇다고 언더프라이스드underpriced가 나쁘지만 싼 종목을 의미하진 않는다. 달리 표현하면 굿앤칩good&cheap 유형이라고도 할 수 있는데, 알고 보면 'good'이지만 시장의 오해에 의해 'bad'로 보여서 현재 'cheap'한 종목이란 뜻이다. 즉, bad&cheap이 아니라 앞으로 bad의 오해가 풀리고 good이 드러날 때까지 기다려야 하는 투자 대상으로 보는 편이 옳다. good이 모습을 완전히 드러낼 때까지 지독한 인내심이 요구되지만 cheap한 속성 덕분에 주가가 크게 하락할 가능성이 낮다는 장점을 가진다.

숫자로 발굴하는 종목이지만 반대로 밸류에이션이 가장 필요치 않은 유형이기도 하다. 밸류에이션이 필요 없을 만큼 그냥 딱 봐도 싼 종목이

DEEP VALUE
UNDERPRICED
GOOD & CHEAP

나빠 보이는 저주가 풀린다면?

오해가 풀리길 기다리는 김민국

진정한 저평가주다. 정교한 밸류에이션 작업보단 수많은 저평가주를 검토한 후 굿앤칩을 만족시키지 못하는 종목을 과감하게 탈락시키는 지루한 과정을 반복할 만큼의 끈기가 있느냐가 관건이다.

[사례] 영원무역홀딩스 2022년 10월

- 영원무역 지분 50.52%, 영원아웃도어 지분 59.3%, 일본 골드윈 지분 11.55% 보유
- Good: OEM 업계에서 영원무역의 지배력 확대. 노스페이스 브랜드의 높은 성장률
- Cheap: 2022년 예상 PER 1.9배. 상장사 영원무역의 지분가치도 온전히 반영하지 않은 수준

4) 턴어라운드 event&turnaround 유형

기업을 둘러싼 환경적인 요인이 우호적으로 바뀌어 기업가치가 단기에 크게 개선될 것으로 기대되는 종목이다. 법률, 정부 정책, 회계 제도 등의 변화가 이에 해당한다. 회사 내부로부터 나온 변화가 아니라는 점에서 지속 기간이 짧다고 볼 수도 있겠지만, 이벤트가 뉴스로 발전해 주가를 단기에 밀어 올리는 힘으로 작용하니 간과할 수만은 없다. 이벤트의 파괴력이 클수록, 주가가 저평가되어 있을수록 주가 반응 정도는 커지기 마련이다.

씨클리컬 종목(경기순환주)은 공급이 수요를 약간만 초과해도 제품가가 폭락해 이익이 급감한다. 반대로 수요가 공급보다 조금만 많아도 제품가가 폭등해 이익이 급증한다. 따라서 아래에서 위로 돌아서는 턴어라운드 시점을 잡을 수 있다면 큰 주가 상승을 맛볼 수 있다. 그러나 수요

공급의 배경이 워낙 복잡계라 예측이 어려울 뿐 아니라 업황이 최악으로 치달을 때 매수를 하기 위해선 엄청난 용기와 배짱이 필요하므로 산업에 대한 깊이 있는 이해와 사이클을 수차례 겪어본 경험이 없다면 실행 난이도가 매우 높은 방법이기도 하다.

[사례] 효성티앤씨 2021년

- 이벤트: 전 세계 스판덱스 1위 업체. 스판덱스 수요의 급격한 증가. 제한된 공급

- 턴어라운드: 2021년 1분기 영업이익 2,468억 원(+214% yoy). 2분기 영업이익 3,870억 원(+56% qoq)

- 주가: 213,000원(2021년 1월 4일) → 935,000원(2021년 7월 15일) → 521,000원(2021년 12월 30일)

- 1년 사이에 저점에서 3.3배 상승했다가 고점에서 44% 하락하는 극심한 변동성을 보임

2021년 8월 2일 하나금융투자에서 발간된 효성티앤씨 보고서

투자 아이디어 획득

소설은 이야기의 소재, 작곡은 악상에서 출발하듯이 종목 발굴은 투자 아이디어에서 시작한다. 따라서 투자 아이디어를 찾는 일은 작가가 이야기의 소재를 발견하거나 작곡가가 악상을 떠올리는 과정과 비슷하다. 자기 자신을 끊임없이 다양한 환경과 정보에 노출시키다 보면 어느 순간 좋은 주식과 연결되는 빛나는 투자 아이디어를 만나게 된다. 우리가 투자 아이디어를 주로 획득하는 장소는 다음과 같다.

1) 공시

제도적으로 모든 투자자가 공평하게 향유할 수 있는 정보로서 기업 활동과 직결되는 내용을 담고 있다. 분기 실적, 내부자 매매 동향, 자기주식 취득, 자산 양수도, 증자, 수주 계약, 지분 변동 등 다양하다. 한국의 전자공시시스템(dart.fss.or.kr)은 세계 어느 나라와 비교해봐도 내용과 접근성 면에서 뛰어나다고 생각한다.

가장 기본이 되는 건 주기적으로 발표되는 재무제표(감사보고서, 사업보고서, 분기보고서)다. 최고의 테마는 실적이라는 말이 있듯이 실적이 늘어나는 회사를 찾았다면 앞서 설명한 모든 유형에 다 집어넣어 분석을 시작할 수 있다. 분기 실적을 활용한 투자 아이디어 발굴법은 전작 『가치투자가 쉬워지는 V차트』에 자세히 설명되어 있으니 참고하면 좋겠고, 여기선 내용이 겹칠 수 있으므로 자세히 다루진 않겠다.

손쉽게 투자 아이디어로 연결할 만한 공시로는 내부자 매매 동향을 꼽겠다. 회사에 대해 가장 잘 아는 주체가 자기 돈을 들여 주식을 샀다는 건 저평가에 대한 유의미한 신호일 확률이 높다. 자기주식 취득도 비슷한 의미를 가진다(소각까지 더해지면 베스트다). 개인 재산이나 연봉 대비 유의미한 금액의 내부자 매수이거나 시가총액 대비 높은 비중의 자기주식 취득일수록 더 무게가 실리는 투자 아이디어가 될 수 있다.

자산 양수도 또한 단기간에 사업 내용이 크게 바뀌는 단초가 될 수 있다는 점에서 눈여겨봐야 한다. 기업 인수를 의미하는 타법인 주식 양수 공시도 유사한 파급력을 가지므로 함께 챙겨보면 좋겠다. 이 역시 기존 자산 대비 양수도 규모가 크거나 타기업 인수 대금이 클수록 주가에 미치는 영향이 큰 이슈로 해석이 가능하다.

모 가치투자 운용사의 최고투자책임자는 새벽에 출근해 전일 나온 공시를 다 살펴보는 루틴을 고집한다고 한다. VIP자산운용 또한 막내 애널리스트가 우리 관심 종목과 연관된 공시를 매일 아침 빠짐없이 정리해 사내 게시판에 올린다. 이는 공시가 그만큼 중요한 정보의 보고이며 꾸준히 챙겨보는 일이 중요하다는 점을 드러낸다.

코로나 팬데믹이 한창이던 2020년 3월 26일 현대차 정의선 회장이 자사주식 139,000주를 매수했다는 공시가 나왔다. 평균 단가는 68,435원으로 거의 최저점 수준이었다. 이어서 27일까지 총 58만 1,333주를 사들였는데 금액으로 406억 원이니 아무리 대주주라 해도 개인으로선 적지 않은 규모였다. 우리는 이러한 액션을 회사에 대한 자신감과 주가 저점의 신호로 해석해 매수를 시작했다. 이후 주가는 쉼 없는 반등세를 시현했다.

2) 정기간행물

우리는 매일 종이로 된 경제신문을 읽는다. 더불어 틈틈이 온라인 기사도 챙겨본다. 종이신문은 첫 장부터 끝 장까지 그대로 읽어 나가므로 관심사에 따른 편식 없이 다양한 정보를 취득할 수 있다는 장점이 있고, 온라인 기사는 언제 어디서든 스마트폰을 통해 선택적으로 시의성 있게 정보를 접할 수 있다는 장점이 있다.

재미있는 부분은 주식쟁이지만 주식 면보다 산업 면, 소비 동향 기사, CEO 인터뷰를 더 좋아한다는 점이다. 주식시장에 참여하는 주체들의 동향보다 부가가치 창출의 원천인 기업들 동향에 더 관심이 많기 때문이다. 특히 최준철은 경제 주간지 마니아인데 회사와 경영자에 관한 심층적인 기사가 일간지와 차별화되어서다. 특히 매경이코노미를 선호해 25년째 구독 중이다(오랜 구독자로 인정 받아 인터뷰도 진행했다).

투자 대가들 역시 신문 읽는 습관을 갖고 있다. 대표적으로 버핏은 매일 월스트리트저널을 비롯해 4~5종의 신문을 챙겨본다고 하며 존 네프는 주말에 몰아본다고 전해진다. 정기간행물에서 읽은 내용이 다 투자 아이디어로 연결되는 것은 아니지만 계속 읽다보면 아이디어를 낚는 그물이 더욱 촘촘해지는 것만큼은 분명하다.

3) 각종 보고서

전자공시가 없던 시절에는 신용평가회사에서 계절별로 발행하는 상장기업 편람 책자가 기업의 숫자에 관한 사항을 입수할 수 있는 유일한 통로였다. 한 상장사당 1~2페이지 정도에 걸쳐 사업 내용과 재무제표가 요약이 되어 있는데 깊이는 다소 부족하더라도 한눈에 좋은 기업인지 아닌지를 빠르게 파악할 수 있어 편리했다.

대학 시절엔 ㄱ부터 시작해 ㅎ까지 너덜너덜해질 때까지 무식할 정도로 반복해 읽으면서 투자 아이디어를 찾았다. 앞서 언급했던 사례인 동서도 2001년 이와 같은 과정 중 ㄷ편에서 발견한 종목이었다. 전자공시가 나오면서부터는 상장기업 편람에서 아이디어를 얻어 전자공시에서 자세히 확인하는 방법으로 진화했다.

요즘은 증권사에서 애널리스트들이 작성한 보고서가 방대한 숫자로 매일매일 쏟아진다. 우리는 이 중 관심 있는 업종 위주로 개별 기업 분석 보고서를 빠르게 검토한다(처음 접하는 산업을 만나면 자세한 내용이 담긴 산업보고서를 보기도 한다). 처음엔 출력물로 읽다가 프린트 양이 감당이 안 되어서 몇 년 전부터 아이패드로 읽는 방식으로 바꿔 효율을 높였다. 유료 서비스인 에프앤가이드FN Guide를 주로 이용한다.

보고서를 읽을 때 회사 개요, 팩트, 숫자, 사측에서 말한 내용을 주로 참고한다. 투자의견과 목표가는 크게 신경 쓰지 않지만 대다수와 다른 의견을 내는 애널리스트의 주장은 좀 더 논리를 챙겨본다. 투자 아이디어가 괜찮다 싶으면 따로 분석해보거나 사내 애널리스트에게 기대하는 아이디어를 언급하며 심층 분석을 의뢰한다.

종목 보고서를 매일 닥치는 대로 읽다보면 다양한 업종에 속한 다양한 기업들의 상태에 대해 계속 파악하게 되므로 전체 경기가 어떤 방향으로 흘러가는지 어렴풋이 보인다는 이점도 생긴다. 경기는 결국 기업들 동향의 합이니 퍼즐 조각을 모아 전체 그림을 보는 식이다. 비효율적인 방법이지만 지표 몇 개를 통해 전체 경제를 조망할 통찰력이 없는 우리로서는 무식하더라도 이러한 접근이 정확도는 더 높을 거라 생각한다.

4) 인적 네트워크

성향에 따라 자료를 읽는 일이 더 효율적이라 믿는 투자자가 있는가 하면 시간과 에너지가 더 들어가더라도 관련된 사람들을 직접 만나서 생생하게 이야기를 들어보는 쪽이 더 도움이 된다고 생각하는 투자자도 있다. 우리 중 김민국이 후자에 속한다. 인적 네트워크를 통해 투자 아이디어를 발굴하는 경로는 대략 두 가지가 있다.

첫 번째는 기업 탐방이다. 분석 시의 기업 탐방이 투자 아이디어를 꼼꼼하게 점검한 뒤에 이어가는 확인 작업에 가깝다면 발굴 시의 기업 탐방은 가벼운 마음으로 일단 가고 보는 양적인 개념이다. VIP자산운용의 초기 멤버 중 한 명은 체력도 좋고 사람도 좋아서 하루에도 2~3회씩 탐방을 다녔다. 그러다 2004년 조선업에서 진행 중인 변화가 심상치 않다는 점을 발견하고 아예 모든 조선, 기자재, 엔지니어링 회사를 방문해 버렸다. 이렇게 발로 뛰어 얻은 확신을 바탕으로 내부를 설득해 조선주를 사게 만들었고 결국 대박을 냈다. 기업 탐방은 업계 전문가이자 해당 회사의 관계자를 만날 수 있는 가장 기초적인 방법이다.

두 번째는 각종 모임에 참여해 다양한 산업에 종사하는 사람들과 교류를 나누는 것이다. 가깝게는 사회생활을 하고 있는 친구 및 동창들을 만나 업계 돌아가는 얘기를 듣는 방법을 떠올릴 수 있겠다(물론 만남의 목적이 노골적으로 드러난다면 환영 받기 힘들 것이다). 최고경영자 과정, CFO 과정 등 학교나 협회에 개설된 프로그램을 통해 경영자 쪽 네트워크를 넓히는 방법도 있다. 개인투자자의 경우 다양한 배경의 사람들이 모여 각자의 아이디어를 교환할 목적으로 결성된 투자 스터디 모임에 참여하길 권장한다. 만나는 사람들을 통해 어느 산업이 변하고 있는지, 어떤 기업이 잘 나가는지 집중해서 들어보길 바란다.

5) 구매 체험

피터 린치가 널리 알린 종목발굴법이다. 투자자가 소비자로 빙의해 어떤 제품이 인기가 있는지 직접 체험하며 살펴보는 일이다. 매대에 놓인 제품을 들어 제조원을 확인한다면 그는 피터 린치의 영향을 받은 투자자일 확률이 높다.

우리는 틈나는 대로 백화점, 마트, 편의점, 화장품 전문점, 운동화 전문점 등을 방문하며 관심 가는 제품이 보이면 많이 팔리는지 매장 직원에게 슬쩍 묻기도 한다. 신제품을 구매해 주위 사람들에게 나눠준 후 반응을 수집하기도 한다. 투자 아이디어를 얻기 위한 목적도 있지만 그 행위 자체가 투자를 더 재미있게 만드는 활력소다.

대학 시절엔 매점 쓰레기통에 가득 찬 '2% 부족할 때' 빈 캔을 보며 롯데칠성에 확신을 더한 적도 있으며, 한강 고수부지 매점에서 비타500을 몰래 숨겨놨다 단골에게만 파는 모습을 보고 광동제약을 발굴한 적도 있었다. 홈쇼핑에서 견미리 팩트가 매진되는 모습을 보고 애경산업 분석을 시작했다. 스포츠의류 주식에 관심이 많았던 2018년에는 사람들 발만 보며 걸어다녔다. 어떤 운동화 브랜드가 인기인지 알기 위해서였다.

최준철은 최근 피부미용 산업에 관심이 많아 피부과를 주기적으로 방문해 보톡스, 스킨부스터, 리프팅 기기 등의 시술을 직접 받아본다(의사가 시술 중에 말 좀 그만하라고 타박을 줘서 민망한 적도 있다). 뜨는 건강기능식품을 하나하나 먹다보니 이제는 하루에 알약을 10개 이상 섭취하고 있다. 스스로를 모르모트로 삼는 삶이다.

6) 소셜 네트워크 서비스SNS

우리는 관심있는 기업에 대해 한 마디라도 얘기해줄 수 있는 사람이라면 누구든 만나보고자 한다(심지어 우리도 온라인 주식 커뮤니티에 올린 기업분석 글이 만남의 매개가 된 경우다). 장소가 온라인이든 상대가 아마추어든 상관없다. 투자 아이디어를 쉽게 접할 수 있는 대표적인 공간은 블로그와 카페다(『VIP tv(舊 브자tv)』에 좋은 투자 블로그를 소개하는 영상이 있다). 특히 가치투자를 기본 사고 체계로 삼아 기업분석에 내공 있어 보이는 블로거를 이웃으로 등록해 종목 아이디어를 담은 글들을 꾸준히 읽어본다. 궁금하면 댓글도 달고 얘기가 잘 통하면 오프라인 만남을 추진하기도 한다. 이렇게 맺어진 인연이 꽤 많다.

요즘 젊은 투자자들은 뛰어난 온라인 활용 능력을 바탕으로 폭넓은 조사를 진행해 우리를 놀라게 만든다. 기업이나 브랜드의 인스타그램 계정을 팔로우해 유행을 파악한다든지, 온라인 상점 혹은 앱스토어에서 실시간 판매 순위를 확인해 투자 아이디어를 건져 올리는 모습을 본다. 심지어 맘카페에 가입해 주부들의 반응을 살피기도 한다. 최준철도 휠라코리아에 투자하던 시절 매일 무신사 사이트를 방문해 스니커즈 부문 랭킹을 확인했다. 당시엔 무신사가 그리 유명하지 않아 독점적 정보로서의 가치가 컸다.

우리 애널리스트 중 한 명은 F&F가 막 중국에 대리점을 모집하던 2021년 초 위챗에 접속해 MLB 브랜드를 친구 추가한 뒤 그 안에 숨은 수많은 페이지를 뒤져서 결국 중국 매장 숫자를 알아냈다. 심지어 스마트폰 GPS 기능을 꺼서 위치가 한국이라는 사실을 숨긴 뒤 중국 도시별 매장 분포까지 지도로 파악했다. 당시 회사에서 중국 매장 숫자를 정확히 얘기해주지 않았는데 우리는 다른 정보소싱처가 있으니 억지로 물어볼 필요가 없었다. 이런 끈질긴 노력이 F&F에 대한 확신으로 이어져 5배 주가 상승을 누릴 수 있었다.

7) 스크리닝 screening

숫자를 활용해 투자 아이디어를 찾는 방법이다. 매출액성장률, 영업이익성장률, 영업이익률, ROE, PER, PBR, 시가배당률 등의 잣대로 내가 원하는 조건을 갖춘 종목을 추려내는 것이다. 퀀티와이즈, 에프앤가이드 등의 유료서비스가 있지만 웬만한 증권사 트레이딩 시스템에 탑재되어 있어 계좌가 있다면 무료 사용이 가능하니 확인해보자.

김민국은 PER, PBR, 시가배당률 등을 넣어 저평가된 종목을 추린 뒤 하나하나 퀄리티를 따져보는 반면, 최준철은 영업이익률, ROE, ROIC 등을 넣어 퀄리티가 높은 종목을 추린 뒤 하나하나 저평가를 따져보는 과정을 취한다. 한때는 둘 다 조엘 그린블랫이 창안한 마법공식에 빠져 주기적으로 랭킹을 뽑아 검토해보는 과정을 즐겼다.

영화에서 주인공과 악당이 보물 지도를 놓고 싸우는 모습을 본다. 목숨 걸고 구했는데 보물 지도라는 게 양피지에 대충 그려진 약도 수준이다. 그럼에도 불구하고 그거나마 없으면 모든 섬을 다 파헤쳐야 한다. 스

스크리닝 조건과 결과 화면 예시(Quantiwise 사용)

크리닝 결과가 곧 보물 주식은 아니지만 취향에 맞는 종목을 압축해주는 효과로써 투자 아이디어 발굴의 효율을 올려준다.

촉매

가치투자자의 믿음에 따르면 주가는 결국 기업가치를 반영한다. 그런데 이왕이면 좀 더 빨리 반영할 방법은 없을까? 인내의 시간도 짧아지니 스트레스도 덜 받고 수익 실현 기간이 당겨지면 수익률도 더 좋아질 텐데 말이다. 좋은 기업과 좋은 가격을 찾았다는 전제하에 추가로 한번 탐색해볼만한 요인이 바로 촉매다.

촉매는 화학 용어에서 따온 말로서 내재가치를 드러내서 주가 상승 속도를 빠르게 만들어주는 존재를 뜻한다. 잠든 주가를 깨우는 알람시계 같은 것이랄까. 모멘텀과 오해할 소지가 있는데 촉매는 저평가를 해소해주는 요인으로 발현되지 않아도 그만이지만(더 떨어질 여지가 적은 저평가주에 적용되니), 모멘텀은 달리는 말에 가하는 채찍 같은 것이라 있다가 없어지면 주가 하락으로 연결된다는 차이가 있다. 저평가 상태이면서 다수가 아직 인지하지 못한다는 전제가 깔릴 때만 촉매라는 단어를 쓸 수 있다.

2002년 당시 유한양행은 우리의 최애 종목 중 하나였다. 메인 아이디어는 탄탄한 제약 본업의 포트폴리오, 생활용품 시장의 강자인 자회사 유한킴벌리의 성장, 오랜 역사에서 검증된 견실한 경영진이었다. 여기에 더해 YH1885라 불리는 역류성 식도염 신약의 성공 가능성을 촉매로 삼았다. 시장 전망도 좋은 데다 출시가 임박해 전체 기업가치에 미치는 영

촉매 : 잠든 주가를 깨우는 알람시계　모멘텀 : 주가를 더 달리게 하는 채찍

촉매와 모멘텀의 차이

향이 꽤 클 것으로 봤다. 시장에 잘 알려진 이슈도 아니었다.

하지만 2005년에 출시한 YH1885(제품명 레바넥스)는 15년의 개발 기간이 무색하리만큼 실망스러운 성과를 거뒀다. 그 사이 더 좋은 약들이 출시된 탓이었다. 다행히 프로젝트 실패가 큰 주가 하락으로 연결되진 않았다. 저평가된 덕분에 YH1885는 모멘텀 재료가 아니라 되면 좋고 안 돼도 그만인 촉매가 맞았다. 되려 주가는 2005년까지 3배 이상 올랐다. 촉매의 발현이 무산되었음에도 불구하고 메인 아이디어가 계속 강화되어 시장의 인정을 받은 결과였다. 무엇이 기본으로 깔려야 하는지 일깨워주는 사례다.

촉매는 달리 말하면 긍정적인 방향으로의 숨겨진 변화 가능성이다. 주식시장은 변화에 대해 강한 흥분감을 느끼므로 촉매가 드러났을 때 빠른 보상을 부여하는 경향이 있다. 좀더 찾아내기 편하도록 두 가지로 나눠 보자면 회사 내부로부터 일어나는 변화는 내적 촉매, 외부로부터 일어나는 변화는 외적 촉매라 부를 수 있다.

1) 내적 촉매

다우기술은 우리가 좋은 비즈니스 모델로 꼽는 키움증권(온라인 증권사)과 한신평정보(신용평가회사)를 보유하고 있었지만 자체 사업의 규모가 작고 다우그룹의 지배구조가 워낙 복잡해 상장 자회사의 지분가치만큼도 시가총액을 인정받지 못하던 저평가된 회사였다. 하지만 우리는 2006년 변화 요인 세 가지를 발견했다.

첫째, 키움증권의 전산 인력이 다우기술로 이동하면서 자회사에 용역서비스 매출을 올릴 수 있는 사업을 탑재했다. 꾸준한 매출인데다 키움증권이 한창 성장하고 있을 때이니 매출 증가까지 전망할 수 있었다. 둘째, 2년 전에 취득한 용인 죽전 부지를 정보화단지로 개발하는 계획이 세워졌다. 입지가 좋아 분양에 어려움이 없을 거라 봤다. 셋째, 다우데이터가 다반테크를 합병하면서 다우기술의 최대주주로 올라서게 되어 지배구조가 단순해졌다. 기업가치를 올리고 배당을 높일 수 있는 조건이 구비된 것이다.

우리의 투자 아이디어가 시장에 알려져 있지 않아 이 중 하나라도 주목을 받으면 저평가를 해소할 수 있는 계기가 될 수 있을 걸로 판단해 매수를 시작했다. 설사 발현되지 않는다 하더라도 꾸준히 이익을 내는 자회사를 보유하고 있으니 키움증권과 한신평정보의 성장 정도는 궁극적으로 주가가 따라가줄 것으로 기대했다. 결국 운 좋게 변화 요인들이 차례로 알려지며 불과 8개월만에 주가가 두 배 이상 상승하는 기염을 토했다(이익실현 후에는 지배구조상 더 상위에 위치한 다우데이터로 갈아탔다).

이것이 바로 내적 촉매의 대표적인 예다. 내적 촉매는 기업 인수, 흑자 사업 양수, 적자 사업 정리, 유휴자산 개발 및 매각, 지배구조 개선, CEO

교체 등 경영진의 의사결정에서 비롯된 변화를 의미한다. 앞서 한 번 언급했던 제품 확장, 지역 확장, 가격 인상 등도 경영진의 의지와 결합해 단기 변화 폭이 크다면 포함될 수 있으며 주주정책에 미온적이었던 회사가 배당금을 큰 폭으로 올리거나 자사주를 매입 및 소각하는 경우도 해당된다.

다시 모멘텀과의 차이를 짚고 넘어가자. 모멘텀은 내용과 영향력이 이미 다 드러난 것으로 투자자 입장에서 과감하게 따라붙는 뱃심이 필요한 반면, 촉매는 아직 가격에 반영되기 전 상태이므로 남들보다 먼저 찾는 기민성이 중요하다. 특히 내적 촉매를 발견하기 위해선 기업에 대한 깊이 있는 분석과 이해가 선행되어야 하며 시장의 오해와 무관심에 뒤덮여 있는 경우가 많으므로 편견 없이 바라보는 마음도 중요하다.

2) 외적 촉매

원래 드라마 제작은 돈 벌기 힘든 사업이라는 인식이 지배적이었다. 그도 그럴 것이 공중파 방송국이 제작비 대부분을 대는 동시에 판권을 가져갔으므로 제작사는 단순 외주 대가로 1~2%의 마진을 받아들여야 했기 때문이다. 설사 제작사가 투자를 통해 판권을 획득한다 해도 한국 드라마의 수출 성사 가능성은 그리 높지 않았다.

그러나 종편, 케이블 등 다매체 시대로 접어드는 동시에 넷플릭스, 티빙, 웨이브 등 다수의 OTT가 등장하며 비즈니스 모델이 완전히 바뀌게 되었다. 드라마 수요가 그만큼 커졌으니 제작 편수도 확대할 수 있었고 방송국으로부터 제작비의 50%를, OTT로부터 50~65%를 보전 받으니 이미 제작 단계에서 마진을 확정할 수 있게 된 것이다. 게다가 한국 드라마가 전 세계적으로 각광받자 특히 아시아를 중심으로 수요가 폭발적으로 늘었다.

우리가 2019년부터 드라마 제작사에 주목하게 된 배경은 대표적인 외적 촉매에 해당한다. 외적 촉매는 기업을 둘러싼 환경이 긍정적으로 변하는 것을 말하며, 준비된 기업만이 누릴 수 있으나 그렇다고 기업이 통제하는 요인은 아니다. 주로 산업의 변화와 관련이 있으므로 기업 바깥 환경에 대한 압도적 이해가 수반되어야 발견이 가능하다. 미국 중심 투자자인 버핏이 2000년대 초 이례적으로 아시아 시장에 찾아와 포스코와 페트로차이나에 투자할 수 있었던 건 철강과 석유 산업에 대한 완벽한 이해 덕분이 아니었을까 추측한다.

내적 촉매와 외적 촉매 둘 다에 해당하진 않지만 주가 상승을 촉발하는 요인으로 내러티브가 있다. 어떤 기업이 구조적으로 크게 번성할 환경이 조성되었다는 기대를 투영한 일종의 스토리다. 펀더멘틀과 연관성이 높으면 내러티브, 연관이 낮으면 테마라고도 할 수 있겠다. 2022년 현재 대표적인 내러티브는 2차 전지로 보인다. 테마의 대표격은 선거 때마다 등장하는 대선 테마다. 누가 당선이 되는지는 기업의 펀더멘틀과 무관한 이슈이지만 주가 변동 요인을 뉴스에 맞춰놓고 벌이는 홀짝게임에 다름 아니다.

저평가에 머무르던 동원산업이 2012년 들어 단기에 빠르게 올랐는데 물론 실적도 좋았지만 여기에 더해 이제부터 중국 사람들이 참치를 통해 단백질을 섭취할 것이란 내러티브가 더해진 결과이기도 했다. 하지만 식습관은 바뀌기가 어려운 것인지 기대했던 전개가 이뤄지지 않아 결국 내러티브 효과는 다시 제거되었다.

촉매에 관해 네 가지만 더 이야기하고 마무리할까 한다.

첫째, 촉매는 결국 가능성일 뿐이므로 기대했던 촉매가 사실은 임팩트가 약한 요인으로 밝혀질 수도 있고 발생한다 해도 주가에 반영된다는 보장은 없다는 점을 명심해야 한다. 하나의 촉매에만 의존하기보단 다다익선을 추구해야 한다. 낚싯대를 여러 개 드리워놓으면 물고기가 미끼를 물 확률이 높아지는 것과 마찬가지로, 촉매가 다수 존재하는 기업을 발굴해야 저평가 해소의 가능성을 높일 수 있다.

둘째, 촉매에 대한 시장 반응은 시간이 지남에 따라 달라질 수 있다는 점에 유의해야 한다. 예전에 촉매로 기능했던 요소가 현재의 촉매로서 반복된다는 보장이 없다는 뜻이다. 예컨대 2020년 SK바이오팜의 상장은 모회사인 지주회사 SK의 주가가 재평가되는 촉매로 작용했다. 하지만 2022년에는 주식시장 전반적으로 자회사의 상장이 모회사에 호재가 되기는커녕 이중상장 우려 때문에 되려 악재로 작용하는 상황으로 바뀌었다.

셋째, 촉매는 펀더멘틀 요인이므로 결국 숫자로 드러나는 경우가 많다. 반대로 말하면 숫자화될 수 없는 촉매는 경계하는 편이 바람직하다. 우리의 경험으로 볼 때 최고의 촉매는 역시 실적이었다. 다우기술도 결국 실적이 시장의 관심을 끌어 촉매가 발견된 사례다. 단순 자산주가 재평가 확률이 낮다고 평가받는 이유다.

마지막이 가장 중요한 조언이다. 가치투자자에게 가치 발현을 기대하기 힘든 밸류트랩 상태에 빠지는 건 무척이나 고통스러운 일이다. 우리도 시장을 통틀어 가장 싸다고 할 정도로 극도의 저평가였으나 촉매라 할만한 움직임이 도통 없었던 넥센(넥센타이어의 모회사)에서 고구마 먹은 것 같은 답답함을 느꼈던 기억이 난다. 경영진에게 몇 번이나 조언했지만 모회사 차원의 신규 사업도 마땅한 주주정책도 결국 없었다.

반대로 촉매가 발현되어 주가가 올라가는 경험은 굉장히 짜릿하기 때문에 이를 맛보고 나면 자칫 촉매만 찾아다니는 본말전도가 생긴다. 가치투자자가 테마주 중독자로 변질되는 건 한 순간이다. 펀더멘틀 없는 촉매는 사상누각이다. 사이다에 탄산이 없다면 아무리 오프너가 좋아도 병뚜껑을 딸 때 펑 소리가 나지 않는 법이다.

능력의 범위

가치투자 세계에서 사용하는 대부분의 용어가 그러하지만 능력의 범위circle of competence 또한 버핏이 만들어낸 말이다. 그는 "자신이 진정으로 제대로 이해하는 분야가 능력의 범위"라 정의했으며, "사람마다 갖고 있는 능력의 범위가 다른데 중요한 건 원의 크기가 아니라 그 안에 머물러야 하는 것이다"라는 조언을 남겼다. 모든 회사에 대해 전문가가 될 필요는 없으니 자신이 잘 아는 회사에 집중하라는 얘기다.

특히 약세장은 투자자가 자신이 가진 능력의 범위 안에 머물러 있는지를 테스트하는 시기다. 강세장과 달리 약세장에서는 주가가 악재에 매우 예민하게 반응해 움직이기 때문이다. 미스터마켓은 "너 이 회사 잘 알아?" "너 진짜 자신 있어?" 이렇게 말하듯 윽박지른다. 만약 비중이 높은 종목이 능력의 범위 안에 포함되지 않으면 약세장에서 대참사가 벌어진다. 겁에 질려 주가의 바닥권에서 악재성 뉴스 몇 개에 주식을 매도할 가능성이 크기 때문이다. 돈 싸 짊어지고 현지 사정에 어두운 남의 동네에 가면 눈탱이 맞기 십상이다.

최준철은 능력의 범위 하면 2001년에 투자했던 네오위즈 투자 건을 떠올린다. 당시 26세의 대학생 사용자로서 세이클럽과 아바타 꾸미기 비즈니스 모델에 대해선 우리나라에서 가장 잘 안다고 자부했다. 종목게시판에 시리즈로 분석 글을 올리고 증권사 애널리스트에게 당신의 논리가 틀렸다는 당찬 이메일을 보내기까지 했을 정도였다.

게다가 시가총액 900억에 현금만 550억을 들고 있었으니 탁월한 서비스 역량과 우수한 비즈니스 모델이 전혀 반영되지 않은 말도 안 되는 가격이라 생각했는데 이듬해 게임 플랫폼 피망 출시로 큰 성공을 거두며 판단은 적중했다. 2002년에만 주가가 다섯 배 오르며 개인투자자 시절에 가장 큰 수익을 올린 종목 중 하나로 기록됐다.

이렇듯 누구에게나 척 보면 척 아는 기업 몇 개쯤은 있기 마련이다. 어떤 기업이 만든 제품의 열렬한 사용자이거나 꾸준히 덕질을 하는 분야이거나 소비자의 평가를 듣는 입장에 있거나 해당 업종에 종사하는 직업인 등은 아마추어라 하더라도 이미 쉽게 종목을 발굴할 수 있는 자기만의 영역을 소유하고 있는 셈이다.

예컨대 SK이노베이션, S-Oil, GS를 보면서 어디가 가장 좋은 회사이며 세 회사 간의 차이가 무엇인지 바로 말할 수 있다면 정유업이 이미 당신이 가진 능력의 범위에 포함되어 있다 말할 수 있다. 하지만 다수의 개인투자자들은 자기 장점은 살리지 못한 채 남의 영역을 기웃거려 안타까움을 자아낸다. 의사는 반도체주에 관심을 갖고 반도체 연구원은 헬스케어주를 공부하는 식이다. 남의 떡이 더 커 보여 그런가보다.

남들이 모르는 아이디어를 얻기 위해선 정보 우위 혹은 분석 우위가 필요하다. 즉 남들보다 양질의 정보를 빠르게 듣거나 같은 정보를 놓고도 탁월한 해석을 할 능력이 있어야 차별화된 결과를 얻을 수 있다. 아마추어 투자자가 제한된 시간과 전문성을 가지고 정보 우위와 분석 우위를 확보하려면 자신만의 능력 범위에 머물러야 함은 자명하다. 대학생 투자자 최준철이 조금의 노력을 네오위즈에 집중시켰듯이 말이다.

진정으로 알지 못하면 종목 선택을 잘 해놓고도 이후에 우왕좌왕하게 된다. 2004년 우리의 비중 1등 종목은 리노공업이었다. 영업이익률 40%가 넘는 환상적인 사업과 존경할만한 창업자까지 IT업종에선 보기 드문 영구 보유 가능 종목이라 생각했다. 공업이라는 이름 때문인지 시장에서 관심이 없어 PER도 8배에 불과했다.

하지만 2007년 리노공업의 제품을 대체할 비접촉식 테스트 기술이 개발 됐다는 소문이 돌았다. 이런저런 분석을 해봤으나 신기술이 진짜인지 회사에서 대처가 가능한 문제인지 파악할 방법이 없었다. 결국 무서운 마음에 매수가의 두 배가 조금 넘은 가격에 팔았는데 이후 주가는 열 배가 올라 최악의 의사결정으로 남게 되었다. 3년 동안 탐방도 숱하게 다니며 제품의 속성과 경쟁우위의 원천에 대해 잘 안다 자부했지만 위기의 순간이 닥치자 한계가 드러난 것이다. 이 사건 이후로 한동안 IT기업이 무서워 꺼려졌다.

능력의 범위는 고정되어 있지 않고 노력 여하에 따라 확대될 수 있다. 김민국은 의류업에 대한 이해도가 높은데 처음부터 그랬던 것은 아니고 대학생 시절 한섬에 꽂혀서 깊이 있게 공부를 하다 보니 결과적으로 능력의 범위에 포함시키게 된 것이다. 시간이 흐른 지금은 건자재, 지주회사, 금융업 등에 대한 식견이 높은 편이다.

최준철은 피부미용 분야에 문외한이었으나 파마리서치를 연구하기 위해 수백 개 유튜브 영상을 보고 시술도 직접 받다보니 과장 조금 보태 피부과 상담을 할 수 있을 정도의 식견을 갖추게 되었다. 우리 경험으로는 어쩌다 꽂힌 종목 하나가 광적인 공부를 통해 결국 해당 업종 전반에 대한 해박한 지식으로 이어지는 경우가 많은 것 같다. 이런 과정을 거치면서 비로소 내 능력의 범위에 속한 종목이 하나하나 늘어난다.

또한 개인이 가진 능력의 범위는 나이에 따라 변한다. 40대가 되면서 20대 때만큼 게임, 인터넷, 엔터 업종을 이해하기가 어렵다는 걸 실감한다. 아프리카TV에 투자할 때는 전적으로 젊은 담당 애널리스트의 의견과 판단에 의존했다. 대신 지금은 은행, 보험 등 젊었을 때 어렵게 느껴졌던 금융업종에 대한 이해도가 높아졌다. 이렇게 기업을 분석해온 경로에 따라 각자의 관심사에 따라 케미가 맞는 종목군이 형성된다.

능력의 범위가 어디까지인지 스스로 알아볼 수 있는 방법으로 세 가지를 제시한다. 첫째, 악재가 터졌을 때 그것이 기업에 미치는 영향이 큰지 적은지 금방 파악할 수 있고 나의 의견에 확신이 있다면 잘 아는 분야일 가능성이 높다. 둘째, 해당 산업에서 누가 가장 잘 하는 회사인지 이미 아는 경우다. 시가총액을 보고선 직관적으로 그 가격이 정당한지 아닌지를 금방 파악하는 것도 하나의 증거다. 셋째, 누구에게나 산업 현황과 해당 기업의 경쟁력에 대해 어렵지 않게 설명할 수 있다면 능력의 범위 안

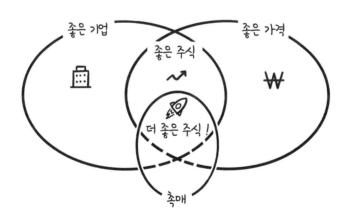

우리가 발굴해야 하는 종목 = 더 좋은 주식

에 서 있는 상태다.

능력의 범위는 종목 발굴을 위한 자기만의 사냥터다. 테니스로 치면 조코비치는 하드 코트에서, 페더러는 잔디 코트에서, 나달은 클레이 코트에서 최고의 기량을 발휘한다. 내가 어떤 분야에 능통한지 냉정하게 돌아보는 시간을 가진 후 본격적인 사냥에 나서길 바란다. 그리고 부단한 노력을 통해서 사냥터를 계속 확대해나가라.

우리는 '진정한 가치 대비 헐값에 팔리는 회사는 어디에 있는가?'라는 단순한 질문을 기억하면서 매일 투자할 회사를 찾는다.

———————

존 템플턴

6

종목 분석

종목 분석은 가설에 불과한 투자 아이디어를 검증하는 작업입니다. 이를 통해 생각보다 별로라는 허망한 결론을 낼 수도, 기대보다 더 뛰어나다는 흥분되는 결론에 도달할 수도 있습니다. 스카우터가 관중석에 앉아 주목하는 선수의 과거 자료를 꼼꼼히 살피며 경기 모습을 관찰한다면 이는 여러 능력치를 면밀히 분석하는 일에 몰두하고 있는 것입니다.

그다지 유명하진 않아 널리 읽히지는 않지만 종목 분석이 투자자의 핵심 업무임을 밝히는 흥미로운 책이 하나 있다. 2003년에 출간된 『탐정과 투자가』(로버트 헤그스트롬 저)가 그것이다. 셜록 홈즈의 관찰과 추리를 통해 분석 방법을 풀어 가는 내용을 담고 있는데, 상당히 공감이 되는 유추라 하지 않을 수 없다. 종목 분석을 하다 보면 탐정의 수사, 기자의 심층취재, 학자의 논문 작성과 비슷한 작업이란 생각이 들기 때문이다.

특히 탑다운이 아닌 바텀업으로 접근하면 특정한 종목(기업)이 중심에 서게 되고 이를 둘러싼 정보를 모으는 가운데 밝히고 싶은 사실들을 하나하나 점검해나간다. 탐정이 용의자를 중심으로 범죄 혐의를 모아가는 과정과 흡사하다. 팩트가 용의자를 향한다면 범인일 확률이 높아지고 연관도가 떨어진다면 용의선상에서 배제되는 식이다. 그런 맥락에서 보면 종목 분석이 조사 혹은 리서치로 바뀌어 불리는 이유가 납득이 간다.

분석을 위한 준비

의사들이 환자를 앞에 두고 심각한 표정으로 알아듣기 힘든 의학 용어를 써가며 치료법에 대해 토론을 벌인다. 자막으로 그들이 사용하는 단어에 대한 설명이 흘러간다. 응급실을 배경으로 한 의학드라마에 자주 등장하는 장면이다. 이처럼 의사들이 긴급 상황에서 서로의 의견을 교환할 수 있는 건 그들이 공통으로 쓰는 언어 덕분이다.

종목 발굴은 기본 상식만으로도 실행이 가능하지만 본격적인 종목 분석으로 돌입하게 되면 기업에서 쓰는 언어, 즉 회계 용어에 대한 기본적인 이해가 필수적이다. 그렇다고 너무 어렵게 생각할 필요는 없다. 영어로 기본적인 인사말과 의사소통만 할 줄 알아도 여행이 한층 더 즐거워지는 것과 마찬가지로 기초적인 회계 용어에 대한 지식만 있더라도 어느 정도 분석은 가능하다. 투자자가 되기 위해 꼭 회계사가 될 필요는 없다.

투자에 필요한 회계 지식 수준은 재무제표를 해석하거나 비교할 수 있는 정도면 충분하다. 그래서 딱딱한 회계원리 교과서보다는 우리의 전작 『가치투자가 쉬워지는 V차트』나 사경인 회계사의 『재무제표 모르면 주식투자 절대로 하지마라』 같은 입문서 정도를 읽어보길 추천한다. 또한 『한국형 가치투자 전략』 4부에 전자공시를 이용하는 방법을 설명해뒀으니 참고하면 좋겠다. 이 책에선 자세한 재무제표 분석까진 다루지 않을 예정이다.

대신 앞서 설명한 내용들과 연결 짓되 '공통 점검 사항'과 '개별 점검 사항'으로 나눠 효율적인 분석을 수행하는 요령을 알려주고자 한다. 진실을 밝히겠다는 열망, 방대한 정보를 모으겠다는 각오를 가지고 찬찬히 따라와주길 바란다.

공통 점검 사항

"무슨 일 하세요?"

소개팅을 나가거나 모임에서 인사할 때 상대방을 파악하기 위해 의례적으로 물어보는 질문이다. 직업이 의사라면 어떤 진료를 주로 보는지 교사라면 어떤 과목을 가르치는지 알려줄수록 그 사람의 전문 분야에 대해 더 잘 알 수 있다. 이 과정을 생략하기 위해 명함을 교환하기도 한다. 몰래 검색을 해보면 명함의 정보가 구체화된다.

종목을 처음 만날 때도 무슨 일을 하는 기업인지 알아보는 일이 우선이다. 한 마디로 비즈니스 모델 파악이다. 어느 산업에 속해 있는지, 산업 내에서 위치는 어디인지, 어떤 제품을 만들거나 서비스를 제공하는지, 수요자×공급자×경쟁자는 누구인지를 조사하는 것이다. 사람과의 만남에 대입할 경우 기본 인적 사항 파악에 해당한다.

VIP자산운용에서는 애널리스트가 투자 아이디어를 가지고 특정 기업을 깊이 있게 분석한 보고서를 풀리포트full report라 부른다. 처음 접하는 종목을 대상으로 하는 경우 이닛 보고서initiation report라고도 한다. 다음은 담당 애널리스트가 각각 2020년에 쓴 현대차와 2022년에 작성한 고려아연 풀리포트에 수록된 목차다.

2020년 7월 현대차 보고서

[산업 개요]
– 산업 트렌드
– 주요 시장별 특징

[기업 개요]

[투자 포인트 1] 수요는 돌아오고, 이익은 늘어난다!
– COVID-19 사례 분석
– 현대차의 제품 경쟁력 개선
– 수익성 개선의 핵심, 제네시스

[투자포인트 2] 미래 경쟁력도 착실히 준비 중!
– EV 시대의 도래
– HW 기술력이 단기 경쟁력을 결정!
   = 1회 충전 시 주행거리 + 가격 경쟁력
– EV 아키텍처의 핵심은 SW!
– FCEV 기대감도 보유

[Valuation 및 투자의견]

[산업 용어 정리]

2020년 7월 현대차 보고서 목차

2022년 4월 고려아연 보고서

1. 기업 분석
– 기업 개요
– 제품 분석
– BM 분석
– 재무 분석

2. 산업 분석
– 광산 업체 (후방사)
– 제련 업체 (경쟁사)

3. 투자 포인트
– 제련소 병목현상
– 트로이카 드라이브

4. Estimation & Valuation

2022년 4월 고려아연 보고서 목차

전반부를 차지하는 우선적인 내용 중 하나는 산업 개요다. 사람이 사회를 떠나 존재할 수 없듯이, 국적에 따라 일정한 공통된 특성을 보이듯이 기업 또한 그것이 속한 산업에서 자유로울 수 없다. 산업은 기업이 갖고 태어나는 DNA 결정 요인의 큰 부분인 동시에 앞으로 사업의 성적에 큰 영향을 끼치는 환경 요인이라 하겠다.

먼저 현대차 보고서 목차를 보자. 자동차 산업은 이해하기에 어려울 부분이 없으므로 최근 트렌드와 지역별 시장 동향을 더 중요한 내용으로 다루고 있다. SUV 수요가 올라간다든지, 대세가 전기차로 넘어갈 거라든지, 소프트웨어 기술력이 더 요구된다든지, 미국과 유럽 시장의 수요 상황은 어떠한지 등에 관한 분석 결과가 담겨 있다.

반면 고려아연 보고서의 산업 분석에선 공급자와 경쟁자 요인이 더 중요하게 다뤄진다. 제련소 입장에서 광산업체로부터 정광을 얼마에 사오느냐가 마진을 결정짓는데다 무차별 상품(아연)의 특성상 경쟁 제련사의 상황과 태도에 따라 제품가격이 정해지는 탓이다. 이처럼 산업 개요라 해도 업종 특성에 따라 주된 분석 포인트가 달라진다.

기업 개요는 크게 세 가지 부분으로 구성된다.

첫 번째는 회사의 과거다. 언제 창립되어 어떤 과정을 거쳐 지금에 이르게 됐는지를 조사한 내용이다. 간략히 말하면 회사의 연혁을 말한다. 특히 어떻게 제품 확장과 지역 확장을 해왔는지, 어떤 사이클에서 과감한 투자를 했는지 살펴보는 것이 좋다. 길게 주가 차트를 뽑아 상승과 하락이 어떤 요인에 의해 발생했는지 살펴보기도 한다.

두 번째는 회사의 현재다. 어떤 제품을 생산하며 각 제품의 생산능력(캐파)은 어느 정도인지에 관한 내용이 담긴다. 회사의 안정성을 가늠 짓는 재무 분석도 필수적이다. 핵심 자산도 찾아본다. 그다음 과거 매출액,

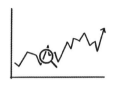  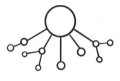

1. 회사의 과거를 조사   2. 회사의 현재를 분석   3. 회사의 지배구조를 파악

기업 개요 분석 대상

영업이익, 영업이익률, ROE 추이 등이 추가된다. 표 혹은 그래프로 나타내는데 성장률의 추이와 지속성에 초점을 맞춰서 본다. 특정 연도에 눈에 띄게 이익이 증가했거나 감소했다면 이유를 찾아 배경에 대해 기술하기도 한다.

세 번째는 지배구조다. 누가 대주주이고 지분율은 얼마이며 다른 주주는 누가 있는지 살펴본다. 더불어 자회사나 관계사로는 무엇이 있는지를 파악한다. 거래관계까지 찾아보면 더욱 좋다. 최고경영자에 대한 정보도 최대한 모아 어떤 성향과 능력을 보유하고 있는지 알아내려 노력한다. 과거 의사결정을 쭉 살펴보는 작업은 매우 유익하다.

업종 내 경쟁사와 차이의 원인이 밝혀지면 금상첨화다. 이 보고서들에는 현대차가 압도적인 내수 시장 장악력을 갖고 있다는 장점, 고려아연은 프리메탈 회수율이 극도로 높다는 차이점이 담겨 있다. 숫자로 검증될 수 있다면 신뢰도는 더욱 높아진다. 산업 평균보다 영업이익률과 ROE가 높은 경우 경쟁우위를 보유하고 있다 추정할 수 있다. 좋은 기업인지를 판별하는 작업이 기업 개요에서 대부분 이루어진다고 봐도 무방하다.

산업과 기업에 대해 면밀한 파악이 이뤄진 결과 회사에 대해 압도적 이해가 생기면 회사가 하는 일과 경쟁력에 대해 남들에게 쉽게 설명을 늘어놓을 수 있는 경지에 도달한다. 대학생 시절 김민국은 의류회사 한섬의 브랜드 파워와 팬덤을 슈퍼스타 나훈아에 빗대어 그리고 정수기 회사 웅진코웨이의 비즈니스 모델을 가정마다 보급된 수도꼭지에 비유한 보고서를 발간해 가치투자 커뮤니티 내에서 화제가 되었다. 이는 회사에 대한 피상적인 이해를 넘어 깊이 있는 분석의 결과, 사업의 본질을 간파했기 때문에 가능한 일이었다.

전자공시에 게시된 사업보고서/감사보고서/분기보고서, 회사의 홈페이지, 뉴스 등 검색, 유튜브, 증권사에서 발간된 산업 및 기업 보고서, 각자가 갖추고 있는 배경지식, 업계에서 일하는 지인 탐문 등으로 관련된 정보를 수집할 수 있다. 홈페이지는 매출을 올려주는 고객을 대상으로 하므로 회사가 제공하는 제품이나 서비스에 대해 매우 상세히 설명해놓는 경우가 많아 의외로 유용하다. 수집처가 고정되어 있는 건 아니니 꼭 열거된 공간이 아니더라도 어디서든 정보를 모을 수 있을 만큼 최대한 수집한다는 생각을 가지면 좋겠다.

아쉽게도 VIP자산운용의 보고서는 내부용이라 전문을 공개할 수 없는 한계를 이해해주길 바란다. 대신 우리 후배들이 분석한 보고서를 샘플로 참고해보길 추천한다. '서울대투자연구회SMIC, 스믹'의 홈페이지(www.snusmic.com)에 들어가면 Research라는 메뉴가 있다. 공개 열람이 가능하니 산업 및 기업 개요를 어떻게 작성하는지 살펴보자.

많은 사람들은 이해를 하기 전에 투자한다.

———————

하워드 막스

개별 점검 사항

다음은 종목 발굴 과정에서 생성된 투자 아이디어를 검증할 차례다. 비즈니스 모델 파악을 위해 먼저 진행한 공통 점검 사항을 분석하던 중 발견한 투자 아이디어가 추가될 수도 있다. 150페이지로 돌아가두 보고서 목차를 다시 보자. 산업 개요 및 기업 개요 다음으로 나오는 내용이 바로 '투자 포인트'라는 것을 알 수 있다.

종목마다 투자자가 꽂힌 포인트는 다르기 마련인데 투자 포인트에는 내가 생각하는 투자 아이디어가 맞을 확률이 높다는 걸 하나하나 입증하는 내용이 담긴다. 공통 점검 사항이 어느 정도 규격화되어 있는 반면, 개별 점검 사항은 주제 선정과 논증 방법 면에서 상당한 자유도가 주어지는 분석 과정의 꽃이라 해도 과언이 아니다.

현대차에 제시된 투자 아이디어를 요약하자면 "코로나로 당장은 힘든 상황이지만 점차 수요가 회복되는 가운데 현대차가 지금까지 발전시켜온 높은 제품력, 프리미엄 브랜드, 전기차 라인업이 시장의 오해를 불식시켜나갈 것이다"가 될 것이다. 보고서 분량이 총 62페이지인데 이 중 투자 포인트 내용이 31페이지로 절반을 차지한다. 이처럼 공통 점검 사항이 에피타이저라면 개별 점검 사항은 메인 디시만큼의 중요도를 가진다.

고려아연의 투자 아이디어는 다음과 같다. "유럽의 전력난으로 경쟁사의 가동률이 떨어져 당사가 반사 수혜를 누릴 것이며 2차 전지에 들어갈 동박, 황산니켈, 양극재용 전구체를 신사업으로 삼아 성장해나갈 것이다." 총 30페이지 중 8페이지를 차지하니 투자 포인트보다는 비즈니스 모델 파악에 더 주력한 보고서라는 점을 알 수 있다. 신사업에 대한 정보가 현대차에 비해 아직 많이 공개되어 있지 않은 까닭도 작용했을 것이다.

두 회사에 대한 접근법을 비교해보자. 현대차는 2020년 7월 저평가와 턴어라운드 유형에 해당했다. 따라서 오해가 해소될 포인트에 분석이 집중됐다. 반면 2022년 4월 고려아연은 그로스 유형이면서 스노우볼 유형이 될 가능성을 가진 종목이었다. 그래서 회사가 가진 고유한 힘과 사업의 지속성을 파악하는 분석이 먼저였고, 회사가 내세우는 성장 동력이 얼마나 기업가치를 제고할 수 있는지 검증하는 작업이 다음이었다.

여기서 우리는 두 가지 힌트를 얻을 수 있다.

첫째, 가치투자자의 투자 아이디어는 크게 보면 오해 해소와 변화 가능성에서 비롯된다. 전자의 경우 시장이 던지는 메시지가 합당한지 아니면 틀렸는지를 가리는 것이 곧 종목 분석의 핵심이 된다. 후자의 경우 변화의 가능성, 속도, 크기를 밝히는 것이 종목 분석의 주된 내용이 되어야 한다. 여기서 변화란 매출과 이익의 성장, 유휴자산의 수익화, 주주정책의 변경 등으로 기업가치가 상당한 폭으로 제고되는 것을 의미한다.

이에 해당하는 예를 하나 더 보자. 다음 페이지의 위 그림은 2017년 2월 작성된 보고서 중 일부로 SK가 다른 지주사와는 다르니 오해가 합당치 않다는 주장을 나타낸다. 반면 아래 그림은 SKC가 KCFT 인수를 통해 큰 변화가 일어날 것이란 예측을 담고 있다. 당연히 이 보고서를 쓴 분석 담당자들은 투자 아이디어의 성격은 확연히 다르지만 각각 내세우는 이유와 논증의 결과로 결국 주가가 오르리라는 기대를 갖고 있다.

상장 자회사가 많지 않거나 자체사업 비중이 큰 일부 사업 지주회사를 제외하면 동사는 **대형 지주사 내 상장 자회사 비중이 낮은 편**. 동사 역시 구 C&C 시절에 영위하던 자체사업을 그대로 가져가며 사업 지주회사 형태를 띠고 있으며, E&S를 포함하여 비상장 자회사가 유의미한 비중을 차지.

지주사의 역할 관점에서도 제한적인 배당 및 로열티로 홀딩스 고정비 정도를 충당하는 다수의 지주와 달리 동사는 계열사로부터 유의미한 현금흐름을 확보하고 홀딩스 차원에서 자본배치를 가져가는 구조.

ㅗ0ㅣㄱ년 ㅗ월 SK 보고서 중

▶ **세계 1위 동박 업체 KCFT 지분 100% 인수**

전기차 시장의 성장에 의한 전기차 배터리 시장의 개화.
전기차 배터리 소재에서 가장 수급이 타이트한 동박(음극집전체) 업체 인수.
전통적인 화학기업에서 성장기업으로 근본적인 변화.

ㅗ0ㅗ0년 ㅗ월 SKC 보고서 중

둘째, 종목 유형에 따라 분석의 가중치가 달라진다. 스노우볼 유형의 경우 과거 이력 점검을 통해 경영진이 믿을만한 역량과 신뢰를 갖고 있는지가 분석의 핵심이 될 것이고, 그로스 유형은 조사를 통해 성장 동력이 얼마나 강력하고 지속성이 있는지에 대해 밝히고 싶을 것이다. 저평가 유형은 저평가의 원인이 오해인지, 해소될 만한 요소가 있는지를 파악하는 것이 중요하고, 턴어라운드 유형은 긍정적인 방향으로 환경의 변화가 발생할 개연성이 높은지를 알아야 최악의 순간에서도 매수 의사 결정을 끌어낼 수 있다.

검증을 위한 정보를 구할 수 있는 곳은 공통 점검 사항 때와 동일하다. 다만 차이가 있다면 마구잡이의 느낌보단 더 깊숙하게 파고 들어가 목적에 부합하는 정보를 길어올려야 한다. 고려아연 분석 시 참고한 자료의 출처는 다음과 같다. BP European Commission, Trading Economics, Federal Reserve Bank of Dallas, Statistisches Bundesamt, 한국광물자원공사, IEA, 한국경제신문, Bloomberg, 고려아연 회사 자료. 이처럼 나의 가설을 검증할 수 있는 자료들을 끝까지 찾아내는 끈기가 필요하다. 논문 작성과 비슷하다 하겠다.

개별 점검 사항은 과거와 현재보단 주로 미래를 향해 있으므로 팩트도 물론 중요하지만 무엇보다도 다양한 전문가의 의견을 청취해야 한다. 필립 피셔가 창안한 사실 수집scuttlebutt에 해당하는 작업을 뜻한다. 이때 전문가의 특성에 맞게 던져야 할 올바른 질문이 잘 떠오르지 않고 아무리 조사를 거듭해봐도 가설에 대한 답을 내기가 어렵다면 그 곳은 나의 능력의 범위가 아닐 수 있다는 의심을 해보는 편이 타당하다.

2009년 메디톡스가 상장한 직후 회사를 찾아갔다. 한때 분석을 했던 태평양제약의 거래선으로서 상장 전부터 익숙한 회사인데다가 소위 보톡스로 불리는 보툴리눔 독신 수요가 장기적으로 증가할 것이란 아이디어가 있었다. 분석을 해보니 마진이 높은 고마진 품목인 동시에 진입장벽도 높아 보였고 수출길이 열리는 중이었다.

하지만 분석을 더 진행하던 중 휴젤이라는 경쟁사의 제품이 곧 출시될 예정이라는 사실을 알게 됐다. 당시 메디톡스의 영업이익률은 43%였는데 이게 마음에 걸렸다. "신제품은 분명히 가격을 낮춰 시장에 진입할 텐데 응사를 하면 이렇게 높은 영업이익률은 유지하기 힘들지 않을까?" 이 의문을 풀어보고자 여러 전문가를 만났지만 시장이 워낙 초기라 속시

원한 답변을 들을 수 없었다. 결국 매수를 조금 하다 포기했다.

결과는 어땠을까? 우리가 반은 맞고 반은 틀렸다. 1년 뒤 예상대로 휴젤에서 제품(보툴렉스) 출시에 성공했다. 경쟁자가 눈앞에 나타난 것이다. 하지만 시장을 잠식하기는커녕 경쟁을 통해 시장이 더 커지는 바람에 메디톡스도 후발주자인 휴젤도 모두 잘 먹고 잘 살았다. 당시만 해도 노년층이나 연예인으로 수요가 국한된 고가의 특수 시술이란 인식이 강했는데 가격이 저렴해지고 거부감이 해소되면서 보편적 시술로 자리매김한 덕분이었다.

메디톡스를 보유하지 못해 50루타를 칠 기회를 놓쳤지만 그때로 다시 돌아간다 해도 올바른 판단을 내릴 자신은 없다. 솔직히 보톡스가 이렇게까지 남녀노소 다 맞는 제재가 될 줄은 꿈에도 몰랐다. 투자 아이디어와 발굴 타이밍은 좋았으나 핵심 리스크 요인과 미래 수요 전망에 대한 분석이 우리 능력 범위 밖의 문제였던 것이다.

이대로 마무리를 지으면 종목 분석은 너무 어렵다는 인상을 남길까 걱정이 되어 단순하게 접근한 사례 하나를 들며 마칠까 한다. 우리 애널리스트가 2009년 9월 한화타임월드를 추천하며 내세운 투자 아이디어는 대전 지역에서 가장 입지가 좋은 백화점인데 거기다 명품관 리뉴얼까지 단행해 고객들을 싹쓸이하고 있다는 것이었다. 그렇다면 개별 점검 사항은 두 가지다. 1) 입지가 진짜로 좋은가, 2) 리뉴얼이 집객 효과를 끌어냈는가.

이 보고서의 내용을 보면 회사에서 제공한 자료를 토대로 대전 상권을 개괄한 후 직접 방문해 한화타임월드와 경쟁 백화점의 입지를 눈으로 확인하는 절차를 거쳤다는 것을 알 수 있다. 탐방 결과 배후지 측면에서 한화타임월드와 세이백화점이 롯데백화점 대전점보다 집객에서 유리하다는 결론을 내렸고, 다시 재무제표 조사 결과 세이백화점은 한화타임월드에 비해 매장 구성과 재무구조 면에서 열악하다는 쪽으로 의견을 모았다.

다음으로 리뉴얼의 집객 효과를 판단하기 위해 먼저 2008년 9월까지 진행된 리노베이션의 세부 내용을 살펴봤다. 비효율 공간을 줄여 명품 매장을 대폭 늘린 것이 경쟁사 대비 차별화 포인트로서 대전 고객 등의 서울 원정 쇼핑 수요를 흡수할 수 있으리란 결론을 내렸다. 에르메스, 루이비통 같은 A급 브랜드를 영입한 것은 명품관으로 유명한 모회사 갤러리아백화점의 후광 덕분이라는 사실을 어렵지 않게 짐작할 수 있었다.

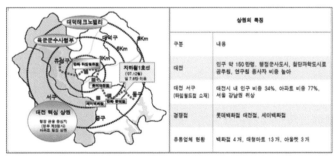

• 투자 아이디어

입지: 판정승

본 운용역의 광주신세계, 대구백화점, 한화타임월드, 그리고 해당 지역 경쟁사들을 순차적으로 방문해왔다. 느끼는 것은 **입지와 MD 등은 직접 가보지 않으면 절대 알 수 없다**는 것이다. 같은 맥락에서 한화타임월드 IR담당자 미팅 전에 롯데백화점 대전점, 세이백화점, 한화타임월드와 그 주변지역을 돌아보면서 눈으로 확인하였다.

구분	내용
대전	인구 약 150만명, 행정군사도시, 첨단과학도시로 공무원, 연구직 종사자 비중 높아
대전 서구 (타임월드점 소재)	대전시 내 인구 비중 34%, 아파트 비중 77%, 서울 강남권 위상
경쟁점	롯데백화점 대전점, 세이백화점
유통업체 현황	백화점 4개, 대형마트 13개, 아울렛 3개

대전지역 상권현황   자료: 한화타임월드

한화타임월드 보고서 중 4페이지

갤러리아 타임월드 (서구 둔산동 소재, 영업면적 16,224평)　　　　자료 : 다음, 한화타임월드

사진에서는 잘 나타나지 않으나 **단순 접근성은 세 백화점 모두 뛰어나다.** 대구백화점이나 롯데백화점 광주점이 구 도심에 위치하여 교통 편의성이 열악했던 데 비하면 대전지역 백화점은 전부 왕복 6차선 이상의 교차로를 끼고 넓은 진입로를 확보하고 있었다. 주차장도 인구 및 백화점 규모에 비해 비교적 잘 갖추고 있었다.

그러나 집객효과를 결정짓는 입지 측면에서 보면 **롯데백화점 대전점은 신시가지이기는 하나 구석이라 주변환경이 횡한 느낌을 준다.** 반면 타임월드는 신시가지의 중심 둔산동에 자리잡고 있고 오피스지역과 주거지역이 빼곡하게 들어서 있어 한 눈에 봐도 가장 입지가 좋음을 알 수 있었다. 하지만 번화한 정도로 따지자면 **세이백화점도 타임월드 못지 않고 홈플러스와 서대전공원, 배후 대규모 아파트 단지를 끼고 있는 점도 강점이다.**

<h2 style="text-align:center">한화타임월드 보고서 중 6페이지</h2>

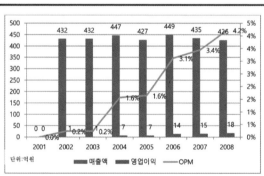

세이디에스 손익　　　　　　　　　　　　　　자료: 전자공시시스템, 브이아이피투자자문

세이백화점은 재무구조가 열악하고 영업이 제대로 이루어지지 않고 있어 동사의 경쟁사로 보기에는 무리가 있다. 실제 방문했을 때도 번지르르한 겉과 달리 속은 **CGV 외에 별로 볼 것이 없고 중저가 아울렛의 분위기와 흡사했다.** 오히려 최근에는 M&A 매물로 나왔다는 소문(한화타임월드에서 지켜보고 있다고 밝힘)도 있다. 주식담당자의 말에 따르면 세이백화점을 포함한 2009년 시장구도는 5:3:2 정도라고 한다.

<h2 style="text-align:center">한화타임월드 보고서 중 8페이지</h2>

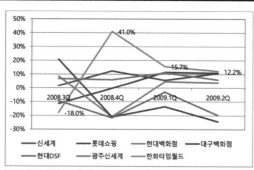

전년동기대비 영업이익 성장률　　　　　　　　자료: Quantiwise, 브이아이피투자자문

그 답은 최근 실적에 있다. 미국 발 금융위기에서 촉발된 소비심리 위축은 유통업종 전반을 강타했다. 위 그림들에서 신세계, 광주신세계(이마트 효과), 롯데쇼핑(일본인 효과)을 제외하면 모두 실적이 크게 악화되었다. **지방의 명품 백화점을 지향하는 한화타임월드만이 이상하리만큼 군계일학**이다.

한화타임월드 보고서 중 10페이지

구분	내용	기대효과
개편방안	1. B2F~1F 매장 재배치	고급화, 차별화
	- 1F에 명품부띠끄 유치 및 화장품 구성	구색강화, 환경개선
	- B1F에 피혁 및 ACC 매장 이동 배치	다양화, 고급화, 주차장 접근성
	- B2F에 식품매장 이동 및 확대구성	개선
	기존 가구매장은 8F에 압축구성	
	2. 2F에 명품 의류 구성	
	- 기존 4F(명품, 디자이너) 매장을 2F에 배치	명품선점효과(1F와 연계), MD연
	3. 3개동 연계 패션 스트리트 조성, 외관 이미지 업그	계성 강화
	레이드	
	- 주차동 1F에 글로벌 볼륨 브랜드(자라/망고) 배치	패션 트렌드 반영
	- 별관 1F에 엠포리오알마니 매장을 구성하여 백화점	명품선점효과(백화점 1F와 연계)
	1F와의 연계성 강화	
공사기간	2007년 9월부터 2008년 9월까지 단계적 시행	
디자인	RYA (압구정 갤러리아 시공)	
공사금액	230억원 (내부 129억원, 브랜드 70억원, 기타 31억원)	
매장확대	B2F 비효율매장(가구/임대)을 식품관으로 개편 (775평)	
	B2F 검품장 일부를 매장으로 전환	
	8F 플레이타임 철거 후 매장으로 전환 (80평)	
DM방안	- 지방백화점 최다 명품부띠끄 입점(구찌, 까르띠에,	타깃고객(30~40대 전문직 또는
	디올, 루이비통, 버버리, 셀린느, 에르메스, 에트로, 엠	전업주부) 충성도 제고
	포리오알마니, 오메가, 코치, 페라가모)	
	- 파크 제이드(플래티넘 서비스) 운영	

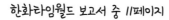

한화타임월드 보고서 중 11페이지

또한 리뉴얼 효과를 숫자로 검증했다. 리뉴얼 종료 시점인 2008년 4분기부터 한화타임월드의 영업이익성장률이 치솟았으며 이후에도 여타 백화점 대비 높은 성장률을 유지하고 있어 리뉴얼 전후로 이익창출력의 차이가 있음을 파악할 수 있었다. 게다가 내국인을 대상으로 오직 백화점 사업만 영위하므로 외국인 고객과 마트 사업부가 섞여 있는 다른 상장사에 비해 인과 관계가 명확하다는 분석상 장점도 존재했다.

이렇듯 사업 현장을 방문해보고 관련된 기본적인 숫자를 챙겨보는 약간의 노력만 기울인다면 누구든지 투자 아이디어를 검증할 수 있다.

최준철의 분석 팁

1) 한 종목에 여러 가지 투자 아이디어가 투영될수록 좋지만 결국 주가 상승은 가장 강력한 아이디어 하나의 발현에 의해 발생한다. 따라서 투자 아이디어의 강도에 따라 우선순위를 정해 에너지를 차별적으로 투입할 필요가 있다.

2) 재무상태표상에서 납입자본금이 적은 대신 이익잉여금이 커 액면가 기준으로 고가주(예. 주당 100만원)일수록 비즈니스 모델이 우월한 경우가 많았다. 그러나 아이러니하게도 아마추어 투자자들은 고가주를 비싸다고 여겨 기피하고는 한다.

3) 매출총이익률이 높을수록 외부 환경에 내성이 강한 고부가가치 제품일 가능성이 크다. 마케팅비는 영업이익률을 갉아먹는 나쁜 요소로 인식되는 경우가 많은데 매출 신장을 위한 투자의 개념이므로 일관성과 효율성의 차원에서 해석하는 편이 옳다.

4) 비즈니스 모델과 투자 아이디어를 한두 마디로 간결하게 설명할 수 있다면 분석이 잘 되었다는 증거다. 잘 되면 더 좋고 안 되어도 크게 나쁘지 않은 꽃놀이패의 성격으로 다른 사람을 설득할 수 있다면 종목 선택까지 잘 되었단 뜻이다.

김민국의 분석 팁

1) 회사의 진가는 가장 어려운 시기에 드러난다. 과거 시계열을 길게 잡아 IMF 금융위기나 2008년 글로벌 금융위기 시절의 숫자를 파악해보면 사업의 방어력이 얼마나 단단한지, 경영진의 위험 관리 능력이 얼마나 뛰어난지 판단이 가능하다.

2) 부동산을 히든 에셋으로 삼아 아이디어를 검증한 후 흥분감 넘치는 기대를 가진 적이 많았다. 하지만 부동산의 수익화는 생각보다 시간이 많이 걸리는 문제라는 사실을 절감했다. 도시계획이나 토지수용 같은 강제 이행 여부를 살펴야 한다.

3) 기업은 신사업을 계획할 때 관련 인력이 필요하므로 어딘가에 채용 공고를 내야 한다. 채용 사이트에서 분석 대상 회사를 검색하면 채용 분야와 필요 인원이 나와 있다. 이 내용을 포착할 경우 신사업 추진에 대한 확신을 더할 수 있다.

4) 한 번에 사업을 완전히 이해했다고 판단하긴 이르다. 최초 분석은 굵은 점 하나를 찍은 셈일 뿐이다. 종목을 처음 볼 때는 많은 시간이 소요되지만 시차를 두고 반복해 보게 되면 분석 투입량이 갈수록 절약된다. 이해도도 당연히 점증한다.

현재 시장이 갖고 있는 이미지와 실제 사실들 간의 차이를 명확하게 구별할 줄 아는 참을성 있는 투자자들이 돈을 번다.

필립 피셔

기업 탐방

"VIP투자자문의 기업 방문을 환영합니다"

창업 직후 지방에 소재한 기업을 방문했을 때 공장 입구에 걸린 현수막에 이렇게 적혀 있었다. 지금 생각해보면 참 낭만 서린 추억이다. 그만큼 2000년대 초반만 해도 지방 회사를 찾는 펀드매니저의 발걸음은 뜸했고 상장회사들도 투자자에 대한 경험이 부족했다. 지금은 지방 기업들도 서울로 와 IR행사를 개최하니 격세지감이다.

대학생 투자자 시절 가장 고팠던 것이 바로 기업 탐방이었다. 피터 린치는 구두 뒤축이 닳도록 탐방을 다녔다는데 인터넷으로만 정보를 찾고 있으니 제대로 된 투자 과정을 밟고 있지 않다는 불안감이 마음을 지배했던 탓이다. 고육지책으로 일간지와 기획 기사를 만들어 언론의 힘으로 회사들을 섭외해 경영진을 만나는 시도까지 해봤다.

기업 탐방에 대한 환상을 갖고 있던 차에 투자자문사 창업 직후 기회의 문이 활짝 열렸으니 얼마나 열심히 기업 탐방을 다녔겠는가. 당시에는 회사를 찾아가 주식담당자의 답변을 통해 궁금증만 해소해도 정보 우위를 획득할 수 있었다. 투자자들이 탐방을 많이 다니지 않아 회사 상황이 주가에 완전히 반영되어 있지 않았기 때문이다. 우리는 전화기를 붙잡은 채 만나주지 않는 회사의 담당자를 끈덕지게 물고 늘어져 미팅 약속을 잡아 나갔다. VIP라는 이름이 주식시장보다 오히려 상장회사들 사이에서 회자되는 빈도가 더 높아갔다.

리노공업, 무학, 태웅 같은 지방 소재 기업들은 물론이고 현대모비스, 삼성엔지니어링 같은 대기업까지 VIP투자자문 초기 히트 종목들이 위와 같은 과정을 거쳐 탄생했다. 기업 탐방은 리서치의 마지막에 찍히는 점과 같았다. 하지만 시간이 흘러 지금은 상황이 바뀌었다. 탐방이 종목 발굴과 분석을 위한 필수 과정이란 인식이 널리 퍼지며 모두가 회사를 만나 이야기를 들어보기 시작한 것이다. 이젠 중소형사도 단체 IR 행사를 가질 정도다.

지금은 무작정 기업 탐방만 다닌다고 해서 남들보다 앞서 갈 수 있는 환경이 아니다. 정보 우위는 남들이 모르는 숨은 회사를 찾기보단 운 좋게 회사가 변화를 시작하고 있는 타이밍에 딱 맞춰 방문했을 때만 발휘되는 듯하다. 이제는 능동적인 태도를 바탕으로 분석 우위를 확보하는 식으로 기업 탐방을 활용해야 하는 시대다.

공통 점검 사항과 개별 점검 사항을 충실히 분석하다 보면 자연스레 회사에 대해 궁금한 내용들이 떠오르게 되어 있다. "이 상황에서 왜 이런 의사결정을 했을까?" "20XX년 이익이 급전직하했던 이유가 무엇일까?" "자사주 매입을 안 하다 갑자기 시작하는 배경이 뭘까?" "신사업의 성공 가능성을 회사에선 어떻게 보나" 같은 질문들이 축적되었다면 의문을 풀기 위해 시간과 노력을 들여 기업 탐방을 갈 충분한 이유가 된다.

우리는 그간 분석했던 내용, 정리한 재무 자료 그리고 작성한 질문지를 들고 기업을 방문한다. 보통 담당 애널리스트와 동행하므로 가는 동안 핵심 질문 사항에 대해 의견을 교환한다. 미팅 시 회사 측에서 준비한 내용을 청취해가며 질문을 중간에 하는 경우도 있고, 질문 양이 많은 경우 바로 Q&A로 들어가자고 요청한다.

사전 분석이 잘 되어 있어 기업을 이해하는 정도가 깊을수록 올바른 질문을 던질 수 있고 담당자의 답변에 질문을 계속 이어갈 수 있다. 또한 자기 회사에 대해 압도적 지식을 갖춘 투자자라는 인상을 줘야 적극적이면서도 자세한 답변을 들을 수 있다. 대화는 상호작용이라 상대도 투자자의 수준에 맞춰 설명을 풀어놓기 마련이다. 우리 경험으로는 이해의 폭이 넓다 생각할수록 주식담당자가 활기차게 미팅에 임했다.

한 마디로 기업 탐방 하수는 주식담당자가 불러주는 대로 받아 적고, 중수는 준비한 질문지에 따라 주식담당자로부터 하나하나 답을 얻어내고, 고수는 완벽히 준비된 상태에서 탐방 현장의 리듬을 타면서 주식담당자로 하여금 편하게 자신이 알고 있는 바를 모두 말하게끔 한다. 기업 탐방은 받아쓰기 하러 가는 자리가 아니다.

우리도 예전에 그랬지만 기업 탐방에 관한 환상을 가진 사람들이 있다. 회사 화장실이 깨끗한지 일부러 가서 본다든지, 직원들의 표정이 밝은지 확인한다든지, 얼마나 사무실 집기가 소박한지 관찰한다든지 해야

깊게 공부하며 자연스럽게 떠오르는 회사에 대한 궁금증들을   속속들이 확인한다

기업 탐방을 가기 전 과정

한다는 것이다.

하지만 기업 탐방의 핵심은 내가 가진 궁금증을 해소하는 대화 그 자체에 있다. 눈으로 관찰하는 건 그 과정이 충실한 이후 참고하는 부수적인 부분이다. 자칫하면 업마다의 특징을 간과하고 감정적으로 잘못된 의사결정을 내릴 수 있다. 최소한 경험이 많이 쌓인 다음에 조금씩 시도 해봐도 늦지 않다(어쨌든 탐방은 기업을 스크린 속 종목명이 아니라 사업의 실체로 느끼게 해주는 유익한 활동이다).

오히려 주의해야 할 점은 회사의 말을 가려 들어야 한다는 부분이다. 특히 최고경영자를 만날 때 경계심을 높여야 한다. 최고경영자는 계획을 세워 되게끔 추진하는 사업가이므로 태생적으로 성공 가능성에 대한 믿음이 강하다. 그렇게 표출된 말을 액면 그대로 받아들이면 장기 계획이 마치 금방 실행될 것처럼 느끼게 된다. 말솜씨가 뛰어난 최고경영자도 많다(어찌 그 자리까지 갔겠는가). 우리가 저지른 큰 실수들이 대부분 최고경영자의 장담을 비판과 검증 없이 받아들여 집행한 투자 건에서 발생했다는 점을 참고하길 바란다. 이래나 저래나 치밀한 사전 분석에 대한

CEO의 호언장담에는 경계심을 세우자

중요성은 아무리 강조해도 지나치지 않다.

한때 휴대용 노래방 기기로 전 세계를 석권할 것처럼 보여 인기가 높은 종목이 있었다(기기를 먼저 깔아놓은 후 마진 높은 반주 음원 칩을 파는 비즈니스 모델이 아주 매력적으로 느껴졌다). 여기 주식담당자가 회사 못지않게 유명했다. 탐방을 가면 "제가 먼저 한 곡조 뽑겠습니다"라고 하며 자사제품을 들고 투자자들 앞에서 노래를 부르던 모습이 아직도 잊히지 않는다. 그런 노력 덕분이었는지 당시 주가는 기대감을 반영한 가격에 늘 거래가 되었고 유상증자도 쏠쏠하게 단행했다. 회사는 2013년에 결국 상장폐지 되었다.

아, 여담으로 주식담당자 얘기가 나온 김에 기억에 남는 에피소드 하나만 더 보태도록 하겠다. 2001년 주우식 상무란 분이 삼성전자에 IR팀장으로 부임했다. 주식을 떠올리게 하는 이름을 처음 접했을 때 주식담당자가 되기 위한 운명을 갖고 태어난 사람이 아닌가 하는 생각이 들었다. 이후로 10년 가까이 우리나라에서 가장 큰 기업의 IR을 담당한 장수 주식담당자가 되었으니 우리가 괜한 농담을 한 건 아니었구나 싶었다.

최준철의 기업 탐방 팁

1) 해당 업종에서 통용되는 전문 용어와 약어들을 일부러 구사한다. 회사에 대해 많이 알고 있다는 인상과 함께 동질감을 주기 위해서다.

2) 민감한 질문은 미팅 도중이나 필기를 하는 중에 물어보지 않는다. 미팅이 끝나 경계심이 풀릴 때쯤 가방을 챙기면서 슬쩍 툭 던져본다.

김민국의 기업 탐방 팁

1) 회사가 주가 상승을 원하는지, 원한다면 그 핵심 이유가 무엇이며 그럴만한 기업 지배구조상의 특징이 존재하는지 집요하게 체크한다.

2) 경쟁사 중 누가 위협적인지 물어본다. 대부분 경쟁사에 대해 폄하하기 바쁘지만 예외적으로 높은 평가를 한다면 그 회사를 필히 가본다.

우리가 언제 맞을지는 대부분 주식시장이 결정할 것이다. 하지만 우리가 맞을지 틀릴지는 우리가 수행한 기업 분석의 정확성이 결정할 것이다.

———

워런 버핏

분기 실적 분석

학생들이 중간고사와 기말고사를 치른 후 성적표를 받듯이 상장기업은 1년에 네 번, 즉 분기마다 실적이란 경영 성적표를 받아 든다. 분기 말을 기준으로 약 한달 반 후 전자공시에 영업잠정실적 혹은 분기 보고서가 올라오니 예컨대 1분기 실적의 경우 5월 중순에 확인 가능한 셈이다. 분기 실적은 투자 아이디어가 맞아 떨어지고 있는지 확인하는 팔로우업follow-up의 중요한 근거가 되며 신규 종목 발굴의 단초가 되기도 한다. 우리가 개발해 소개한 V차트가 바로 이렇게 분기마다 발표되는 숫자들을 점으로 찍어 만든 그래프다.

실적 발표를 전후로 리서치 작업의 이름이 달라지는데 그 전을 프리 뷰preview, 그 후를 리뷰review라 부른다. 실적 프리뷰는 산업 환경 흐름 조사, 판매가와 원가 변화 파악, 수출입 데이터 수집, 기업 탐방, 전화 통화 등을 통해 곧 나올 분기 실적을 예측해보는 행위다. 프리뷰를 충실히 수행하면 분기 실적이 나오기에 앞서 실적이 좋을 것으로 예상되는 종목의 비중을 높이고 실적이 부진할 것으로 예상되는 종목의 비중을 줄여두는 식으로 선제적 대응이 가능하다. 즉 실적 리뷰에 앞서 영점 조준을 하는 시간이다.

실적 리뷰는 포커로 치면 들어온 패를 확인하는 작업이다. 누구나 투자를 할 때는 기대하는 아이디어를 가지고 있는데 분기 실적이 아이디어를 강화하는 방향으로 나올 경우 추가 매수를 할 수 있다는 점에서 패를 보고 베팅을 하는 포커 플레이어의 모습을 떠올리게 하기 때문이다. 반대로 내가 원하는 패(실적)가 나오지 않았다면 이번 판은 접듯이 비중을 축소하거나 매도를 해야 한다. 분기 실적은 투자 아이디어의 적중 여부를 판단할 수 있는 근거가 되는데 물론 긴 추세가 연결될수록 정확도는 높아지기 마련이다.

우리는 분기 실적을 분석할 때 다섯 가지 포인트를 확인한다. 먼저 포인트에 따른 모든 판단이 반드시 행동으로 이어질 필요는 없다는 점을 밝혀둔다. 기업에 있어 분기라는 짧은 시간 단위에는 행동보단 '확인'이 더 적절하다.

첫째, 전년 동기 대비yoy, year on year, 전분기 대비qoq, quarter on quarter 매출액, 영업이익, 순이익, 영업이익률 등의 증감 여부를 체크한다. 해당 회사가 양적으로 성장했는지, 질적으로 마진을 늘렸는지 기업가치의 방향성을 확인하기 위해서다. 대부분의 투자자가 실적이 발표되면 이 정도는 기본적으로 챙겨보는 것 같다.

둘째, 더 나아가 첫째 포인트와 연계해 매출액, 영업이익, 순이익, 영업이익률의 증감 이유를 찾고자 한다. 공시된 자료, 회사와의 소통, 분기 IR자료, 증권사 보고서, 뉴스 등으로 파악이 가능하다. 여러 숫자 중 크게 움직인 부분의 이유를 찾는 데 집중해야 하며 특히 이익이 큰 폭으로 줄었다면 위험 신호이므로 반드시 답을 찾아야 한다.

셋째, 기존 사업과 신사업에 대해 기대하는 투자 아이디어가 맞아 떨어지고 있는지를 확인한다. 우리는 완전히 새로운 사업을 추진하는 회사보다는 기존 사업을 주춧돌 삼아 새로운 영역으로 확장해나가는 안정 성장주를 선호한다. 따라서 기존 사업에서 현금흐름이 원활하게 창출되어 신사업에 효과적으로 배치되고 있는지가 기업가치 결정 요인으로 중요하게 작용하기 때문이다. 이 흐름이 끊기면 증자가 불가피할 수도 있다.

기존 사업에선 "수요가 여전히 탄탄한가" "공급이 과다하지 않은가" "경쟁이 격화되고 있는가" 등을 체크한다. 한마디로 이익이 안정적으로 창출되는지 보는 것이다. 반면 신사업에선 매출액이 증가하는지 여부가 가장 중요하다. 신사업은 매출이 빠르게 확보되는 일이 우선, 이익은 그 나중이다. 사업 초기라 적자가 나고 있다면 줄고 있는지, 흑자가 나는 구간으로 들어갔다면 흑자가 확대 중인지를 분기 실적을 통해 확인한다. 또한 성장에 불가피한 설비증설 등 자본지출CAPEX이 얼마나 들어가고 있는지도 봐야 한다.

넷째, 지난 분기 중 실적에 있어 호재 또는 악재가 발생했을 때 일시적이냐 구조적이냐를 분석한다. 이는 투자 의사결정과 직결되는 문제이므로 분기 실적이 발표된 직후 내부 애널리스트들과 가장 많이 토론하는 대목이다. 일시적인 호재라면 판단 유보 혹은 주가가 이에 반응해 너무 올랐다면 매도, 일시적인 악재라면 저가 매수 기회로 봐서 비중확대, 구조적 호재라면 장기투자를 결정한다. 최악의 상황은 구조적 악재로 판명나는 경우인데 투자 아이디어가 깨졌다는 뜻이므로 고통스럽지만 전량 매도 결정을 내린다.

"아니 이렇게 실적이 잘 나왔는데 주가가 안 오르는 게 문제가 아니라 어쩜 이렇게 투자자들이 관심이 없을 수가 있는가?" 20년 전 가치투자자들의 흔한 푸념이었다(분기 실적 공시는 2001년부터 시작되었다). 당시에는 이처럼 주가차트 보느라 실적을 보려는 시도 자체를 하지 않는 것이 문제였다면 지금은 반대의 상황에 개탄스러울 때가 있다. 3개월이라는 짧은 기간의 성과를 놓고 "yoy, qoq로 실적 미스다" "어닝 서프라이즈다"라고 하면서 과민반응하는 모습이 흔해져서다.

세부적인 사유와 과거 실적과의 연결성을 무시한 채 분기 이익의 증감율을 근거로 매매를 하는 경우는 '가치투자를 가장한 숫자 투기'라 부르고 싶다. 오히려 지금은 실적에 따른 과도한 민감성을 역으로 이용해

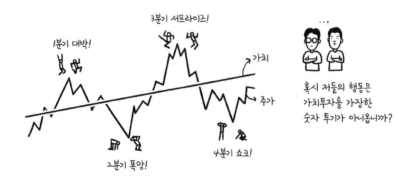

숫자 투기에 대한 우려

야 할 때가 아닌가 싶다. 일시적 악재로 분기 실적 쇼크가 났을 때 저가 매수한 뒤 회복 시점까지 기다리는 식으로 말이다.

주주정책

주가 상승은 어떻게 일어나는 것일까? 일반적으로 대다수 투자자는 누군가 사줘야 주가는 오른다고 설명한다. 맞는 말이지만 인과관계가 뒤바뀐 느낌이 있다. 우리를 포함한 가치투자자의 해석은 조금 다르다. 기업가치 상승, 사업 체질의 변화 등 누군가 사줄 만한 이유가 증권화되는 과정에서 일어나는 결과가 곧 주가 상승이라 여긴다. 그렇다면 증권화 과정을 촉진하는 요인과 방해하는 요인이 있다고도 생각해볼 수 있겠다.

대표적인 촉진 요인은 앞서 5장에서 다룬 촉매다. 용어 자체가 존재 의미를 담고 있는 데다 이미 충분한 설명을 했으므로 넘어가도록 하겠다. 여기서 심도 깊게 다룰 부분은 주주정책이다.

투자자는 기업이 사업을 통해 벌어들인 돈이 언젠가 대주주뿐 아니라 소액주주에게까지 비율대로 돌아올 수 있다는 믿음을 가지고 주식을 산다. 로또에 당첨이 되었는데 은행에서 지급을 거부한다는 소식이 알려진다면 아무리 당첨금이 크다 한들 누가 로또를 사겠는가? 마찬가지로 후순위 수익 분배권인 주식도 경영진에 대한 믿음에 근간해 거래된다.

가장 직관적인 이익 공유 방식은 배당이다. 이론적으로 배당성향이 100%라면 당해 이익을 주주가 모두 분배 받는 것이므로 논란의 여지가 없다. 쌍용C&E(최대주주 한앤컴퍼니), 한국기업평가(피치), 한국쉘석유(쉘)처럼 사모펀드PEF가 소유하고 있거나 해외 대기업의 자회사인 경우 배당성향이 높은 경향이 있다. 그만큼 멀티플도 높게 적용 받는다.

하지만 모든 회사가 높은 배당성향을 유지할 수는 없다. 배당에 대한 최대주주의 의지도 다를 뿐더러 이익을 매년 배당으로 다 나눠주면 차기의 성장과 안전을 도모하기 어려운 사업이 대부분이기 때문이다. 따라서 우리가 분석을 끝낸 뒤 살 것인가, 말 것인가 토론할 때는 이익과 유보수익이 증권화로 연결될 수 있느냐 하는 데 집중한다.

이 가능성을 높이는 효과적인 주주정책이 바로 자사주매입소각이다. 회사가 자기 주식을 되사들이는 것이니 "누군가 사줘야 주가는 오른다"라는 보편적 주장과 맞닿아 있기도 하지만, 그보다는 유보수익으로 발행주식 수를 줄여 주당순이익을 개선하는 동시에 장기투자 중인 개별 주주의 지분율을 올려주는 효과로 이해함이 더 옳다. 자사주매입소각은 배당과는 또 다른 의미에서 그동안의 가치 상승분을 주주들에게 영구히 귀속시키는 방법이다.

오른쪽은 자사주매입소각을 적극적으로 하는 대표적인 기업인 미원에스씨의 주가 그래프다. 화살표는 자사주매입 공시 시점을 나타나는데 2019년 10월부터 2022년 7월까지 무려 7차례에 이른다. 같은 기간 실적이 약 2배 성장할 동안 주가는 2.8배 이상 상승했으니 자사주매입소각의 증권화 촉진 효과를 보여주는 단적인 예라 하겠다.

배당성향이 높을수록 프리미엄을 받는 것처럼 자사주매입소각을 적극적으로 하는 기업 또한 그렇지 않은 곳에 비해 높은 평가를 받는다. 미원에스씨는 화학업체임에도 불구하고 동종업계 종목들과 달리 늘 10배를 초과하는 PER을 부여받는다는 것이 그 증거다. 우리는 이를 신뢰의 프리미엄이라 부른다(해외 기업으로는 애플이 떠오른다).

종목 분석까지 어렵게 마쳐 매수해 투자 아이디어가 들어맞았는데 주

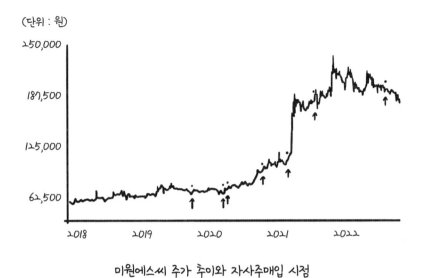

(단위 : 원)

250,000

187,500

125,000

62,500

2018   2019   2020   2021   2022

미원에스씨 주가 추이와 자사주매입 시점

가가 오르지 않는다면 억울함이 이루 말로 다할 수 없다. 경험해본 사람은 다 안다. 그래서 가치투자자들은 기업들에겐 주주정책을 강화하라 요구하고 투자자들에겐 주주정책을 체크하라 조언한다. 주주정책은 높아진 기업가치를 주가 상승으로 연결 짓는 핵심 고리다.

　가장 나쁜 경영자는 비관련 사업 다악화, 고가 기업 인수, 사업 기회 편취 등으로 기업가치를 파괴하는 사람이다. 그다음으로 나쁜 경영자는 기업이 창출한 이익이 주주들에게 가지 못하도록 하는 사람이다. 아무리 뛰어난 사업가라 해도 주주환원에 대한 개념이 없다면 상장기업 경영자로서의 자격은 없다고 단언한다. 밸류트랩으로 고생하거나 뒤통수 맞고 싶지 않으면 종목 분석의 최종 단계에서 이들을 모두 걸러내야 한다.

유능하고 정직한 경영자가 운영하는 훌륭한 기업을 적정가격에 인수한다.

———————

워런 버핏

7 포트폴리오 구축과 관리

스카우터가 발굴과 분석을 거쳐 저평가된 좋은 선수를 추천했다면 이 제 판단의 차례는 단장에게로 넘어옵니다. 지금 바로 그 선수와 계약을 해야 하는지 반대로 어떤 선수를 방출해야 하는지 결정을 내려야 할 시 간입니다. 단장이 더 강한 팀을 만들기 위해 고민하는 것처럼 투자자도 건강한 포트폴리오를 구축하기 위해 신중하게 주식을 사고팔아야 합 니다.

"떨어지는 칼날을 잡지 마라" "손절매를 칼 같이 지켜야 한다" "손해 난 종목부터 팔아라" "달리는 말에 올라타라" "소문에 사서 뉴스에 팔아 라" "주가가 내려갈 때 주식이 없는 사람은 올라갈 때도 없다" "남들이 두 려워 할 때 욕심을 부려라" "10년을 갖고 갈 주식이 아니면 10분도 보유 하지 말라" "매수는 거북이처럼 매도는 토끼처럼" ······

매매와 관련된 격언은 수없이 많다. 하지만 위의 격언만 보더라도 서로 충돌을 일으키는 말들이 섞여 있으니 헷갈리기만 한다. 원론이야 가격이 내재가치 이하로 거래될 때 사서 내재가치 이상으로 올랐을 때 판다는 것이지만 실전에서 사용하기엔 막연한 감이 없지 않다. 솔직히 자기 몸에 맞는 매매 방식은 있을 수 있어도 딱 떨어지는 정답은 없다. 지금부터 다루게 될 내용도 우리가 경험으로 터득한 나름의 방식에 불과하다. 따라서 독자들이 오해하지 않도록 우리가 전제로 하는 사고 체계를 몇 가지 미리 밝혀둔다.

첫째, 우리는 매도보다 매수가 중요하다 생각한다. 싸고 좋은 종목이 수익의 원천이며 주식은 살 때 수익률이 이미 결정된다고 믿기 때문이다. 공식으로 봐도 [수익률=(매도가-매수가)÷매수가]이니 매수가가 낮을수록 잠재 수익률은 높아지기 마련이다. 만약 우리가 부동산 투자를 전문적으로 했다면 분양권 전매보단 여러 번 유찰되어 시세보다 할인된 물건을 노리는 경매 투자자가 되지 않았을까 싶다. 경험적으로 볼 때 보다 낮은 가격에 산 경우가 우리의 때가 오기까지 우직하게 기다리기가 좀더 쉬웠다.

둘째, 우리는 눈치보다 맷집에 의존하는 플레이어다. 특히 종목에 확신이 있다면 주가가 빠지는 대로 맞으면서 주식을 사 들어간다. 극단적으로 얘기해 주식은 물리면서 사모아가는 거고 장기수익률은 그 맷값이라고까지 여긴다. 가끔 우리끼리 코리안좀비 정찬성 선수와 비슷한 스타일이 아니냐는 농담을 주고 받을 정도다. 미스터마켓은 가끔 타이슨처럼 핵펀치를 쏟아 붓는다. 당연히 그 앞에 서면 공포스럽다. 하지만 겁에 질리지 않고 링을 떠나는 일 없이 끝까지 버틴 것이 지금껏 우리가 살아남은 비결이었다고 생각한다.

셋째, 우리는 매매 의사결정을 할 때 지수를 의식하지 않는다. 오로지 종목만 본다. 어차피 지수에서 큰 비중을 차지하는 시가총액 상위 종목이 포트폴리오의 주력이 아니라 연관성이 떨어지기 때문이다. 또한 개별종목 단위로 접근하면 싼가 비싼가를 판단하기가 상대적으로 수월하지만 지수를 기준 삼으면 명확한 의사결정을 하기 힘들다. 코스피지수가 2,400에서 2,200이 되면 2,000까지 빠질 거 같아 못 사고, 막상 2,000이 되면 1,800에서 더 싸게 사고 싶은 욕심에 다시 의사결정을 미루는 게 사람들의 전형적인 패턴이다. 그러다 2,200이 되면 "그때 살 껄"하는 '껄무새'가 되고 3,000이 되면 확신에 차 매수에 가담한다.

넷째, 우리는 바닥에서 모든 주식을 사고 천장에서 모든 주식을 파는 건 현실적인 기대가 아니라 본다. 저점이라 생각해 매수한 이후에도 주가는 더 빠질 수 있고 고점이라 판단해 매도한 이후에도 주가는 더 오를 수 있다. 이에 대한 적절한 대처법은 분할 매수와 분할 매도다. 바닥과 천

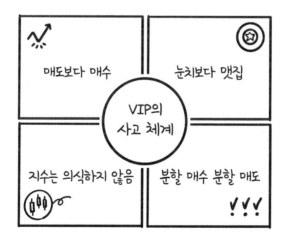

VIP자산운용의 사고 체계

장에 집착하면 액션을 취하기가 어렵다. 특히 주가가 바닥을 지나 반등하거나 천장을 지나 반락하는 경우 이후 바닥 가격과 천장 가격이 자꾸 생각나 다시 그 가격을 기다리다보면 주가는 점점 더 멀어져 닭 쫓던 개 지붕 쳐다보는 격이 되고 만다. 분할 매매는 대략 바닥권과 천장권에서 용기 있게 필요한 행동에 나서는 데 도움을 준다.

앞서 열거한 격언 중에서 우리가 가장 동의하는 말은 "주가가 내려갈 때 주식이 없는 사람은 올라갈 때도 없다"와 "남들이 두려워 할 때 욕심을 부려라"다. 경험적으로 볼 때 전자는 사실에 가까운 현상이며 후자는 수익의 원천이 되는 중요한 행동이었다. 이제 예고편은 마무리 짓고 실전투자에서 길어 올린 최준철×김민국 스타일의 매매법과 포트폴리오 운용법에 대한 설명을 본격적으로 시작해보겠다.

매수

결혼하기 가장 좋은 때는 나이와 계절에 상관없이 마음에 드는 배우자를 만났을 때다. 우리가 생각하는 매수의 전제조건은 이것이다. 하지만 남들이 다 좋아할 만큼 인물 좋고 마음씨 착한 사람이라면 나한테까지 기회가 돌아올까? 우리가 두 차례에 걸쳐 투자했던 골프존의 사례를 통해 매수 타이밍에 대한 힌트를 얻어보자.

2014년 2월 골프존

2011년 상장이 되었을 때부터 새로운 산업을 창조해 그 안에서 독점적 지위를 유지하고 있는 골프존이란 신생 회사에 관심이 갔다. 하지만 투자자들의 기대가 높은 성장주 자격으로 데뷔해 마음이 편한 가격대는 아니었다. 스크린골프가 직장인들의 새로운 놀이 문화로 급부상하면서 골프존의 창업 신화가 신문 지상을 연일 장식하던 때였다.

그로부터 3년이 지나자 스크린골프장이 포화에 다다랐다는 우려가 제기되며 주가가 줄곧 하향해 공모가에서 30%가량 빠진 상태가 되었다. 바로 이 시점에서 다시 보게 됐다. 시장의 우려와 달리 독점력은 여전 했을 뿐 아니라 시뮬레이터의 신규 판매는 줄고 있었지만 기존 점주들의 교체 수요로 상쇄되고 있었다. 게다가 그 사이 네트워크 서비스가 도입되어 우리가 가장 약점이라 봤던 일회성 판매 모델에서 탈피하는 모습을 보이고 있었다.

문제는 성장 속도 둔화를 감안했을 때 여전히 저평가 정도가 애매하다는 점이었다. 기업 탐방을 다니며 조금 더 추이를 지켜보기로 했다. 그러던 중 회사가 2014년 1월 점주들이 제기한 공정위 조사에 응한 조치로서 점주 보호를 위해 1년간 신규 기기 판매를 중단한다고 선언했다. 엎친데 덮친 격으로 이어 2월에 국세청으로부터 474억 세금 추징 통지를 받았다. 대형 악재가 연달아 터졌으니 주가는 추가로 급락했다.

우리는 이를 매수 타이밍으로 봤다. 자세히 뜯어 보면 신규기기를 안 판다는 것이지 교체 기기까지 판매를 중단한다는 의미까진 아니었다. 추징금도 이왕 터진 김에 작년 실적에 미리 반영을 해버려 올해 실적에 추가 부담으로 작용하진 않을 것인데다 일회성이니 회사의 본질을 훼손할 이슈는 아니라 판단했기 때문이다.

2020년 6월 골프존

좋은 기업을 기회를 노려 싸게 산 덕에 첫 번째 골프존 투자에서 만족스러운 결과를 거둘 수 있었다. 두 번째 기회는 코로나 팬데믹 한 가운데서 다시 찾아왔다. 외출도 모임도 할 수 없으니 스크린골프장 매출이 급감할 것이란 우려가 팽배해졌다. 악재가 하나 더 있었는데 2019년에 레슨 시장에 진출할 목적으로 GDR아카데미 직영점을 한꺼번에 출점하는 바람에 200억 원가량 적자를 내면서 이익이 크게 훼손된 상태였다.

그러나 조사 결과 골프 산업은 세간의 우려와 반대로 코로나 시대에 그래도 아는 사람끼리 유일하게 할 수 있는 스포츠로 여겨지며 수요가 오히려 늘고 있었다. 현장 방문 결과 스크린골프장도 손님이 크게 줄어들지는 않을 것 같았다. 골프 붐은 레슨 시장에도 유리한 환경을 제공했다. GDR 아카데미는 초기 비용이 많이 들지만 회원 수가 늘면 적자를 빠르게 줄일 수 있는 모델이니 시간이 갈수록 이익은 회복될 것으로 전망했다.

이를 매수 타이밍으로 판단해 6만 원 중반 가격에 사 들어가기 시작했다. 이후 골프 붐에 편승하기 위한 가맹점 수요가 폭발적으로 늘고 레슨 회원 증가로 GDR아카데미가 적자를 줄여나간 결과 이익이 빠르게 성장하는 모습을 보였다. 사실 우리는 코로나 팬데믹을 감안해 현상 유지만 해도 괜찮다 싶었는데 운 좋게 그 이상의 성과가 따라줬다. 오해가 기대감으로 바뀌며 주가는 2021년 고점 기준으로 약 3배 가까이 상승했다.

다음은 골프존의 직전 4분기 합산 영업이익에 10배를 곱한 값을 가치선(점선)으로 그어 주가 흐름(실선)과 비교한 그래프다. 주가는 장기적으로 이익 수준을 따라가는 경향을 보이는데 회사에 대한 오해가 쌓여 있었던 2020년이 골프존의 가파른 가치 상승 전망을 주가가 반영하지 못하는 시기였다는 점을 보여준다.

5장에서 분류한 스노우볼과 그로스 유형에 투자할 때 좋은 가격을 충족하는 매수 타이밍을 잡는 가장 좋은 방법은 눈여겨 보던 기업이 일시

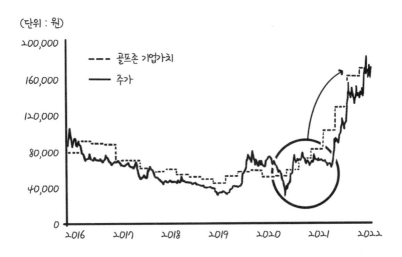

(단위 : 원)

- - - 골프존 기업가치
—— 주가

골프존의 가치와 가격 그래프

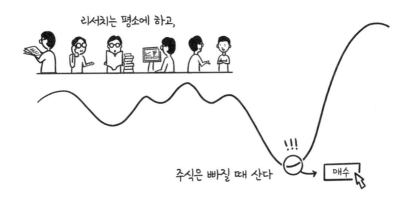

리서치는 평소에 하고,

주식은 빠질 때 산다

리서치는 평소에 하고 주식은 빠질 때 산다

적인 슬럼프를 겪는 시기를 이용하는 것이다. 물론 슬럼프가 영원히 이어지지는 않을지 면밀히 조사하는 과정이 선행될 필요가 있다. A급 기업은 평소에 제 가격을 받으므로 관심 종목 풀을 미리 준비해놨다 저평가를 허락하는 창문이 활짝 열리는 드문 기회를 기민하게 잡아야 한다.

여기서 우리의 매수 제1원칙이 등장한다. "리서치는 평소에 하고 주식은 빠질 때 산다." 단, 회복될 개연성이 높은 주식을 매수해야 한다.

반면 저평가와 턴어라운드 유형은 오해와 편견이 극도에 달했을 때 이를 충분히 넘어설 만큼의 분석에 근거해 결론을 도출하는 것이 중요하다. 어차피 거래량 없이 주가가 옆으로 쭉 누워 있어서 순간 타이밍 포착이 중요하진 않기 때문이다(증권사 보고서가 전혀 없는 점도 특징 중 하나다). 편견 없이 보려는 시도가 핵심이다.

2012년 2월 KSS해운

2008년 글로벌 금융위기를 기점으로 가장 극적인 변화를 경험했던 업종은 조선과 해운이었다. 영원히 부족할 것만 같던 선박은 호황기 때 지나치게 많이 지어진 탓에 남아도는 상황으로 바뀌어 선가와 운임은 폭락했다. 그로부터 4년이 흐른 2012년에도 상황은 마찬가지였다. 특히 부채비율이 높은 해운업은 급기야 파산 직전 상태에 몰렸다. 주식시장에서 해운이란 단어는 일종의 금기어로서 살아날 가능성이 없는 기피 업종 1순위였다.

하지만 스크리닝을 돌려보면 이상하게도 한 해운사만이 유독 꾸준한 실적을 내면서 부채비율도 낮은 결과를 보였다. KSS해운이라는 처음 들어보는 작은 회사였다. 1차 분석을 한 뒤 어렵사리 기업 탐방 약속을 잡았는데 얘기를 들어보니 우리가 알던 해운사들과는 전혀 다른 사업, 전혀 다른 문화를 가진 회사라는 직감이 들었다.

일단 KSS해운은 컨테이너와 벌크선이 아닌 LPG 선단을 운영하는 특수선사였다. 당시 셰일가스가 한창 개발되던 때라 가스 운반 수요 상황도 좋았을 뿐 아니라 수요처와 장기계약을 맺으니 투기적 발주를 할 필요가 없는 사업 모델이었다. 게다가 경영진은 선가가 싼 상황을 이용해 오히려 선박을 늘리겠다는 현명한 계획을 가지고 있었다.

4년째 평평하게 누워 있는 주가, 보고서 하나 발간되지 않을 정도의 낮은 관심도, 업종에 대한 편견, 사업 내용에 대한 오해, PER 4배 PBR 0.3배의 극단적 저평가 등 이 모든 상황이 우리의 매수 조건에 정확히 부합했다. 이후 우리는 KSS해운과 10년이라는 시간을 동행했으며 그동안 4배 이상의 주가 상승을 맛봄으로써 용기에 대한 보상을 받았다. 부동산으로 비유하자면 귀신 나온다고 소문난 동네였는데 용기 있게 들어가 하

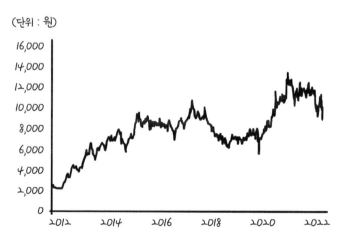

KSS해운 주가 추이(2012~2022)

룻밤 지내보니 귀신이 출몰하기는커녕 이곳만 그 동네에서 가장 튼튼한 집이었던 셈이다.

여기서 우리의 매수 제2원칙이 등장한다. "주식은 회의감이 팽배할 때 사야 한다." 이게 어렵다면 최소한 행복감 속에서 사진 말아야 한다.

반대로 조금 더 싸게 사려다 큰 기회를 놓쳐버린 경험도 있다. 2013년 로엔엔터테인먼트의 대주주가 사모펀드로 변경되었다는 공시를 접했다. 여러 사례를 통해 어피니티가 소비재 쪽에서 성공적인 트랙레코드를 가진 사모펀드라는 사실을 익히 알고 있었고 음악 청취 수단이 다운로드에서 스트리밍으로 넘어간다는 예상을 하고 있었으므로 그 분야 1위인 멜론을 소유한 회사를 놓칠 수 없다 생각해 조사에 착수했다.

그런데 두 가지가 마음에 걸렸다. 하나는 PER이 12배라 저평가 매력도 면에서 애매하다는 점이었고, 다른 하나는 우린 음악 스트리밍 서비스만 영위하면 좋겠는데 새로운 경영진이 연예기획사를 연달아 인수하겠다는 계획을 밝힌 점이었다. 마침 로엔 소속 가수 아이유가 낸 앨범이 히트를 치면서 주가가 조금 움직였다. 그래서 내부 보고서에는 이런 결론이 담기게 됐다. "3분기까지 좀더 확인해본 후 매수해도 늦지 않을 것임"

이후 로엔엔터테인먼트 주가는 본격적으로 달리기 시작했다. 우린 판단을 미루는 바람에 한 주도 못 샀는데 말이다. 결국 주가는 무려 5배가 오른 뒤 최종적으로 카카오로 매각되어 주식시장에서 사라졌다. 반짝이는 투자 아이디어를 발굴해 분석까지 다 끝냈는데 조금 더 싸게 사려고 주저하다 눈앞에서 엄청난 기회를 놓친 것이다. 지금도 스마트폰에서 멜론 어플을 볼 때마다 2013년 뼈아팠던 실수의 기억이 떠오른다.

이렇듯 매매는 참 어렵다. 성공을 경험한 후에는 이제 뭔가 아는 듯싶어도 새로운 종목을 만나면 그때마다 적용법을 그대로 가져가기 힘들다는 것을 절감한다. 그래서 매매를 과학에 근거한 예술이라 부르나보다. 심지어 버핏조차도 멍거의 강력한 추천에도 불구하고 코스트코를 조금밖에 사지 못해 큰 수익 기회를 놓쳐 아쉬움을 남긴 일화가 있다. 매매에 있어 확실한 건 놓치기 싫은 투자 아이디어를 만났다면 욕심을 버리고 분할매수를 시작하는 편이 그래도 낫다는 사실 하나 정도가 아닐까 싶다.

잘만 사면 이미 잘 딴 거나 다름없다.

————————

어빙 칸

매도

가장 행복한 매도의 순간은 투자 아이디어가 실현되었을 경우다. 5장에서 소개한 4가지 종목 유형 중 저평가주와 턴어라운드주에 손쉽게 적용 가능하다. 저평가가 해소되어 주가가 제 가치까지 올랐거나 기다리던 이벤트가 현실화되어 주가가 상승 반전했다면 매도 버튼을 눌러 기다림의 대가인 이익을 확정하는 것이다. 비관론자로부터 사서 낙관론자에게 파는 일종의 시간 차익거래가 기분 좋게 마무리되는 순간이다.

그중 씨클리컬 주식은 다른 유형에 비해 매매 난이도가 높다. 유형 특성상 매수 시 숫자가 다 깨지고 전망이 어두운 최악의 순간에 들어가야 하므로 심리적으로 방아쇠를 당기기가 쉽지 않다. 반면 업황이 좋아지면 계속 좋아질 거 같은데 주가는 피크아웃을 한참 앞서 반영하므로 상승 가운데 짧게 주어지는 매도 기회를 놓치면 순식간에 반전되어 줄줄이 내려가는 사이클을 온몸으로 맞아야 한다. 심지어는 버핏조차도 페트로차이나는 고점 매도에 성공했으나 포스코에선 그렇지 못해 수익을 상당 부분 반납해야 했다.

투자 아이디어가 틀린 것으로 판명이 났을 경우도 매도를 단행해야 할 때다. 이 결정을 제대로 내리지 못하면 막연한 기대만으로 보유 기간만 늘리는 비자발적 장기투자를 당하게 된다(투자자들이 워낙 자주 겪는 일이라 물린 주식 대처법은 8장에서 상세히 다루겠다). 스노우볼주인 줄 알았는데 경제적 해자가 훼손되었거나 그로스주가 될 것으로 기대했지만 성장동력이 사라졌다면 매도해야 한다. 저평가주는 촉매가 사라졌을 경우 그리고 턴어라운드주는 이벤트 발생 기대감이 낮아졌을 경우 매도를 고민해볼 수 있다.

손절매와는 다른 개념이다. 손절매는 주가가 일정 이상 하락하면 기계적으로 실행하는 기법인 반면 가치투자자의 매도는 철저히 펀더멘틀과 연관된 행위다. 따라서 매수가보다 현재가가 높은 경우 손절매란 표현을 쓸 수는 없지만 투자 아이디어가 틀린 경우엔 매수가보다 현재가가 높다 하더라도 매도를 해야 한다는 차이가 존재한다.

자신의 판단 실수를 인정하는 것은 무척 고통스러운 일이다. 우리도 마찬가지다. 확신의 정도가 높아 이미 비중이 높은 종목이라면 더욱 그러하다.

2004년부터 건설주 투자로 워낙 높은 수익을 거뒀던 터라 우리가 찍으면 다 올라간다는 망상을 갖고 있던 시기가 2007년이었다. 신흥국 경기가 워낙 좋았고 원자재 가격도 상승일로에 있을 때라 베트남에서 부동산 개발을 하는 동시에 해외 광산에 적극적으로 투자하는 경남기업이 눈에 띄었다. 하지만 금융위기가 터지면서 유망해 보이던 프로젝트들은 불안감으로 바뀌었다. 설상가상으로 부채비율도 높아 엄중한 상황이 이어질 경우 생존을 장담할 수 없었다. 2008년 주가는 하락일로를 달려 급기야 고점 대비 6분의 1토막이 나버렸다.

고객들 항의가 빗발쳤지만 신흥국 경제와 원자재 시장이 다시 회복할 거란 기대와 주가가 이미 우려를 반영하고 있다는 논리로 고집스레 맞섰다. 그러던 중 한 고객이 이런 조언을 들려줬다. "최대표 김대표, 기업이 경기 호황기에 짠 계획은 불황기에 들어갔을 때 아무짝에도 쓸모가 없어져요." 정신이 번쩍 드는 말이었다. 결국 2009년 초 주가가 반등하던 시기에 전량 매도했다. 결국 경남기업은 쇠락의 길을 걷다 2015년에 사라졌다.

여기서 우리의 매도 제1원칙이 등장한다. "상황이 바뀌면 투자 의견도 바뀌어야 한다"

이런 혹독한 경험까지 했지만 오랜 기간 연구해 도출한 아이디어를 포기하고 의견을 뒤집는 결정을 내리는 건 우리에게도 여전히 어렵기만 하다.

더 나은 수익률을 목표로 한다면 매도를 잘 하는 것만큼이나 경우에 따라 매도를 뒤로 미룰 줄도 알아야 한다. 유능한 축구팀 감독은 컨디션이 떨어지는 선수는 과감하게 교체하지만 물이 오른 선수는 계속 뛰게 하면서 승리로 향하는 전략을 조율한다. 어떤 주식을 매도 없이 계속 보유해야 할지를 판단하는 팁으로 두 가지를 제시한다.

첫 번째는 기업의 생애주기에 맞춰 보유 기간을 결정하는 방법이다. 인간이 유한한 생명체로서 생로병사 주기를 피할 수 없듯 기업도 〈창업기 → 성장기 → 성숙기 → 쇠퇴기〉를 거치기 마련이다. 창업 단계에 투자하는 것이 적중했을 때 가장 높은 수익을 올릴 수 있지만 이는 벤처캐피탈의 영역이니 논외로 하면 상장주식 투자자로서 가장 높은 수익을 올릴 수 있는 구간은 바로 성장기다. 즉 성장기에 오래 붙들고 갈 수 있어야 한다.

이마트는 창동점을 개점한 1993년 전까지만 해도 두 개의 점포를 가진 백화점(신세계) 회사에 불과했다. 하지만 IMF 외환위기 이후 한국에 할인마트 전성기가 열리며 급속한 매장 출점과 함께 주식시장에서 촉망받는 성장주로서 군림했다. 하지만 쿠팡 등 온라인 커머스가 경쟁사로 떠오르며 지금은 정체기(성숙기)와 쇠퇴기 사이 어디쯤 놓인 저성장주

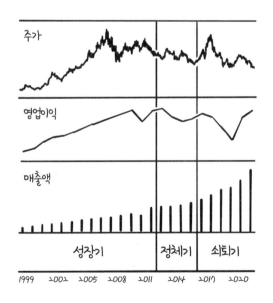

성장기 CAGR (1999~2012)
주가 25.0%
영업이익 20.1%
매출액 15.6%

정체기 CAGR (2013~2016)
주가 -7.8%
영업이익 -7.7%
매출액 4.3%

쇠퇴기 CAGR (2017~2022)
주가 -4.4%
영업이익 1.5%
매출액 13.8%

신세계(이마트) 생애 주기

로 바뀌어버렸다. 매우 이상적인 시나리오이긴 하나 이마트 성장 초입에 맞춰 투자를 시작해 성장기 중 매도를 계속 미루다 성숙기 직전에 매도했다면 20배의 수익률을 올릴 수 있었다.

왼쪽의 그림은 신세계(백화점)와 이마트(할인마트)의 분할을 가정하지 않고 주가, 매출액, 영업이익을 표시한 그래프다. 이를 통해 이마트 출점이 계속되던 1999년부터 2012년까지 이익과 주가는 비례해서 연평균 복리로 각각 20.1%, 25% 상승했다는 것을 알 수 있다. 출점이 주춤하고 온라인 커머스와 경쟁이 치열해진 이후부터는 이익과 주가가 모두 정체를 겪는다. 2017년부터 백화점 부문이 그나마 하락을 방어한 영향이 있어 이 정도에 그쳤다(주가는 매출이 아니라 이익을 반영한다는 진리를 다시 보여주는 사례이기도 하다).

덧붙이자면 가치투자자는 성숙기로 접어들 거란 시장의 예상이 지배적이어서 주가가 주춤할 때 분석을 통해 성장기가 이어질지 성숙기로 들어갈지 판단해 여전히 성장기란 결론이 나오면 매수하는 타이밍 잡기를 즐겨 한다. 성장기의 회사를 성숙기의 가격으로 사들이는 플레이다. 2016년 버핏의 애플 투자, 우리의 2020년 골프존 투자가 대표적인 사례다. 그래서 이마트도 혹시나 하는 마음에 가끔 들춰보게 되나 경영진의 갖은 노력에도 불구하고 다시 성장기로 돌아가기엔 어렵지 않나 싶다. 경쟁이 너무나 치열한 시장이다.

두 번째는 현재 시점에서 주가를 연쇄적으로 밀어 올릴만한 요소들이 몇 개나 남았는지 점검해보는 '이어달리기'란 방법이다. 면밀한 분석을 통해 이어달리기 주자들(기업의 성장 요인들)을 시계열로 배열해서 이어달리기가 계속 가능할지, 추가적인 성장을 통해 추가적이고 연속적인 주가 상승 가능성이 가능할지를 가늠해보는 작업을 의미한다.

이어달리기를 할 수 있어야 성장주의 지속 보유 여부를 판단할 수 있으므로 피터 린치가 말하는 10루타 종목을 만들어낼 수 있다. 실적은 잘 나왔는데 주가 반응이 미지근한 경우 시장이 다음 성장에 대한 확신이 부족해서다. 이어달릴 요소가 잠재투자자들의 눈에 보여야 주가가 계속 오르기도 하고 한번 올라간 주가가 쭉 유지될 수도 있다.

보유 판단에서만이 아니라 최초 매수를 위한 리서치를 할 때도 이어달리기 요소들을 미리 찾아두면 좋다. 우리는 분석할 회사를 놓고 예상되는 성장 요소들이 한 번에 나타날지, 시차를 두고 나타날지, 시차를 두고 나타난다면 어느 정도의 강도와 시간 텀을 두고 진행될지를 쭉 스케줄링 해본다. 이어달리기 요소가 많을수록, 짧은 간격으로 다음 주자가 나타날수록, 이어달리기가 오래 유지될수록 투자 아이디어에 대한 자신감이 배가된다.

SK가스는 원래 그룹 내 따박따박 돈 잘 버는 공기업스러운 작은 계열사였지만 2011년 최창원 부회장이 최대주주에 올라선 이후 환골탈태

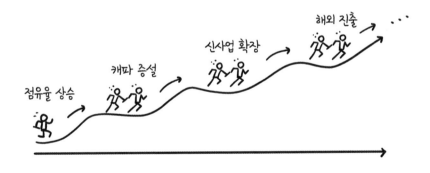

이어달리기 개념도

를 경험했다. 2012년에는 LPG 저장기지 지상부지에 탱크터미널을 지어 연 200억 원의 추가적인 이익을 창출했으며 2016년에는 프로판으로 프로필렌을 제조하는 PDH 사업에 진출해 다시 체급을 올렸다. 다만 당진에 석탄발전소를 세우려던 계획은 정부의 반대로 무산되어 아쉬움을 남겼다.

2022년 현재 SK가스에서 예상할 수 있는 앞으로의 이어달리기 요소는 두 가지다. 하나는 2023년 사우디에 PDH 해외 공장을 준공하는 것이다. 다른 하나는 사이즈가 더 큰데 2025년에 울산에 LNG 터미널과 LNG와 LPG를 같이 사용하는 발전소를 동시에 완공하는 것이다. 이렇게 되면 LPG 1위 사업자로서 LNG까지 취급할 수 있어 사업 다변화를 이루는 것은 물론 수소와 암모니아 같은 신에너지 분야로까지 진출이 가능하다.

참고로 SK가스는 대형 설치 산업이라 이어달리기의 주기가 길어 중간중간 쉬어가는 국면이 나올 수 있다는 점을 염두에 둬야 한다. 소비재 업종에서 나타나는 이어달리기의 주기는 이보다 짧은 편이다. 이처럼 비즈니스 모델에 따라 이어달리기의 양상도 달리 나타난다.

어떤 기업이 이어달리기 계획을 갖고 있을 경우 배턴이 언제 넘어가는지 배턴이 원활하게 넘어가는지만 점검해 확신이 생기면 서둘러 주식을 매도할 필요가 없어진다. 예컨대 SK가스와 같이 이어달리기를 지금껏 잘해온 이력이 있는 회사라면 앞으로의 이어달리기도 잘해낼 거란 신뢰감을 가질 수 있다. 더불어 예상된 이어달리기가 종료되는 미래 시점에서 새로운 이어달리기 요소가 다시 한번 만들어지길 기대할 수도 있다. 역량이 있으면서도 성장에 의욕적인 경영자가 역시나 이어달리기 요소도 많이 만들어낸다.

여기서 우리의 매도 제2원칙이 등장한다. "잘 뛰고 있는 선수를 서둘러 빼지 마라."

기업은 이어달리기 요소를 계속 만들어주고, 동시에 투자자는 찾아낸 이어달리기 요소를 믿고 장기투자할 경우 궁극적으로 가장 이상적인 결과가 만들어지는 게 아닐까 싶다. 우리가 장기투자로 성공한 종목들의 공통점이기도 하다.

이어달리기는 SK가스 사례처럼 꼭 구체적인 이벤트만을 가리키는 것은 아니다. 2021년 의류업종 전반적으로 실제와 우려 사이에 괴리가 크다 판단해 여러 의류주를 매수했다. 그중 한섬이 고민이었는데 국내 여성 의류 1등 기업인데다 주가가 1년 내내 올랐음에도 여전히 저평가 상태였기 때문이다. 의류를 넘어 새롭게 화장품 분야로 진출하는 이어달리기 요소도 있었다. 리오프닝에 따른 매출 회복도 기대할 수 있었다.

하지만 2022년 초에 결국 매도를 결정했다. 중국에서의 고속 성장에 테일러메이드까지 장착한 동종업계 기업 F&F에 비해 이어달릴 수 있는 강도가 다소 약하다고 판단했다. 이어달리기의 남은 거리도 중국 출점 여력이 높은 F&F 쪽이 우세였다. 사업과 가격의 매력도에 더해 이어달리기 요소와 강도를 비교해 매도 의사결정에 반영한 사례다. 당장의 실적이 좋다 해도 이어달리기 요소가 안 보이면 주가가 피크아웃 우려를 견뎌내기에 힘이 부친다.

매도는 개인이 감내할 수 있는 밸류에이션 수준과도 연관성을 가진다. 투자 아이디어가 맞아 주가가 오르기 시작하면 밸류에이션 부담이 점점 커지게 된다. 저평가 해소 단계를 지나 PER 15배 수준에 도달했다고 해보자. 악재에 대한 내성이 약해졌으니 마음이 불안해진 투자자는 매도를 고민할 수밖에 없다. 반면 10% 성장을 추가로 이어가는 한 과거만큼 저평가는 아니어도 PER 15배는 충분히 감내할 수 있다고 생각하는 투자자는 좀더 보유할 수 있다. 정답은 없지만 그래도 우리는 면밀히 따져보되 고평가 영역에선 조심을 하는 편이다.

동서가 보유 기간 중 고평가 상태로 진입한 적이 거의 없었다는 점이 우리가 장기보유를 하는 데 큰 일익을 담당했음을 고백한다. 코스닥 내 음식료 종목에다가 기업 탐방도 안 받고 아이템도 그다지 섹시하지 않아 늘 한 자리 수 PER로만 거래되었는데, 그러다보니 우리도 비싸게 거래되기 때문에 팔아야 될 이유가 딱히 주어지지 않았다. 그리 고평가되지 않은 상태로 주당순이익이 매해 두 자리 수 성장률을 기록하며 주가가 완만한 성장을 이어갔으니 보유 기간 동안 편안한 모범택시를 타고 가는 느낌이 들었다. 중간에 PER 30배 구간이 나타났다면 동서와의 동행이 일찍 종결되었을지도 모를 일이다.

가치투자자는 생애주기든 이어달리기든 밸류에이션 관점이든 반드시 개별 기업을 중심으로 의사결정을 해야 한다. 하지만 그래도 시장 전체의 과열 신호는 한번쯤 머릿속에 넣어두면 좋겠다는 생각에 1949년에 출간된 『현명한 투자자』에 언급된 강세장의 특징들을 열거하면서 매도에 관한 내용을 마무리 짓도록 하겠다. 〈역사적으로 높은 수준의 주가, 높은 PER, 채권수익률 대비 낮은 배당수익률, 신용거래에 의한 투기 증가, 신규 공모 증가〉 어떤가? 역사는 계속 반복되는 것만 같다.

투자자들은 가격이 하락할 때 공포를 이기는 법을 배워야 하며, 가격이 상승할 때 너무 열광하거나 욕심 부리지 않는 법을 깨달아야 한다.

————
세스 클라만

포트폴리오 구축

가치투자자는 기본적으로 미래는 알 수 없으며 아무리 분석을 열심히 했더라도 나는 틀릴 수 있다는 가정을 잊지 않는다. 그래서 개별종목에서는 안전마진을 확보하려 하며 여기에 분산투자를 더한다. 리스크를 감소시킨다는 측면에서 분산투자는 곧 안전마진의 친구다. 그리고 분산투자는 포트폴리오 구축을 통해 실현된다.

조조는 적벽대전 시 연환계로 선박을 모조리 묶었다가 한 번의 전투에서 모든 병력을 잃었다. 상대의 화공에 취약한 전법이라는 사실을 알았지만 동남풍이 불지 않는 계절임을 확신하는 바람에 저질렀던 실수였다. 천하의 조조마저도 자만심이 지나치거나 작은 가능성을 무시할 경우 몰빵에 대한 대가를 치른다는 점을 명심하자. 투자를 할 때는 꾀 있는 토끼는 굴을 세 개 파놓는다는 교토삼굴狡兎三窟의 지혜가 필요하다.

다운사이드 리스크를 줄이기 위한 분산 사례를 가요계에 빗대어 이해해보자. 보이그룹 엑소는 원래 2012년 12인조로 데뷔했다. 하지만 한참 잘 나가던 때인 2012년과 2014년에 걸쳐 중국인 멤버 3인이 탈퇴하는 진통을 겪었다. 현재는 7명으로 활동을 이어가고 있다. 엑소가 만약 동방신기와 같이 5명인 상태에서 3명이 탈퇴했다면 그룹이 온전할 수 있었을까? 이렇듯 분산은 불의의 상황에 대한 대비의 성격이 짙다. 에스엠엔터테인먼트는 이후에 분산의 정도를 더 크게 가져가 탈퇴 및 사고 리스크에 대비하고 있다. 2016년에 선보인 또 다른 보이그룹 NCT는 현재 멤버 수가 23명이며 그 숫자는 계속 늘고 있다.

내가 고른 주식이 모두 성공할 수만은 없다. 주식을 오래 하다보면 투자한 회사에서 예상치 못한 별별 황당한 사건들이 끊임없이 발생한다는 사실을 받아들이게 된다. 틀리는 것을 두려워해서는 주식투자를 할 수가 없다는 얘기다.

주식과 채권의 가장 큰 차이점은 주식은 손실이 -100%로 한정되지만 이익은 무한대로 발생 가능한 자산이라는 점이다. 포트폴리오 구성을 할 때 이러한 특성을 최대한 살려야 한다. 분산을 통해 아이디어가 맞는 빈도가 틀린 빈도보다 높게끔 설계하면 된다. 그리고 맞춘 아이디어에서 거둔 큰 수익이 틀린 아이디어에서 잃은 자잘한 손실을 벌충하고도 남으면 된다. 중요한 건 득점을 계속 하면서 게임을 이어가는 것이다.

리스크에 대한 대비로 분산이 필요할 뿐 아니라 리턴에 대한 대비로도 분산이 필요하다. 내가 고른 모든 종목이 한꺼번에 오르진 않기 때문이다. 또한 어떤 종목이 먼저 오를지도 미리 알기가 어렵다. 개별 기업에서도 이어달리기 개념이 통하지만 포트폴리오 전체로 봐도 각 종목들이 배턴을 주고 받으며 이어달린다. 한 종목이 배턴을 받을 다음 주자(성장 요인)가 보이지 않아 잠깐 쉴 때 지금 당장 이어달리기가 가능한 다른 종목이 치고 나가는 식이다. 포트폴리오 내 모든 종목이 이어달리기 주기가 짧은 스프린터로만 구성되는 일은 현실적으로 불가능하다. 자칫하면 본말이 전도돼 역선택에 빠질 수도 있다.

걸그룹 걸스데이는 초기에 노래 잘하고 귀여운 이미지의 민아가 팀의 얼굴이었다. 그다음으로는 혜리가 군대 체험 예능에서 특유의 애교 몸짓으로 주목을 받은 뒤 '응답하라 1988'에서 연기자로 빵 떴다. 이후로는 유라와 소진이 각자의 매력으로 인기를 얻어 걸스데이 멤버 모두가 스타 반열에 올랐다. 여기까지 이르는 데 약 5년의 시간이 걸렸다. 기획사 사장은 모두 뜰 만한 이유가 있다 생각해 구성을 했겠지만 뜨는 순서와 이유는 예측하지 못했을 것이다. 특히 혜리의 촉매 요인은 전혀 예상치 못했으리라.

엄격한 오디션으로 스타가 될 자질을 갖춘 친구들을 선발하는 데 최선을 다하고 다양한 멤버들로 구성된 그룹을 데뷔시키는 것이 기획사 사장이 인간의 힘으로 할 수 있는 최선이다. 다음은 기도의 영역이다. 투자자의 포트폴리오 구성 작업도 이와 비슷하다. 솔로가수만 데뷔시켰다 무명의 세월이 길어지면 기획사 사장이 답답함과 초조함을 견디기 힘들 듯투자자도 몰빵한 종목이 오르지 않으면 평정심을 유지하기가 어렵다.

몇 개 종목으로 분산할지는 개인의 취향과 능력에 달려 있는데 기본적으로는 마음의 평온을 얻을 수 있는 정도의 분산이 가장 바람직하다고본다. 몰빵의 느낌이 나지 않으면서 '내 투자 아이디어는 언제든지 틀릴수 있다'는 겸손한 마음으로 종목 하나하나를 세세하게 들여다볼 수 있는 정도의 분산을 권장한다.

우리는 약 40개의 종목으로 분산해 포트폴리오를 구축한다. 경험적으로 40개 중 한 해에 10개만 아이디어대로 올라주면 원하는 수익률을 내는 데 무리가 없었다(물론 나머지 종목들이 심하게 하락하지 않아야 한다). 다만 우리는 풀타임 투자자인데다 숙련된 애널리스트 조직의 지원을 받으니 이 정도 숫자의 종목을 감당하기에 큰 무리가 없지만 세세하게 분석할 시간이 충분하지 않은 파트타임 투자자라면 종목 수를 능력범위 내로 줄일 필요가 있다. 대충 감으로 잡았을 때 5~10개 정도가 적정하지 않나 싶다. 실제로 우리는 개인투자자였던 시절에 5~15개 정도의종목을 평균적으로 보유했다.

포트폴리오 내에서 개별종목의 수익은 (매도가 – 매수가)×비중으로나타낼 수 있다. 매수가가 매도가보다 낮으면 수익률이 플러스가 되는셈인데 수익의 절댓값을 늘리려면 가급적 매력도가 높은 종목의 비중은 높고 매력도가 낮은 종목의 비중은 낮아야 한다. 특히 수익률의 발목을 붙잡는 나쁜 주식은 적을수록 좋다.

내 주식 인생에서 몇 배 오른 종목들이 분명히 있었던 것 같은데 술자리 무용담에 불과할 뿐 결과적으로 큰돈을 벌지는 못했다면 그 종목의 비중이 낮았거나 높았더라도 일찍 팔아버린 경우에 해당하지 않는지 반성해보자. 주식을 사는 일이 투자 과정의 첫 단계이지만 큰 수익으로 연결시키려면 비중과 매매라는 산을 더 넘어야 한다. 가치투자는 개념이 단순하지만 결코 쉬운 투자는 아니라는 사실을 상기시켜준다.

앞의 내용을 떠올리며 비중의 기준을 잡아보자. 저평가 정도가 클수록, 상승 여력이 높을수록, 경영진의 질이 높을수록, 지식수준이 높을수록, 촉매가 많을수록, 유동성이 클수록 비중을 높게 실어야 한다. 또한 매도가 굳이 필요 없을 만큼 좋은 기업, 밸류에이션이 딱히 필요 없을 만큼 싼 종목이 최상단 비중에 올라가야 한다.

이유는 반대의 경우를 고려했을 때 이해가 쉽다. 주주의 뒤통수를 칠 수 있는 경영자가 운영하는 회사나 잘 모르는 종목이 높은 비중으로 설정이 되어 있다면 수익을 낼 가능성이 낮아지지 않겠는가? 개인적인 경험에 비춰봤을 때 애초부터 밑바닥까지 훤히 꿰고 있는 종목이라는 확신이 들지 않으면 높은 비중으로 유지하기가 힘들었던 것 같다.

개별종목의 매수와 매도가 축구팀 단장이 선수를 영입하고 방출하는 개념이라면 포트폴리오 구축은 감독이 현재 보유한 선수들로 포메이션을 짜는 일에 빗댈 수 있다. 실제로 우리는 종목의 속성을 선수 포지션처럼 고려해 포트폴리오가 균형적으로 구성되었는지 머릿속에 4-4-2 포메이션을 떠올리며 검증을 해보곤 한다(작전도 좋지만 축구도 걸그룹도 개개인의 역량이 뛰어나야 전략과 조합이 나온다는 점을 잊지 말자).

	종목명	편입비중	
1	A	10%	↑ High
2	B	9%	
3	C	8%	저평가
4	D	6%	상승여력
			경영진의 질
5	E	5%	지식 수준
	⋮		촉매
			유동성
			+
25	Y	0.5%	각자의 기준
26	Z	0.2%	↓ Low

포트폴리오 비중 결정

- 공격수: 기업가치가 급상승하거나 여러 호재가 예상되는 기업. 가격은 다소 높을 수 있음
- 미드필더: 적절한 가격에 거래되는 비즈니스 모델이 뛰어난 기업. 능력치의 밸런스가 필요
- 수비수: 절대적인 저평가 혹은 고배당 종목. 주가가 더 떨어질 여지가 적은가 여부가 중요
- 골키퍼: 현금

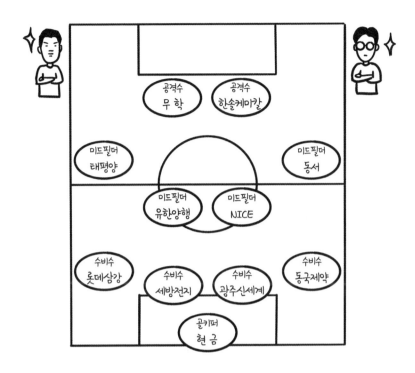

VIP 2011년 1월 포트폴리오 4-4-2 포메이션 예시

개인 취향에 따라 공격수를 더 세울 수도 있고 수비수를 더 세울 수도 있다. 다만 포트폴리오가 안정적이기 위해선 공격수만 있어도 안 되고 수비수만 있어도 안 된다는 점을 명심하자. 안정적 운용을 위해선 조화가 중요하다. 특히 가치투자자는 "공격은 관중을 부르고 수비는 승리를 부른다"는 말에 공감하므로 탄탄한 수비수 배치를 잊지 않는다. 재미있는 부분은 공격수가 쉬는 동안 수비수가 득점하는 일이 종종 생긴다는 것이다. 여기서 다시 분산의 필요성을 떠올리게 된다. 어떤 종목이 먼저 움직일지는 아무도 모른다.

안전마진이 확보된 싼 주식을 여러 개 사서 분산투자 하는 것이 가장 건전한 투자전략이다.

———————

크리스토퍼 브라운

포트폴리오 관리

축구 감독의 역할은 선발 선수를 고르는 데서 끝나지 않는다. 포트폴리오 구축이 포메이션 세팅이라면 포트폴리오 관리는 경기가 계속되는 동안 선수의 역할 비중을 늘리고 줄이거나 아예 선수를 교체하거나 후보 선수를 투입하는 일에 해당한다. 다시 말해 보유 중인 상태에서 편입종목의 비중을 조절하거나 아예 새로운 종목으로 교체하는 일이다. 보유 중 매매법은 물타기, 불타기, 갈아타기 세 가지로 구성된다.

물타기는 내재가치가 그대로인데도 주가가 하락하는 경우에 추가 매수를 통해 단가를 낮추면서 동시에 보유 물량을 늘리는 스킬이다. 주가가 반등하면 수익률을 키울 수 있지만 내재가치가 하락할 때 물타기를 하면 결국 손실을 키우게 된다. 즉 물타기는 내재가치가 증가하거나 일정하게 유지되는 경우에 한해서만 유효하다. 당연한 논리이겠지만 애초에 좋은 주식을 샀다면 물타기의 성공 확률은 높아진다.

불타기는 매수가보다 주가는 올랐지만 기업가치가 그 이상으로 오른 것을 파악한 후 추가로 사들이는 매매방식이다. 물타기와 달리 단가는 조금 오르더라도 절대 보유 수량을 늘림으로써 추가 수익을 극대화하는 효과를 준다. 불타기는 사자의 심장을 가져야 가능한 방법으로 인식되어 있지만 우리의 경험으로는 내재가치가 더 올랐다는 확신을 확보하는 일

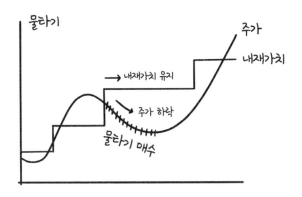

물타기

주가

내재가치

→ 내재가치 유지

↘ 주가 하락

물타기 매수

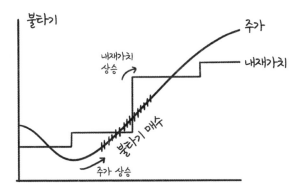

불타기

주가

내재가치

내재가치
상승 ↗

불타기 매수

↘ 주가 상승

내재가치

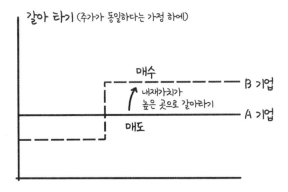

갈아 타기 (주가가 동일하다는 가정 하에)

매수

↑ 내재가치가
높은 곳으로 갈아타기

B 기업

A 기업

매도

물타기 불타기 갈아타기

이 실행에 더 중요한 요인으로 작용하는 것 같다.

갈아타기는 덜 매력적인 종목을 매도해 더 매력적인 종목을 매수하는 의사결정이다. 보유 종목 하나만 놓고 고민하면 결론을 내리기 어려우니 비교라는 과정을 거치는 것이다. 좋은 건 더 많을수록 좋다는 지향점을 투영한다면 여러 돌다리 중 더 단단한 돌다리로 끊임없이 옮겨 서는 의미로 해석할 수도 있다.

어떤 매매가 되었든 모든 경우에 항상 뒷받침되어야 하는 가장 중요한 작업은 바로 종목 팔로우업이다. 이는 매수한 종목의 변화 사항을 끊임없이 체크하는 리서치를 뜻한다. 팀에서 주기적으로 선수들의 몸 상태를 체크하는 일에 비유할 수 있겠다. 팔로우업을 통해 기업의 내재가치 선이 상승 중인지 유지 중인지 하락 중인지를 파악해야 주가가 빠졌을 때 비중을 올려야 하는지(물타기), 주가가 오르더라도 더 사야 하는지(불타기), 주가와 상관없이 매도해 다른 종목으로 교체해야 하는지(갈아타기)를 알 수 있다. 이외에 앞서 언급한 이어달리기 또한 타이트한 팔로우업 과정이 뒷받침되어야 가능한 일이다.

최초 종목 분석을 통해 회사에 대해 모든 면모를 다 파악해 정확한 최초 비중을 결정한다는 건 현실적이지 않다. 팔로우업은 최초 분석 결과에 후속 분석 내용을 계속 덧대며 완벽하게 만들어나가는 과정이라 해도 과언이 아니다.

팔로우업은 건강 검진과도 유사하다. 투자 아이디어의 유효성을 검증하기 위한 기본이라 부를 수 있는 분기 실적을 분석하는 일은 건강 상태를 파악하기 위해 정기적으로 혈압을 재고 피 검사를 하고 CT나 MRI를 찍는 일과 같다.

실제로 우리는 쌍용C&E가 시멘트 회사에서 환경 업체로 변신 중이라는 사실과 한솔케미칼이 반도체를 넘어 2차 전지 소재 업체로 도약하는 중이라는 변화 상황을 모두 보유 중 팔로우업으로 알아냈다. 반대로 코웨이는 발굴은 잘 했으나 이후 발전 상황에 대한 업데이트에 미숙해 장기로 끌고 가지 못한 아쉬움을 남겼다. 팔로우업은 몸 상태가 변하듯 회사도 계속 변화를 거듭한다는 전제하에 이뤄지는 작업이다.

종목을 찍는 대로 주가가 올라가니 "혹시 우리 회의실에 도청 장치가 있나?"라는 농담까지 서슴지 않고 내뱉었던 2007년에는 솔직히 긴장이 풀려 그랬는지 팔로우업에 소홀했다. 게으름의 결과 기업가치가 하향하고 있다는 사실을 파악하지 못해 2008년에 주가 하락을 그대로 몸으로 맞을 수밖에 없었다. 우리가 투자를 집행한 종목을 둘러싼 작은 정보 하나도 놓치지 않기 위해 노력하는 분위기는 당시 교훈의 산물이다. 지금은 비중 상위 종목의 경우 포트폴리오 매니저와 담당 애널리스트가 머릿속으로 그 기업 생각만 하고 산다 할 정도로 모든 이슈와 사건을 기업가치에 연결 짓는다. 금리나 환율 같은 거시 변수는 물론이고, 경력직 채용 공고 내용에 이르기까지 정말 시시콜콜한 내용 하나하나까지 점검한다.

또 다른 일례로 분기 실적이 발표되는 시즌이 되면 우리는 크런치 모드(게임 회사에서 서비스 런칭을 앞두고 장시간 업무에 돌입하는 것)에 들어간다. 대부분은 기존 커버 종목을 팔로우업할 목적이다. 워낙 많은 회사의 숫자를 신속하게 파악해야 하다보니 "내가 재벌 회장도 아닌데 이 많은 기업의 상태를 다 업데이트해서 머리에 넣어야 하나"싶은 생각마저 들곤 한다. 그러나 분기 실적이 표시된 재무제표를 천천히 스크롤할 때의 두근두근함, 예상이 맞아 떨어졌을 때의 짜릿한 쾌감을 온몸으로 느끼는 시간이기도 하다.

팔로우업의 요령은 운전과 비슷하다. 최종 목적지를 염두에 두되 전방의 차 두 대 정도를 의식하는 것이 우리 방식이다. 즉 장기보유를 전제로 3년 치 미래 실적을 추정하되 최근 취득한 정보를 바탕으로 향후 두 분기를 정밀하게 전망해보는 식이다. 이 작업을 계속 반복하다보면 단기적으로는 어떤 종목의 비중을 늘리거나 줄여야 하는지 감이 잡히고, 장기적으로는 오래 보유할 종목인지 짧게 보유할 종목인지 판정하게 된다.

우리의 포트폴리오에서 상위 10개 종목의 합계 비중은 50%를 상회한다. 반면 다수의 1~2%짜리 종목들도 꽤 자리를 차지한다. 매수의 기준은 통과했지만 아직은 확신이 부족한 일종의 보초병이다. 사실 신규 편입 종목이 처음부터 상위 비중을 차지하긴 현실적으로 어렵다. 오래 묵은 종목에 비해 지식 수준도 상대적으로 낮고 경영진 능력에 대한 신뢰도 높지 않다. 낮은 비중에서 시작한 관심 종목이 꾸준한 팔로우업을 통해 신뢰를 획득하면서 상위 비중으로 가는 것이 통상의 과정이다. 처음엔 작은 점에 불과하므로 희미하게 보이지만 점을 찍어 나가다보면 점차 선으로 뚜렷하게 보이는 인식의 변화와도 같다.

하락장이 이어져 현금이 부족할 때 꺼내들어야 하는 카드는 갈아타기다. 뭔가를 팔아야 뭔가를 살 수 있으니 어쩔 수 없는 고육지책으로서 못이 없어 박혀 있는 못을 뽑아 새로 쓰는 일과 같다. 갈아타기의 성공 확률은 편입 종목과 후보 종목 간의 매력도 비교 능력에 달려 있다. 비교 능력이 부족하면 피터 린치가 말하는 '꽃을 뽑고 잡초에 물을 주는' 오류를 범하게 된다.

우리는 종목을 분석할 때 Now Buy, Wait&Buy, Watching, Avoid로 투자 등급을 나누는데(직관적으로 이해 가능한 콩글리시이므로 해석은 생략한다) 이 중 Wait&Buy 리스트가 후보 종목의 근간을 이룬다. 단지 가격이 기준에 부합하지 않아 Now Buy 하지 않은 것이니 주가가 빠지면 바로 기편입 종목의 비교 대상으로 급부상한다.

또한 우리는 선발 선수를 위협할 수 있는 후보 선수를 풍부하게 보유하기 위해 지속적인 종목발굴을 통해 Now Buy 종목들을 찾아다닌다. 이렇게 확보된 리스트를 가지고 끊임없는 비교 작업을 진행하는 것이 갈아타기의 요체다. VIP자산운용의 포트폴리오가 정적으로 보여도 운용 인력들이 정신 없이 바쁜 이유는 기존 편입 종목 팔로우업에, 신규 종목 발굴에, 후보 종목 관리까지 끊임없이 비교하다보니 작업량이 많아서다.

회사 얘기가 나온 김에 한 마디만 더 보태겠다. VIP자산운용에는 여러 포트폴리오 매니저가 존재한다. 이들은 각자 젓가락을 들고 애널리스트들이 깔아 놓은 뷔페 상차림 중 맘에 드는 음식을 접시에 골라 담는다. 누구는 탕수육을, 누구는 갈비를, 누구는 디저트를 더 담는다. 음식의 종류는 한정되지만 접시에 쌓인 음식의 구성만큼은 제각각인 셈이다. 포트폴리오는 이렇듯 투자자 개인의 기준과 취향을 따라간다. 정답이 없다는 얘기다. 중요한 부분은 자신의 기준과 취향을 잘 이해한 후 일관성을 유지하는 것이다.

기업의 미래를 추정하는 가장 좋은 방법은 치밀하고 끝없는 사실 수집이다. 될 수 있는 한 많은 현장의 자료와 데이터, 사실들을 수집하고, 사람들을 만나 데이터를 교차 검증하는 수밖에 없다.

———————

필립 피셔

현금 비중 결정

사람의 마음은 참 간사하다. 어떤 종목의 주가가 크게 오르면 비중이 한없이 작아 보이고 반대로 크게 빠지면 지나치게 많아 보인다. 현금도 마찬가지다. 상승장에선 현금이 없어도 큰 문제의식이 느껴지지 않지만 하락장에선 현금이 없는 아쉬움이 크게 밀려온다. 그래서 하락장을 반복해서 겪다보면 현금 비중을 얼마로 가져가야 하는지에 대한 고민이 깊어진다. 이 또한 정답은 없지만 우리 견해를 얘기해보겠다.

일단 경계하는 건 적절한 현금 비중을 잡기 위해 매크로 공부를 과하게 하며 시장의 천장과 바닥을 맞춰보려는 노력이다. 맞출 수만 있다면 좋겠지만 많은 가치투자 대가들이 지적하듯 시장의 단기 방향성을 지속적으로 맞추기가 불가능하다는 점이 문제다(역설적으로 주식 초보일수록 본인에게 이 능력이 있다고 믿는다). 이게 가능하다면 현금 비중 결정이 문제이겠는가, 선물옵션으로 떼돈을 벌 수 있을 텐데 말이다.

시장을 예측해보려는 시도는 종목 발굴과 분석을 소홀하게 만든다. 사람의 에너지에는 한계가 있으니 시간 배분에 제로섬적인 요소가 있기도 하거니와 만약 시장이 약세일 거란 판단을 내리면 뭘 골라도 주가가 다 떨어질 테니 종목 선택이 쓸모 없게 느껴지기 때문이다. 또한 약세장 예측에 함몰된 투자자가 현금을 잔뜩 든 채 나쁜 뉴스만 선택적으로 받아들이며 확신을 더해가는 모습을 꽤 자주 목격하기도 해서 경계가 된다.

우리가 가장 이상적으로 생각하는 경우는 다음과 같다.

첫 번째는 열심히 뒤졌는데도 기준에 부합하는 종목이 발견되지 않아 신규 매수 없이 기존 종목 매도만 했더니 자연스레 현금 비중이 늘어나는 경우다. 시장의 고평가를 탑다운이 아닌 바텀업으로 감지한 결과가 높은 현금 비중으로 나타난 셈이다. 다만 강세장이 진행되는 동안 현금 만큼의 수익률 감소를 참아내야 한다.

두 번째는 싼 종목이 너무 많아 다 사다보니 보유 현금이 남아나지 않는 경우다. 보통 이런 때는 무서운 하락장이 한창 진행될 때라 "현금이 왕이다" "현금을 최대한 확보해라" 같은 조언이 범람하는데 치열한 개별종목 분석을 근거로 매수 결정을 이어왔다면 현금이 없다 해서 이런 분위기에 휩쓸려 불안감을 느낄 필요가 없다.

솔직히 우리는 현금 비중을 결정하기 위한 고민에 많은 에너지를 투입하지 않는다. 차라리 그 시간에 고평가된 주식을 솎아내 덜어내는 결정을 하거나 현금보다 나은 저평가된 주식을 찾는 쪽이 더 생산적이지 않나 싶다. 현금 비중은 리서치를 하면서 포트폴리오를 짜다보니 남은 결과치이지 그 자체가 목적이 되어서는 안된다. 모 가치투자 운용사의 최고투자책임자의 말대로 최고의 헷지는 현금이 아니라 최고의 기업이다.

우리는 정치와 경제 전망은 계속해서 무시하려고 한다. 둘 다 투자가와 사업가의 집중력을 흩뜨리기만 할 뿐이다.

———————

워런 버핏

8

심리 다스리기

『투자는 심리 게임이다』, 유럽의 전설적인 투자자 앙드레 코스톨라니가 쓴 책의 제목입니다. 가치투자자로서 심리가 투자의 전부라는 주장에 동의하지는 않지만 심리를 다스리지 못하면 모든 노력이 물거품이 된다는 사실은 인정할 수밖에 없습니다. 반대로 심리를 컨트롤할 수 있다면 화룡점정이 될 것입니다. 이제 마지막 관문을 통과해봅시다.

앞서 배운 대로 탁월한 경영진을 갖춘 좋은 기업이 저평가되었을 때 촉매를 바라보며 사면 주식투자로 돈을 버는 기본 원리인 '저점매수 고점매도'를 달성할 수 있다(그야말로 이상적인 교집합 종목이라 듣기만 해도 가슴이 뛴다).

하지만 이건 적게 먹고 운동 많이 하면 살을 뺄 수 있다는 조언과 다르지 않다. 다이어트가 실패하는 이유는 구체적인 방법을 모르기 때문이 아니라 마음껏 먹고 움직이고 싶어 하지 않는 인간의 타고난 본성 앞에

주식투자의 빌런은 거울 너머에 있다

가장 큰 적은 나 자신

결정적인 순간 무릎을 꿇는다는 데 있다. 투자는 다이어트와 같다. 버핏의 말대로 투자는 단순하지만 결코 쉬운 것은 아니다.

인간이 자신의 돈을 건 투자에서 가장 크게 경험하는 감정은 탐욕과 공포다. 군중심리는 감정을 극대화시킨다. 주가가 하늘 높은 줄 모르고 올라가면 미치도록 사고 싶고 끝도 없이 추락하면 미치도록 팔고 싶은 마음이 올라오는데, 이를 그대로 따르면 '고점매수 저점매도'를 반복하는 참사로 이어진다. 똑같은 종목을 매매하더라도 돈을 버는 사람이 있는가 하면 돈을 잃는 사람이 나오는 이유이기도 하다. 고점매수 저점매도를 반복하는 횟수가 잦다면 "나의 가장 큰 적은 나 아닐까?"라는 의문을 던져보길 바란다.

주식투자를 어렵게 만드는 가장 큰 요인은 바로 가격 변동성이다. 탐욕과 공포의 원인일 뿐 아니라 투자자에게 온갖 고통과 번뇌를 안겨주는 존재다. 우선 주가 하락은 두말할 나위 없이 손실의 고통을 야기한다.

사람은 이익에 비해 손실의 고통을 두 배 더 느낀다고 한다. 회사에는 문제가 없는데도 주가가 하락하면 더 빠질지 모른다는 불안감과 함께 내가 이 상황에서 할 수 있는 게 없다는 무력감이 동시에 찾아온다.

주가가 오르지 않는 것 역시 곤혹스럽다. 내 종목만 빼고 다 오르면 조바심과 질투심이 든다. "나만 종목을 잘못 골랐나" 하는 의심이 마음을 사로잡는다. 경우에 따라선 주가가 올라도 문제다. 팔았는데 더 오르면 자괴감이 든다. 고점에서 매도하지 못하고 다시 주가가 하락하면 허탈감이 몰려온다. 애초에 주지나 말 것이지 줬다 빼앗았으니 얼마나 억울한 노릇인가. 주식시장이 능멸의 대가라는 명성을 괜히 획득한 게 아니다.

변동성을 극복하는 방법은 변동성을 인정하는 데서 출발한다. 만약 변동성이 없다면 어떻게 주식을 싸게 샀다 비싸게 파는 일이 가능할 수 있겠는가? 예금에서는 이런 일이 일어날 수 없다. 권투선수가 펀치를 맞는 것을, 타자가 날아오는 공을 두려워하지 않는 것처럼 주식투자자는 주식의 변동성을 게임의 일부로 받아들여야 한다.

변동성은 주식투자라는 게임을 하기 위해 지불해야 하는 입장료이며 수익은 변동성을 버텨낸 대가라 생각하자. 극단적으로 말해 주식시장은 변동성을 견디지 못하는 사람으로부터 변동성을 견뎌낸 사람으로 돈이 이동하는 통로다. 투자로 돈을 번 사람들을 살펴보면 방법은 각기 달랐더라도 모두 끝까지 변동성이 주는 고통을 이겨냈다는 공통점이 있다. 우리 몸도 변동성이란 풍파로 생겨난 굳은살로 가득 차 있다.

우리는 불가피한 변동성을 견뎌내기 위해 펀더멘틀을 우선적으로 챙긴다. 불황 가운데에서도 돈을 벌 수 있으면서 회복 탄력성까지 높은 기업을 보유하고 있으면 심리적인 든든함이 생겨 변동성에 휘둘리지 않는다는 것을 경험적으로 터득했기 때문이다. 여기에 안전마진과 고배당까지 갖추고 있다면 마음은 더욱 단단해짐을 느낀다.

투자자들은 태평성대의 상승장에서만 주식을 보유하고 있으면 스트레스도 안 받고 행복할 것 같다는 바램을 갖고 있는 듯하다. 우리가 투자자문사를 시작한 2003년은 돌이켜 보면 2007년까지 이어진 경기 활황과 대세 상승의 출발점으로서 주식투자를 시작하기에 더 없이 좋은 시기였다. 저평가된 주식이 많았기에 자신감도 충만했다. 하지만 창업 이듬해인 2004년 우리가 접했던 주요 뉴스들의 제목을 쭉 한번 살펴보자.

- "한국 경제 흔든 차이나 쇼크"(5월 4일자 시사저널)
- "블랙먼데이 주가 대폭락, 환율은 급등"(5월 11일자 경북일보)
- "모건스탠리 내년 세계경제 이중타격 받는다"(9월 23일자 서울경제)
- "세계 각국 통화 긴축 포기 금리 인상 늦추고 동결도"(10월 8일자 서울경제)
- "암시장 뭉치 달러 넘친다 환율 급락 쇼크"(11월 26일자 서울신문)

과연 당시가 천재일우의 기회였단 생각이 드는가? 한마디로 우려와 소음이 없는 시장 환경이란 존재하지 않는다. 게다가 같은 소식이라도 언론을 거치면 공포감은 증폭된다. 뉴스는 독자들의 관심을 끌어야 하니 어쩔 수 없다.

전체 시장뿐 아니라 개별 기업 단위에서도 끊임없이 사건 사고가 터지고 이는 악재가 되어 주식 보유자의 귀로 흘러 들어간다.

동서를 장기 보유하는 동안 두 번의 고비가 있었다. 2004년 커피 전문점이 증가하면서 커피믹스의 시대가 끝날지도 모른다는 불안감이 한 차

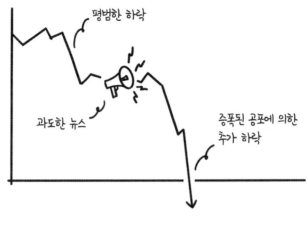

언론에 의해 증폭된 공포

레 우리를 덮쳤다. 이어 2011년 남양유업이 프렌치카페를 내세워 커피믹스 시장에 진출하며 동서식품을 상대로 강한 네거티브 마케팅을 전개했다. 커피믹스에 들어가는 식품첨가물인 카제인나트륨을 지적하며 자기들은 그 성분을 쓰지 않는다고 광고를 한 것이다. 우지파동으로 라면 시장의 판도가 바뀌었던 것처럼 커피믹스 시장 또한 격변이 있을 수 있다는 우려가 우리의 마음을 불편하게 만들었다.

스노우볼 종목을 들고 있으면 아무 걱정이 없을 거라는 생각은 환상에 가깝다. 자본주의 시스템은 그리 만만하지 않다. 질투하는 경쟁자와 도전자는 늘 나타난다.

무학이 한창 부산 소주 시장을 두고 대선주조와 경쟁할 때의 일이다. 우리는 2014년 5월 홍콩 출장 중 택시 안에서 서울 사무실로부터 긴급하게 연락 한 통을 받았다. 무학의 울산 공장이 국세청으로부터 생산 중단 명령을 받았다는 내용이었다. 주가가 폭락한 것도 물론 가슴이 아팠지만 2분기 실적이 박살날까, 잘 진행되던 부산 시장 공략에 결정적 타격을 입을까 걱정되어 어지러운 심정에 업무에 집중하지 못했던 기억이 떠오른다.

우리가 정말 믿는 회사였고 결국 해피엔딩으로 끝난 투자 건조차 이럴진대 포트폴리오에 이런저런 주식들을 담고 있으면 매일 쏟아지는 온갖 뉴스들을 피해갈 수 없다. 그에 따른 변동성 하나하나에 마음을 쓴다면 주식투자는커녕 오래 살기도 쉽지 않을 것이다(실제 이런 상황에 처할 때 심할 정도로 스트레스를 받는 독자라면 이제라도 그만두는 편이 좋겠다). 우리는 도종환 시인의 시구를 가끔 되뇐다. "흔들리지 않고 피는 꽃이 어디 있으랴."

지금까지 긴 분량을 할애해 독자들에게 철저한 분석을 통해 안전마진을 확보한 후 분산해서 투자하는 법을 이야기한 건 변동성을 견디기 위한 근본적인 처방 하나를 미리 알려주기 위해서였다. 여기에 더해 다양한 상황에 따라 심리를 다스리는 방법 몇 가지를 더 배워보도록 하자. 고수는 변동성을 즐기지만 하수는 변동성에 압사당한다. 변동성을 정복해 파도가 높을수록 더 재미를 느낀다는 실력파 서퍼가 한번 되어보자.

투자는 스트레스의 원인이자 걱정거리가 아니라 재미있고 도전적인 것이어야 한다.
———
월터 슐로스

약세장 대처법

우리에게 주식투자를 해오면서 가장 힘들었던 시기를 묻는다면 1998년, 2008년, 2018년, 2020년을 꼽겠다(아마 2022년도 추가 되어야겠다). 모두 심각한 수준의 주가 하락이 발생했던 해다. 이후 큰 수익의 시작점이 된 빈티지였지만 결과를 떠나서 당시 경험했던 힘든 감정이 기억에 아로새겨진 건 어쩔 수가 없다.

그러나 우리는 앞으로도 약세장을 여러 차례 더 만날 거란 현실을 부정하지 않는다. 태풍이 올해 왔다고 앞으로 안 오는 게 아닌 것처럼 말이다. 약세장을 견딜 마음의 자세를 갖지 못하면 주식투자를 당장 그만둬야 된다고까지 생각한다. 언제 올지 모르는 태풍을 피하겠다고 매번 여기저기 집을 옮겨 다닐 수는 없는 노릇 아닌가.

약세장은 예고 없이 찾아온다는 점에서 예측의 대상이 아니다. 한두 번 맞춘 사람은 봤어도 여러 번 맞춘 자는 지금껏 본 적이 없고, 우리 역시 그런 능력은 애초부터 없다 인정한다. 우리가 주력하는 건 태풍에 대한 대비다. 아기 돼지 삼형제 중 막내처럼 좋은 주식이라는 벽돌로 집을 지어 태풍이 와도 날아가지 않도록 방비한다. 내실이 없고 너무 비싼 주식은 약세장이 닥치면 짚더미로 지은 집처럼 한순간에 쓸려 날아간다.

특히 우리처럼 시장에 남아 끝까지 버티는 인파이터 스타일에겐 소나기 펀치를 견뎌낼 맷집이 필수다. 다시 말해 태풍을 견뎌낼 만큼의 철저한 대비가 필수적이다. 편입종목이 저평가되어 있을수록, 비즈니스 모델의 질이 높을수록, 기업의 재무구조가 튼튼할수록, 신뢰하는 경영자일수록 맷집은 강화된다.

약세장은 태풍 앞에 선 우리가, 우리가 보유한 기업들이 얼마만큼의 맷집을 갖고 있는지를 테스트하는 심판대다. 이 중 탁월한 경영자는 태풍이 아무리 강력해도 어떻게든 파고를 넘어서는 선장처럼 위기를 능숙하게 헤쳐나간다. 또한 이런 경영자들은 시험 난이도가 역대급으로 올라가더라도 차분하게 문제를 풀어내는 학생의 이미지를 떠올리게 한다.

그다음 중요한 일은 올바른 사후대응이다. 먼저 하락의 이유를 너무 세세하게 파고드는 행동을 경계해야 한다. 집채만한 파도가 해안가를 덮치고 길거리에 서 있던 나무가 뽑혀져 나가는 자극적인 영상을 담은 태풍 속보를 너무 자주 시청하면 공포감만 커진다. 마찬가지로 하락장 한가운데서 각종 경제 뉴스를 통해 침체 원인에 관한 해설을 계속 듣다보면 막연한 불안감만 키우는 꼴이 되고 만다. 차라리 그럴 시간에 투자대가들의 책을 읽거나 땀 흘리며 운동을 하거나 잠잠히 명상을 하는 편이 훨씬 더 유익하다.

약세장으로 인해 손실의 고통이 찾아올 때 이는 단지 평가상의 손실에 불과하다며 스스로를 설득하는 것도 마음을 진정시키는 데 도움이 된다. 벤저민 그레이엄도 다음과 같은 말로 우리의 조언에 힘을 보탠다. "진정한 투자자라면 보유 증권의 시장 가격 하락을 손실로 생각할 필요가 없다." 또한 추가 손실에 대한 우려가 극도에 달했을 시기가 조금만 더 참아야 하는 구간이라 믿어야 한다. 학창 시절 선생님께 매를 맞던 때를 떠올려보자. 맞기 전 줄을 서 있을 때가 가장 무섭지 막상 맞고 나면 별거 아니지 않았나?

이상하게도 사람들은 종목을 보고 매수해놓고는 약세장만 찾아오면 거시경제 분석으로 태세를 전환한다. 미국의 실업률이 올라갔다고 대박 식당의 지분을 팔아버린다면 이건 잘못된 의사결정이다. 국내 식당 장사와 국제 정세는 큰 관련성이 없기 때문이다. 저건 시장이 느끼는 감정의

문제일 뿐 내가 투자한 비즈니스의 문제가 아니라 생각하자. 기업을 실체로 느낄수록 똑똑해 보이고 싶은 예언가의 오류에서 벗어날 수 있다.

2001년 9월 11일 저녁 최준철은 속보를 통해 여객기가 뉴욕 트레이드 센터 건물을 들이받는 충격적인 광경을 목격했다. 다음날 볼 것도 없이 개장과 동시에 거의 전 종목이 하한가로 떨어졌다. 처음엔 망연자실했으나 시간이 조금 흐르자 마음속으로부터 이런 반발심이 올라왔다. '초코파이 파는 사업과 미국에서 터진 테러가 무슨 상관이지?' 에라, 모르겠다. 용기를 내어 하한가 가까이 떨어진 오리온(동양제과) 주식을 더 사들였다. 3차 세계대전이 터질 수도 있다는 예상이 뉴스로 전해지던 때였는데 거기 마음을 빼앗겼더라면, 내가 소유한 사업의 실체에 대해 돌아보지 않았다면 올바른 행동을 할 수 없었을 것이다.

그리고 앞서 소개한 가치투자자의 세계관을 곱씹는다. 자본주의 시스템의 회복 능력을 믿는 장기적 낙관론과 '이 또한 지나가리라'고 믿는 순환론적 사고를 고수하는 것이다. 그러면서 보유종목을 점검하는 동시에 교체할 만한 신규종목이 있는지 탐색을 계속 해나간다. 이 과정을 통해 내가 투자한 기업에 문제가 없고 아무리 비교를 해봐도 현재 포트폴리오가 최적이라는 결론을 얻게 되면 평정심을 되찾는 데 도움이 된다.

특히 우리는 약세장에서 덜 매력적인 종목을 팔고 더 매력적인 종목을 사는 소위 갈아타기를 시도한다. 반등 시 수익률을 더 끌어올리려는 목적도 있지만 시세 하락을 온몸으로 받는 수동적 입장에서 벗어나 가급적 능동적 입장이 되어 무력감을 떨치며 버텨보려는 의지도 반영된 행동이다. 경험에 따르면 약세장에서 갈아타기를 거듭할수록 자신이 가장 잘 알고 확신이 높은 종목의 비중이 계속 높아진다. 극한의 시험대에서 자신이 가진 확신과 능력의 범위를 재확인하는 셈이다. 이게 반등 때 결국 승부수 역할을 한다.

혼란스러운 상황에서도 분석을 이어가기 위해선 평소에 루틴을 만들어둘 필요가 있다. 그래야 아침에 출근해서도 해야 할 일을 '그냥' 해낼 수 있다. 루틴은 운동선수들이 최고의 운동 능력을 발휘하기 위해 습관적으로 하는 동작이나 절차를 뜻한다. 예컨대 어떤 프로야구 선수가 경기 세 시간 전에 도착해 스트레칭을 한 후 운동장을 열 바퀴 돌고 운동장 선을 밟지 않고 대기실로 들어가는 것 따위가 이에 해당한다. 루틴을 일정하게 반복하면 극도의 긴장상황이나 외부 충격 속에서도 평정심을 유지하는 힘이 생긴다.

반대로 루틴을 정해두지 않으면 약세장이나 폭락장에서 넋을 잃고 하루 종일 파란색으로 물든 시세판만 보다가 답답함만 키운 채 퇴근하는 일이 반복되고 만다. 크게 지고 있을수록 자신의 폼을 유지해야지 자꾸 스코어보드만 쳐다보며 조바심을 내어서는 역전의 발판을 만들기 위한 활기찬 플레이를 할 수 없는 것과 마찬가지다.

찰리 멍거는 말한다. "우리는 그저 머리를 숙이고 최선을 다해 역풍과 순풍에 대응하다가 수년이 지난 후에 결과를 가져갈 뿐이다." 여기서 주목해야 할 단어는 '역풍'과 '대응'이다('머리를 숙이고'라는 말은 신중함의 필요성을, '수년이 지난 후에'란 말은 장기투자의 불가피성을 역설한다). 어디에도 역풍이 불 때를 예측하거나 피하라는 말이 없다. 기회를 노려 순풍에만 올라타라는 말도 없다. 약세장은 그저 대응하는 것이다.

약세장에서 심리를 다스리지 못한 벌칙은 두 가지다. 첫째는 바닥에서 주식을 팔아버리는 실수다. 손실이 확정됨은 물론이고 반등 구간을 놓쳐 수익률 회복 기회의 상실을 가져오는 행동이다. 둘째는 살짝 반등할 때 이때다 싶어 주식을 정리해버리는 것이다. 그간 쌓인 괴로움에서 벗어나

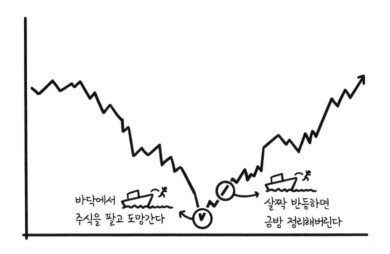

약세장에서의 두 가지 실수

기 위해, 반등이 수차례 좌절된 경험이 패턴화되어 나타나는 행동인데 이 역시 본격 반등에 올라타지 못하는 결과를 가져온다.

경제가 어렵다는 이유만으로 공황이 오지 않는다는 것이 나의 생각이다. 우리가 진정으로 무서워해야 할 것은 패배 의식에 사로잡히는 일이다. 경제적 공황은 얼마든지 극복할 수 있지만 심리적 공황은 한번 빠지면 쉽게 벗어날 수 없다.
——— 이건희

성공은 끝이 아니고 실패는 치명상이 아니다. 중요한 것은 계속 하려는 용기다.
——— 윈스턴 처칠

주식시장은 할인판매가 시작되면 손님이 빠져나가는 유일한 시장이다.

———————

컬런 로슈

주식시장은 최근 5차례 경기침체 중 9차례를 예측했다.

———————

폴 새뮤얼슨

시장에 패닉이 만연할 때 가치투자자에게는 해가 떠오른다.

———————

조엘 틸링해스트

미숙한 탐험가는 보이는 것이 바다일뿐일 때는 육지가 있으리라고는 생각하지 못한다.

———————

프랜시스 베이컨

좋은 위기를 낭비하지 마라.

———————

윈스턴 처칠

(투자 격언은 약세장을 견딜 때 가장 유용하다. 그래서 최대한 많이 인용했다).

강세장 대처법

공포가 약세장을 만들어낸다면 탐욕은 강세장을 만들어낸다. 여기서 얘기하는 강세장은 닭도 날 수 있을 수 있을 정도의 바람이 부는 투기적인 장세를 뜻한다. 과거로 보자면 1999년, 2007년, 2010년, 2020년이 여기에 해당한다(특이하게도 2020년은 코로나 사태로 인해 약세장과 강세장이 같은 해에 동시에 일어났다). 강세장은 많은 승자를 만들어내지만 달도 차면 기울 듯 결국 그 이상의 패자를 양산하며 끝을 맺는다.

가치투자자는 평균회귀를 믿으므로 가격이 가치보다 크게 높아지는 상황이 되면 오히려 불안감을 느낀다. 반면 대다수의 투자자는 자제심을 잃고 도박적 쾌락을 추구한다. 예컨대 지난 2020년 급기야 꿈을 가격에 반영해야 한다는 의미의 PDRPrice to Dream Ratio이란 괴상한 신조어까지 등장했는데 하워드 막스의 조언을 잊은 결과였다. "투자자는 가격이 급등할 때 밸류에이션이란 족쇄를 벗어 던지는데 이것은 대개 실수입니다."

- "테슬라×니콜라×아마존… 꿈의 크기만큼 오른다. 신지표로 각광 받는 PDR"(2020년 7월 31일자 매일경제)
- "꿈에 투자… 첫 'PDR 밸류에이션' 리포트 나왔다"(2020년 10월 14일자 서울경제)
- "PDR이 뭐기에… 증권업계에 부는 '새로운 기업 평가법' 바람"(2020년 10월 16일자 한국금융)
- "숫자가 된 꿈 'PDR', 증권가 대세로 자리잡나"(2020년 11월 1일

자 이투데이)

강세장 대처법은 세 가지로 요약 가능하다.

첫째, 지나치게 비싼 주식을 멀리해야 한다. 얼음판에 많은 사람이 올라가 있으면 겉으로는 안전해 보이지만 실상은 얼음판이 깨질 확률이 높아져 있다는 점을 명심하자. 리스크가 없어 보일 때가 사실은 리스크가 가장 높을 때다.

둘째, 신조어가 탄생하는 업종을 경계해야 한다. 당대 주도주임을 나타내는 트로이카, 브릭스, 차화정, 7공주, 바카라, BBIG, FAANG, 십만 전자 같은 신조어는 투자를 만만하게 보이게끔 해 이성을 마비시킨다. 여지없이 끝이 좋지 않았다.

셋째, 과열을 드러내는 신호를 무시하지 말자. 카페에 갔는데 모두가 열광적으로 주식 얘기를 하고 있다면 나쁜 징후다. 우리의 씁쓸한 경험으로는 아마추어가 프로를 한 수 가르치려 들 때 시장이 최고조에 다다른 경우가 많았다.

인간이 불나방이라면 가치투자자는 불을 봐도 뛰어들지 않는 별종 불나방이다. 불을 보면 달려드는 고유의 DNA가 제거된 종이란 뜻이다. 그러려면 특별하게 태어나야 하지 않냐고? 아니다. 뜨거운 불길에 뛰어들면 타 죽고만다는 상식을 가지고 있을 뿐이다. 상식과 경계심만 고수한다면 누구나 타고난 본성을 거스를 수 있다.

"모든 항공 규정은 피로 쓰여져 있다." 비행과 탑승수속 과정 중 일어난 사고들을 오랜 시간에 걸쳐 규정에 반영함으로써 갈수록 더 안전한 하늘 길이 이뤄졌다는 뜻이다. 감사하게도 과거 발생한 거품의 생성과 붕괴 사례를 조사한 많은 여러 컨텐츠가 시중에 나와 있으니 읽어두면 강세장에서의 사고 발생 확률을 낮추는 데 도움이 되리라 믿는다. 이 중 책으로는 『금융투기의 역사』(에드워드 챈슬러 저), 영화로는 '빅쇼트'를 추천한다.

다른 사람이 신중하지 못할수록 우리는 더 신중하게 일을 처리해야 한다.

———— 워런 버핏

주식시장은 경험이 많으면 돈을 얻고 돈이 많으면 경험을 얻는 곳이다.

———— 다니엘 드류

수익을 당연하게 여기는 생각은 주가가 큰 폭으로 하락하면 확실하게 치유된다.

———— 피터 린치

낙관론자는 장미꽃만 보고 그 가시를 보지 못하며 염세주의자는 장미꽃은 보지 못하고 그 가시만 본다.

———— 칼릴 지브란

소외감 대처법

가치투자를 하기로 결심한 순간부터 끊임없이 마주 대해야만 하는 고통은 바로 소외감이다. 가치투자가 논리적으로 흠결이 적어 보이고 안전한 투자법 같지만 상당수가 중도에 포기하는 이유도 이 때문이다. 사람은 배고픈 건 참아도 배 아픈 건 못 참는다는데, 가치투자자가 되려면 배 아픈 시기를 참아낼 수 있어야 한다.

대학생 때 운 좋게 한국을 대표하는 가치투자 대가들과 인연을 맺을 수 있었다. 이후 20년 이상 선배들을 지켜보며 신기하게 느낀 한 가지는 이들에게 질투심이 딱히 없다는 점이었다. 남들이 무슨 주식으로 돈을 벌든 나는 내가 믿는 주식으로 수익을 내면 그만이라는 사고에서 소외감을 극복하는 원천이 무엇인지 배웠다.

우리는 타고난 기질 외에 소외감을 이기는 최선의 방법은 공부라는 신념을 가지고 있다. 저평가 주식을 사놓고 기다린다는 것은, 남들이 나의 상식에 따라올 때까지 기다린다는 말과 같다. 그렇다면 나의 상식이 옳은지에 대한 확신이 서야 하는데 이것은 오로지 투자 대상에 대한 치열한 공부를 통해서만 달성가능하다. 하워드 막스의 말에 따르면 "우수한 실적을 얻으려면 견해가 대중과 달라야 하며 그 견해가 정확해야 한다."

더불어 시장의 시각과 선호가 바뀌는 데는 상당한 시간이 소요될 수 있다는 사실을 받아들인다. 100년 전에는 핑크가 남자아이의 색깔이었다고 한다. 뭐든 변하지만 변화에는 시간이 필요한 법이다. 그러나 우리는 한 가지 희망을 놓지 않는다. 투자수익의 80~90%가 전체 보유 기간의 2~7%에 해당하는 기간에 폭발적으로 발생한다는 과거 통계다. 실제 우리가 성공을 거둔 종목들도 주가 상승은 보유 중 짧은 특정 기간 동안 한꺼번에 일어났다. 이러한 면이 모죽簇竹을 닮았다. 이 대나무는 4년간 손가락 마디만큼도 자라지 않고 뿌리만 내리다 이후 5년째부터 싹이 트면 쑥쑥 자라 울창한 숲을 이룬다고 한다.

가치주가 소외되는 동안에는 조롱이 쏟아진다. 1999년에 버핏은 한

버핏 그냥 늙은이 아님?

세상이 바뀌었는데
감을 잃으셨네

가치투자가
되겠어?

조롱 받는 워런 버핏

물 간 투자자라는 평을 받았고 2010년에 우리는 회사 내부에서조차 시대에 뒤쳐진 젊은 꼰대 투자자 취급을 받았다. 도로의 무법자들 눈에는 안전벨트 맨 서행 운전자가 답답하고 한심해 보이나 보다. 그러나 지난 26년간을 돌이켜 보면 도로의 무법자들은 대부분 대형 사고를 면치 못했고, 조롱하는 사람은 늘 바뀌었지만 조롱 받는 사람은 그대로였다.

이해만으로는 믿음이 생기지 않는다. 가설이 믿음으로 체화되기 위해서는 일련의 성공 경험이 필요하다. 소외 기간을 버티는 힘은 바로 누적된 성공의 경험으로부터 비롯된다. 우리 역시 마찬가지 과정을 겪으면서 믿음을 키워왔다.

2010년 아모레G(당시 태평양)는 시가총액이 1조원을 밑돌아 1등 화장품 회사인 자회사 아모레퍼시픽 지분 가치의 절반도 반영하지 못한 상태였다. 심지어 에뛰드, 이니스프리 등 다른 연관 자회사가 강남 요지에 건물까지 소유하고 있었고 보유 현금만 해도 시가총액의 3분의 1에 해당했는데 지주회사라는 이유로 외면당하고 있었다.

차화정 테마가 득세를 하던 시기라 자동차, 화학, 정유 업종이 아니면 주가가 오르지 않는다는 인식이 팽배했다. 우리라고 시장 트렌드를 모를 리 없었지만 가치투자자로서 그냥 지나칠 수 없는 기회라는 생각에 소외를 각오하고 매수했다. 당시에 서경배라는 경영자에 대한 믿음과 신뢰가 컸던 부분도 매수의 큰 이유 중 하나였다.

당연한 얘기이지만 이 회사 주가 역시 우리가 샀다고 바로 오르지 않았다. 조금 상승하는 듯하더니 다시 제자리로의 복귀도 여러 차례 이어졌다(역시 능멸의 대가다). 본격적인 상승세를 탄 시기는 차화정 열풍이 사그라든 2011년 중순부터였다. 마침 중국에서의 한국 화장품 인기 열풍까지 더해졌다. 2012년 말까지 주가는 우리 매수 단가의 3배로 올랐다.

이후 2012년 주가에서 2016년까지 5배가 더 올랐는데 한때 찬밥이었던 아모레G가 주도주로 변신해 모든 투자자를 열광하게 하고 다른 주식을 소외시키는 모습은, 보는 우리의 기분을 참 묘하게 만들었던 기억이 난다. 아무튼 이 성공 경험은 아무리 소외주라도 좋은 종목은 어떤 계기로든 결국 시세를 낸다는 믿음을 심어줬다.

애태우지 않고 느긋한 마음으로 주식을 보유하는 기질이 필요하다. 이러한 기질이 없으면 장기적으로 좋은 실적을 내기가 거의 불가능하다.

워런 버핏

장기적으로 뛰어난 투자 성적을 얻으려면 단기적으로 나쁜 성적을 견뎌내야 한다.

———————

찰리 멍거

가치에 대한 확고한 신념이 있어야만 수익이 발생하지 않는 기간을 버텨낼 수 있다.

———————

하워드 막스

물린 주식 대처법

"물렸다." 보통 사람들은 개나 벌레에 물렸다는 의미로 받아들이겠지만 주식투자자에겐 전혀 다른 의미로 다가온다. 오랫동안 마이너스를 기록 중인 종목에 쓰는 용어라 주식투자자들은 듣는 순간 질색할 것이다. 하지만 자주 내뱉는 말이기도 하니 그만큼 이 상황에 빠지는 경우가 많다는 뜻이기도 하다. 그래서 따로 다뤄본다.

물린 상황을 좀더 구체적으로 풀어 정의해보겠다. '애초에 갖고 있던 투자 아이디어가 틀려 주가가 매수 단가 이하로 빠져버렸는데 그걸 알면서도 막연한 기대감으로 들고 버티는 경우.' 여기서 주목해야 할 대목은 투자 아이디어가 틀렸다는 부분과 막연한 기대감이란 표현이다. 물린 상황은 단지 손실인 상태만의 문제가 아니다.

물리게 되면 보통 아래와 같은 심리적 변화를 겪는다.

"내가 잘못 샀나?" 하는 불안감 → "이제라도 팔까?" 하는 주저함 →
"내가 이 주식을 왜 샀지?" 하는 자괴감 → "결국 오르겠지" 하는 기대

감 → "망하기야 하겠어?" 하는 체념 → "원금 이하로는 팔 수 없어" 하
는 고집 → "이럴 바엔 자식한테 물려주자" 하는 극단적 처방

이러다 결국은 "고통에서 벗어나고 싶다"면서 바닥에서 처분하고 만
다. 역시나 주식은 그때부터 오르고… 감정의 기복이란 한 사이클을 경
험한 주식투자자일수록 물린 주식에 경기를 일으키는 이유가 충분히 이
해될 것이다.

물린 주식 앞에서 먼저 인정해야 하는 현실은 시장은 내가 지불한 가
격에 대해 전혀 상관하지 않는다는 점이다. 매수 단가는 깨끗한 의사결
정을 하는 데 방해가 될 뿐이다. 이를 극복하기 위한 방법으로 "내가 이
주식에 투자한 돈이 다시 현금으로 주어지더라도 같은 주식을 그만큼 다
시 사겠는가?"라는 질문을 스스로에게 던져볼 것을 권유한다. '예스'라면
물린 상태가 아니고 '노'라면 물린 상태다. 이 질문을 소홀히 하면 '비자
발적 장기투자'가 되고 만다.

이때 앞서 다뤘던 능력의 범위 문제가 대두된다. 보통 주가가 빠질 땐
그만한 악재가 동반되는 경우가 많다. 따라서 잘 모르는 사업이라면 주
가와 악재 간의 인과관계가 맞는지 틀리는지 판단할 수가 없다. 투자 대
가들이 잘 아는 기업에 투자하라 조언하는 건 그렇지 않은 경우 주가가
하락할 때 혼란에 빠져 우왕좌왕할 수밖에 없어서다. 그래서 물린 주식
은 잘 모르는 분야인데 당대의 유행에 동참했던 경우에 주로 탄생한다.

하지만 아니라는 결론이 났더라도 여전히 파는 결정은 어렵기 마련이
다. 과감한 결정을 위해선 대안이 필요하다. 갈아타기 편에서 언급했듯
이 더 나은 종목을 발견하면 물린 주식에 이별을 고하기가 비교적 쉬워
진다. 이때 "복수를 꼭 이 종목으로만 할 필요는 없다. 다른 종목으로 복

수하면 그만이다"는 생각도 도움이 된다(복수라는 용어 자체도 좀 그렇고 "다른 종목으로 원금을 회복하면 된다"로 표현을 바꿔 이해해주기 바란다).

2012년 글로벌 넘버원 골프용품업체인 아쿠쉬네트(타이틀리스트 제조사)를 인수했다는 공시를 본 후 분석을 거쳐 휠라코리아 주식을 매수했다. 기대를 잔뜩 가졌지만 이후 전개되는 상황은 녹록치 않았다. 휠라 브랜드가 쇠락하면서 기업 탐방을 갈 때마다 담당자와 한숨만 쉬는 일이 2017년까지 이어졌다. 무려 5년을 물려 있었던 셈이다. 길을 걸을 때 사람들 운동화만 보고 다니고 무신사에서 매일 판매 순위를 확인한 것도 이때다.

하지만 결국 우여곡절 끝에 아쿠쉬네트를 성공적으로 상장시키고 의구심 가운데 진행했던 브랜드 리빌딩에 성공하는 상황이 펼쳐졌다. 되는 집안은 가지나무에 수박 열린다고 중국 법인 매출이 빠른 출점에 따라 증가하는 동시에 디스럽터라는 어글리슈즈를 세계적으로 히트시키면서 대반전이 일어났다. 6년간 쉬었던 주가는 2018년부터 1년 6개월 동안 저점에서 5배 이상 올랐다. 그해 미×중 분쟁 격화로 극심한 약세장이 펼쳐졌다는 사실을 감안하면 역주행도 이런 역주행이 없었다. 수익률에 큰 보탬이 된 것은 물론이다.

우리는 휠라코리아의 투자 경험에서 두 가지를 배웠다. 첫 번째는 회사는 뭔가를 끊임없이 시도한다는 점이다(그래서 아쿠쉬네트도 인수한 것 아니겠나). 휠라코리아 또한 지루하고 힘든 우리의 기다림 동안에 반전의 계기를 만들기 위해 뭔가를 끊임없이 시도하고 있었다. 다만 그것이 언제 실제 성과로 이어지고 주가 상승으로까지 연결될지는 쉽게 예측하기가 어려웠을 뿐이다. 개선 가능성을 항상 염두에 두고 회사가 제시하는 계획과 사업을 둘러싼 제반 상황의 변화에 촉각을 곤두세울 필요가 있다.

두 번째는 그래도 물릴 거면 물려도 괜찮은 종목에 물려야 한다는 점이다. 휠라코리아가 휠라와 타이틀리스트라는 세계적으로 유명한 브랜드를 보유하고 있지 않았다면 그리고 브랜드 라이센싱으로부터 창출되는 현금흐름이 없었다면 브랜드 리빌딩 시도 전에 이미 새우가 고래를 삼킨 후유증으로 인해 망하고도 남았을 것이다. 오래 했어도 주식은 여전히 이래저래 참 어렵다는 사실을 절감한다.

기억하라. 주식이라는 놈은 그 주식을 소유한 당신을 모른다.

————

피러 린치

제 4 부

한국에서 가치투자자로 살기

9 한국 주식시장에 대한 생각

한국 시장은 주식투자로 먹고 사는 우리의 터전입니다. 모든 투자자가 이곳에서 기업이 창출하는 부를 공유하는 기쁨을 누리길 간절히 희망합니다. 더 발전된 그리고 더 풍요로운 주식시장을 꿈꾸며 몇 가지 생각을 나누고 싶습니다.

삼성전자

"여기가 삼성전자의 나라입니까?"

전 세계 메모리 반도체 분야의 압도적 1등. 어디서나 접할 수 있는 TV와 스마트폰 브랜드. 한국 주식을 사러 온 외국인 투자자 입장에서 글로벌 차원에서도 무시할 수 없는 규모를 가진 삼성전자를 최우선 고려 대상으로 검토하는 건 너무나 당연하다. 내국인 투자자에게도 마찬가지다. 삼성전자는 코스피지수의 20% 이상을 차지하는 시가총액 1위이자 한국 경제 전체를 좌지우

모두가 고민하는 주식 삼성전자

지하는 자랑스러운 국가대표 기업이다. 벤치마크를 추종하는 기관투자자들도 매일 삼성전자 비중을 얼마로 가져가야 할지 늘 고민한다.

2022년 반기 기준 소액주주가 600만 명에 이르니 명실상부 국민주식이라 부를 만하다. 2020년 동학개미 운동의 중심에도 삼성전자 매수 열풍이 있었다. 하지만 삼성전자가 가진 사업 그리고 주식으로서의 특징에 대해 얼마나 잘 이해하고 있는지 의문이 드는 게 사실이다. "삼성전자가 망하면 대한민국이 망하는 거 아닌가?" "지금까지 잘해왔으니 앞으로도 잘하겠지" "반도체는 앞으로 더 필요할 수밖에 없다" 이렇게 막연한 기대감으로 투자 이유를 설명하는 얘기를 자주 듣는 탓에 생긴 걱정이 아닐까 싶다.

우선 쉽게 생각하면 '삼성전자'니까 한없이 쉽지만 사업 내용 파악에 전망까지 하려 들면 한없이 어렵게 느껴진다. 삼성전자는 반도체, 무선, 디스플레이, 가전 등으로 이뤄진 복합기업이다. 반도체만 해도 디램, 낸드플래시, 비메모리, 파운드리로 다시 나뉜다. 주력인 메모리 반도체는 과점화 이후 완화되었다고는 해도 가격이 수요와 공급의 결과로 결정되는 커머더티의 특성 탓에 시세 변동 폭이 여전히 크다.

공들여 키운 애니콜 브랜드가 갤럭시로 대체되었던 것으로 미뤄 알 수 있듯이 전자 분야는 변화가 빨라 까다로운 사업이다. 더불어 전 세계의 내노라 하는 기업들이 큰 시장을 두고 각축을 벌이므로 경쟁이 치열하다. 그럼에도 불구하고 고 이건희 회장의 탁월한 통찰력으로 지금까지 융성해왔지만 앞으로 마주하게 될 산업의 변곡점에서 의사결정을 몇 번만 잘못 하면 일본 전자업체들처럼 되지 말라는 법이 없다.

삼성전자는 극도로 효율적으로 움직이는 주식이다. 국내는 물론 전 세계 투자자들이 지켜보고 있으므로 개별 주체가 정보 우위와 분석 우위를 발휘하기 어렵다. 가격과 가치의 괴리도 심하게 발생하지 않는다. 6개월 혹은 1년 뒤 메모리 반도체 시황이 지금 반영되는 경향이 있다보니 현재 상황만 파악한다고 해서 매매를 정확히 가져가기도 어렵다. 시점을 비틀어서 불황일 때 사고 호황일 때 팔아야 하는데 앞서 씨클리컬 주식에 대해 설명했다시피 이게 실행하기에 녹록한 일이 아니다. 장기로 가져가면 되지만 삼성전자는 몇몇 구간을 제외하면 대체적으로 무거운 주식이라 인내심이 상당히 필요하다.

우리는 삼성전자에 대해 열심히 공부는 하지만 복잡계 속 미래 전망을 예측할 능력이 부족하다 여기는데다 가격과 가치 사이의 괴리가 큰 주식을 찾고자 하므로 솔직히 삼성전자를 높은 비중으로 실어본 적이 별로 없다. 대신 삼성전자가 만들어둔 생태계를 넓게 조망하며 이 안에서 예측이 상대적으로 용이한 주식을 공략한다. 예컨대 반도체 소재 기업이 오해나 관심도 저하로 저평가될 때 사들이는 식이다.

대한민국 국민의 한 사람으로서 삼성전자가 잘 되길 바라는 마음은 우리도 다르지 않다. 다만 국가대표 기업으로서의 자부심은 가급적 배제한 채 삼성전자의 속성에 대해 냉정하게 이해한 후 매매든 장기보유든 실행했으면 하는 바람을 가지고 있다. 그리고 너무 삼성전자에만 매몰되면 다른 종목을 돌아볼 여유가 없어진다는 점도 염두에 두면 좋겠다. 광어만 먹다 보면 여름 민어, 가을 전어, 겨울 방어를 맛볼 기회가 없는 것처럼 말이다.

신규 상장 주식

'따상.' 지난 2년간 투자자들을 매혹시켰던 마법의 주문이다. 공모 청약한 종목이 상장하자마자 시초가가 따블로 시작해 당일 상한가로 마감한다니 손쉬운 2.6배의 매력을 어찌 거부할 수 있었겠는가. 하지만 시간이 지나고 나서야 신규 상장 주식(IPO 종목)에 함정이 있었다는 사실이 몇몇 종목의 처참한 결과로 드러났다.

통상 가치투자자들은 신규 상장 주식을 경계한다. 상장은 기업에 있어 인생에 한 번 있는 결혼과 같다. 대주주의 지분 희석을 최소로 하면서 자금 유입을 늘리기 위해 최대한의 노력을 다하다 보니 그만큼 신부 화장이 짙어질 수밖에 없다. 가장 중요한 순간에 최대한 예쁜 모습을 보여주고 싶은 본능은 신부나 기업이나 다르지 않다. 사업하는 입장에서 충분히 이해가 가는 대목이다. 특히 강세장에서 저평가된 IPO 종목을 만나기란 불가능에 가깝다. 잘못된 일이 아니라 구조적으로 어쩔 수 없는 일이란 의미다.

또한 증권사는 시장의 수요를 충족시키기 위해 당대의 인기 업종에 속한 종목들을 IPO 시장에 데뷔시킨다. 2000년대 중반 조선 기자재 회

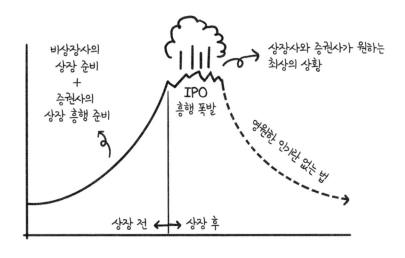

IPO의 생리

사들이, 2010년대 중반 화장품 회사들이, 코로나가 한창이던 때 진단키트 회사들이 대거 상장을 한 역사가 그 증거다. 인기 업종의 인기 종목이 높은 가격을 부르는 것은 당연한 일이다. 하지만 인기가 영원할 리 없고 준비 기간까지 포함하면 상장 시점에서는 이미 끝물인 경우가 많다.

공모주로 쉽게 돈을 벌 수 있다는 믿음이 팽배해 있을 때가 가장 위험한 가격이 제시될 때라는 이치를 깨닫길 바란다. 이미 상장된 주식을 대할 때와 원리는 동일하다. 시장이 약세여서 공모주 시장이 침체되었을 때가 실은 돌아봤을 때 최고의 빈티지가 될 확률이 높다. '따상상상'을 시전함으로써 공모주 열풍의 진원지가 된 SK바이오팜은 코로나로 인해 시장이 약세라 다른 기업들이 상장을 미룰 때 공모가격을 시장의 예상보다 낮춰가며 상장을 강행했던 경우였다(그럼에도 불구하고 여전히 공모가를 회복하지 못하고 있다).

우리는 어떤 종목이 신규 상장할 때 미리 공부를 한번 해둔 뒤 1년 정도 지났을 때 실적과 주가를 재검토한다. 신부 화장이 벗겨질 때쯤이기도 하며 상장 전 제시했던 공약이 얼마나 이행되는지 확인할 수 있는 시점이기도 하기 때문이다. 지나친 흥분이 오히려 과도한 실망으로 변해 충분히 매력적인 가격대까지 하락하는 경우도 종종 발생한다. 2000년 6월 5,000원 액면가 기준 역대 최고가(175만 원)로 화려하게 상장한 네오위즈는 불과 1년 뒤 보유 현금 수준까지 주가가 빠졌다. 탐욕과 공포는 신규 상장 종목에서도 예외가 아니다.

모든 종목은 한때 신규 상장 종목이었다. IPO는 기업에게 필요한 자금을 공급함과 동시에 투자자들에게 선택의 폭을 넓혀주는 자본시장의 꽃과 같은 과정이다. 그러나 기계적인 '따상'을 바라는 단기적 접근은 기업이나 투자자 모두에게 도움이 되지 않는 사고방식이다. 구조적으로 어쩔 수 없는 일을 잘못된 일로 만들지 않으려면 투자자들이 IPO의 배경을 이해한 후 정신을 바짝 차리는 수밖에 없다. 신규 상장 종목에 접근할 때도 버핏의 격언을 떠올리길 바란다. "모두가 두려워할 때 욕심을 내고, 모두가 욕심을 낼 때 두려워하라."

지주회사

2023년 현 시점에서 지주회사는 찬티와 안티만 있을 뿐 중간 의견이 없을 정도로 투자자들 사이에서 극렬한 논쟁의 대상이다.

지주회사를 좋은 투자 대상으로 보는 진영은 저평가 매력을 1순위로 꼽는다. 한국의 지주회사는 전 세계에서 가장 싼 섹터라는 것이다. 더 나아가 최대주주가 직접 보유하는 지배구조

최상위 회사인 만큼 할인이 아니라 할증을 받아야 된다고 주장한다. 지주회사와 자회사 간에 이해관계가 상충되는 이슈가 있을 때 거의 예외 없이 지주회사 쪽에 유리한 방향으로 의사결정이 이뤄진다는 경험에 의거한 논리다.

지주회사에 부정적인 시각을 가진 진영은 열등재적인 속성에 초점을 맞춘다. 지주회사 주가가 오르기 시작하면 상승장의 거의 막바지라는 속설이 있다. 다른 종목이 더 오를 여지가 없을 때에야 마지막으로 손이 간다는 뜻이다. 자회사 주가가 다 오르고 나면 지주회사가 마지못해 뒤따라 상승하는 경우도 많다. 종합해보면 투자자 입장에서 다른 대안이 있을 때 굳이 살 필요가 없는 무거운 주식이라는 논리다.

우리는 부정적 측면을 감안하더라도 지주회사가 너무 싸다는 입장이다. 하지만 가장 불편하게 다가오는 부분은 최대주주는 대체로 상속세 절감을 위해 지주회사 주가가 오르길 바라지 않는다는 점이다. 따라서 상속이 이미 완료되었거나 상속 욕구가 낮은 지주회사로 선별해야 투자 성공 가능성을 높일 수 있다. 더불어 지배구조 개편이 완전히 끝나지 않은 지주회사의 경우 자회사 주식을 지주회사 주식으로 바꾸는 스왑 과정에서 생각지 못했던 기업가치의 왜곡 현상이 발생할 수 있으므로 주의해야 한다.

때로는 최대주주도 개인적인 이유로 현금이 필요하다. 집을 살 수도 있고, 별도의 새로운 사업을 구상할 수도 있고, 상속세 혹은 증여세를 내야 할 수도 있다. 예전 같으면 터널링 등을 통해 회사 돈을 몰래 편취하는 방법으로 이를 해결했는데 사회 전반의 투명성이 제고되면서 통로가 사실상 막힌 상태다. 따라서 현금 확보를 위해 일부 주식을 매도하거나 담보대출을 받기 위해 보유중인 지주회사의 지분가치를 극대화할 필요를 느끼게 된다. 아니면 배당을 받는 것이 현금 확보의 유일한 방법이다. 이러한 상황에 놓인 지주회사는 디스카운트 요인에서 상대적으로 벗어나 있으므로 재평가가 가능하다.

IMF외환위기 이후 순환출자 등의 폐해가 있었던 지배구조 개선을 유도하기 위해 정부가 지주회사 전환을 독려한 결과 이제는 많은 지주회사가 상장되어 있다. 그중 상대적으로 우월한 지주회사를 골라내는 기준들을 꼽아보자.

첫째, 새로운 사업에 적극적으로 투자하는 동시에 성장 여력이 떨어진 사업을 정리하는 결정을 하는 지주회사가 단순 지배만을 목적으로 하는 곳보다 더 높은 평가를 받아야 한다. 버크셔해서웨이처럼 지주회사로서 가지는 특화된 자본 배치 기능에 충실한가를 의미한다. 주가 급락기에 과감하게 자회사 지분을 늘린 적이 있는가를 알아보는 것도 유능함과 실행력을 갖춘 투자형 지주회사를 판별하는 손쉬운 방법이다. 우리나라에선 현재까지 SK가 이런 지향점을 표방했고 가장 근접한 모습을 보이고 있다 판단한다.

둘째, 같은 밸류에이션이라면 보다 선명하게 투자 아이디어를 설명할 수 있는 지주회사에 투자하는 편이 낫다. 예컨대 한화와 같이 방산, 호텔, 건설, 태양광, 화학, 금융, 심지어 조선까지 손을 뻗치는 복합지주회사라면 투자자 입장에서 어느 사업에 초점을 맞춰야 할지 판단하기 힘들다. 화장품이면 화장품, 철강이면 철강, 금융이면 금융처럼 하나의 산업 군으로 그룹 전체가 전문화되어 있으면서 자회사 지분율이 높은 단순한 지주사가 다양한 분야에 걸친 복합지주회사보다 할인을 덜 받는 것이 합리적이다.

셋째, 별도 재무제표가 우량한가를 살펴봐야 한다. 기업을 분석할 때

통상 연결 재무제표가 주재무제표로 쓰이지만 지주회사 분석에선 별도 재무제표가 더 중요하다. 연결 재무제표상 순이익이 나고 자산이 많더라도 별도 재무제표에 돈이 없는 경우는 아들은 부자지만 용돈을 못 받아 정작 쓸 현금이 없는 아버지와 마찬가지 꼴이다. 자회사들로부터 배당금, 상표권 로열티, 부동산 임대수수료를 많이 받아 자체적으로 사용할 수 있는 현금이 있어야만 주주들을 위해 배당도 주고 자사주매입도 실행해 줄 수 있다.

지주회사는 여러 종류의 과자가 들어 있는 종합선물세트와도 같다. 과자 값 합계의 절반에도 미치지 못하는 종합선물세트가 슈퍼마켓에 떨이로 나와 있는 상황이니 가치투자자의 관심을 끄는 것은 당연한 일이다. 그러나 할인이 해소되는 시기가 언제일지, 과연 그날이 오긴 하는 건지는 아무도 장담할 수 없다. 하지만 재평가가 진행된다면 모든 과자가 구매자의 마음에 쏙 드는 종합선물세트부터 시작되리라 예상한다. 우량 자회사를 많이 가진 지주회사가 곧 우량 지주회사다. 선별 투자가 필요한 이유다.

동학개미 서학개미

2020년 코로나 시기에 용기 있게 주식시장에 뛰어든 한국의 개인투자자들은 동학개미라는 칭호를 부여받으며 시장의 주역으로 떠올랐다. 고점이 아닌 저점에서 주식을 사 모으며 주식투자를 시작했다는 점 그리고 유튜브 등 새로운 매체를 통해 열심히 공부를 한다는 점에서 과거의 실패를 되풀이하지 않을 거란 기대를 모았다. 우리 역시 동학개미의 용기에 박수를 보내며 이번에야말로 진짜 시장이 변하는 계기가 되길 바랐다.

그러나 지난 2년을 돌아보면 아쉬움이 많이 남는다. 여전히 좋은 주식을 찾는 노력을 기울이기보단 시장의 방향성을 맞추는 일에 매진하는 구태가 눈에 띈다. 개인 거래대금 상위에 계속 위치하는 데서 미뤄볼 수 있듯이 레버리지 ETF, 인버스 ETF 매매가 성행하는 것이 단적인 예다. 장기투자와 궁합이 맞는 ETF라는 상품이 단기 트레이딩 도구가 되어버린 안타까운 현실이다. 그나마 예전에 비해 우량주에 투자해야 한다는 의식이 고양되었다지만 그중에서도 가장 변동성이 높은 주도주로 몰리는 현상은 변함이 없는 거 같다.

진짜 공부를 하고 있는 걸까 하는 의문도 여전하다. 고등학생이 국·영·수 공부는 제쳐두고 하루 종일 EBS 채널을 켜둔 채 입시 경향을 예측하는 뉴스만 보고 있다면 과연 시험을 제대로 치러 원하는 점수를 받을 수 있을까? 마찬가지로 시황, 경제 해설, 시장 예측을 아무리 많이 듣는다 해도 정작 내가 투자하는 회사에 대해 확실히 알지 못하면 쏟아지는 이슈와 주가의 변동성 속에서 의사결정을 올바르게 할 수 없다. 노마드 투자조합을 성공적으로 운용했던 닉 슬립과 콰이스 자카리아는 이렇게 말한다. "정보 역시 식품과 마찬가지로 유통기한이 있으며 유통기한이 긴 정보에 가중치를 높게 부여해야 한다."

심지어 산업이나 종목에 대해 얘기를 아무리 많이 듣는다 해도 직접 해보지 않으면 공부를 하고 있다는 착각에 다름 아니다. 인터넷 강의를 통해 강사가 수학문제를 풀어주는 과정을 눈으로만 본다면 과연 시험장에서 문제를 직접 풀 수 있을까? 여러분이 지금 보고 있는 이 책조차도 읽기만 할 뿐 책장을 덮은 후 기업 분석이든 포트폴리오 구성이든 직접 제대로 해보지 않는다면 수학문제를 눈으로만 풀어본 것과 마찬가지다.

직접 해보지 않으면 내 것이 아니다

공부는 몸으로 하는 것

　일부는 한국 시장에서의 결과가 신통치 않자 여기는 글렀다며 미국 시장에 투자하는 서학개미로 변신했다. 하지만 만화 베르세르크의 유명한 대사처럼 도망쳐서 도착한 곳에 낙원이란 있을 수 없다. 미국 시장은 유명한 기업들도 많고 주주 보호를 위한 제도도 잘 갖춰져 있지만 전 세계 투자자들이 완전 경쟁을 하는 곳이니만큼 정보 우위를 발휘하기가 어렵고, 의외로 이슈와 분기 실적에 따른 개별종목의 일일 변동성도 엄청나다. 개인투자자들이 그렇게나 싫어하는 공매도가 완전히 자유로운 곳이기도 하다.

　누구에게나 더 쉽게 돈 버는 시장이란 있을 수 없다. 각자의 실력과 태도 그리고 준비 정도에 따라서 더 맞는 시장이 있을 뿐이다. 우리는 현지 시장에 대한 지식, 기업에 대한 정보 접근성, 저평가된 가격 등을 중시하고 경영진 성향까지 파악할 정도의 딥리서치를 해야 직성이 풀리므로 한국 투자를 더 선호한다. 우리 눈에 한국은 하이퀄리티 기업을 평균 이하 가격에 살 수 있어 지수를 아웃퍼폼 하기 좋은 시장이다.

　2년 가까운 치밀한 실사 끝에 세계 최대 국부 펀드의 위탁운용사로 선정되었을 때 얘기다. 담당자에게 이렇게 물었다. "한국에 직접 투자하지 않고 운용을 저희한테 맡기는 이유가 뭡니까?" 대답은 "우리가 한국 시장을 아무리 분석한다한들 현지 지식과 네트워크를 갖추고 있는 당신들만큼 잘할 수 없다"였다. 세계에서 가장 큰 자산을 굴린다는 투자자조차도 남의 나라에서는 실력을 온전히 발휘하기가 힘들다는 뜻이다.

안타깝게도 책을 쓰고 있는 현재 시점에서 동학개미와 서학개미를 막론하고 모두 성과가 좋지 않아 보인다. 하지만 끝날 때까진 끝난 게 아니다. 투자를 시작한 지 3년이 채 되지 않았다면 결과를 논하거나 환경을 탓할 때가 아니라 여전히 배우는 과정 중에 있다고 생각해야 한다. 최소한 이 책의 독자들은 조바심과 단기적인 시각은 내려놓고 진지하게 주식 공부를 하는 건전한 투자자들이라 믿고 싶다. 지금까지 투자해온 시간보다 앞으로 남아 있는 시간이 더 많으니 포기하지 말고 실수에서 배워 다시 성장해나가면 된다.

여기서 더 나아가 우리에겐 우리가 몸담고 있는 한국 주식시장의 기

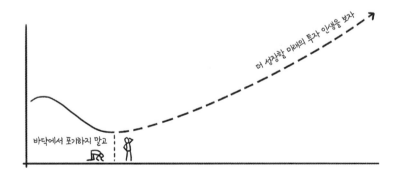

더 성장할 미래의 투자 인생을 보자

바닥에서 포기하지 말고

포기 금지

능을 한층 더 건강하게 회복시킬 의무가 있다. 굳이 한국인들에게 익숙한 홈그라운드를 떠나 해외 시장으로 강제 진출당하지 않아도 되도록 함께 힘을 모으자고 제안하고 싶다. 미국은 세계의 중심이지만 한국은 우리 생활의 중심이다. 가까운 곳부터 고쳐나가야 하지 않겠는가.

행동주의의 필요성

가치투자를 하는 동안 가장 경계심이 드는 단어가 뭐냐고 물어본다면 단언컨대 '밸류트랩'이다. 밸류에이션 지표를 기준으로 저PER, 저PBR 주식에 투자했는데 주가가 재평가받지 못하고 장기간 횡보하거나 오히려 하락해 저평가가 심화되는 현상을 말한다. 가치함정이란 해석상의 의미가 딱 어울리는 상황이다.

밸류트랩에 빠지게 되는 이유는 여러 가지가 있다. 건설, 화학, 철강 등 경기순환주에 실적이 좋을 때 투자했다가 업황이 꺾이면서 밸류에이션이 무색해지는 경우가 대표적이다. 이외에도 서비스 가격이나 주주정책 결정에 있어 정부 규제가 심하게 들어오는 은행, 보험, 유틸리티, 교육업종 등에서도 밸류트랩을 경험했다.

하지만 뭐니 뭐니 해도 가장 억울한 경우는 사업이 순항하고 있고 자산도 많이 보유하고 있는데 경영진의 반주주적인 태도 탓에 발생하는 밸류트랩이다. 막대한 현금을 깔고 앉아 신규 투자나 M&A 등 성장을 위한 자본 배치 활동을 게을리 하는 바람에 ROE가 시간이 지날수록 계속 떨어지는 경우가 대표적이다.

또한 주가 상승에 따라 상속세 부담이 비례해 커질 것을 우려한 나머지 주주정책을 의도적으로 악화시키거나 심지어 상장사의 기본 의무인

IR활동을 회피하는 경우도 있다. 더 나아가 대주주 특수관계인과의 부당한 계약을 통해 회사의 이익을 사외로 빼돌리는 극악한 사례도 빈번히 발생했다. 주주들이 가장 분통을 터뜨리는 지점인 동시에 코리아 디스카운트의 원인을 꼽을 때 가장 많이 지적되는 대목이다.

미국까지 갈 것도 없이 한국 시장 내에서도 신뢰도의 차이가 밸류에이션 차이로 이어지는 현상을 관찰할 수 있다. 시멘트는 비즈니스 모델상의 차이가 거의 미미한 산업이다. 그런데 업계 빅3인 쌍용C&E, 한일시멘트, 아세아시멘트의 PER이 각각 25배, 11배, 4배(2022년 10월 기준)로 현격한 격차를 보이는 이유가 뭘까? 주주에 대한 태도가 다르기 때문이다. 세 회사의 배당성향이 118%, 45%, 8%로 멀티플과 비례하니 시장이 회사가 번 돈을 주주에게 얼마나 돌려주느냐에 따라 다른 값어치를 매긴 결과다.

우리는 아세아시멘트에 대해 2021년 10월 7.66%, 그 지주회사인 아세아에 대해 2022년 2월 9.26%로 일반투자 목적 지분공시를 했다. 자본시장법상 투자자의 보유 목적은 단순투자, 일반투자, 경영참가로 나뉜다. 일반투자 목적으로 공시를 하게 되면 단순투자와는 달리 배당 등 주주환원에 있어 주주제안을 할 수 있다는 장점이 있다. 사내이사를 추천해 직접 경영에 참가하는 수준까진 아니지만 대량 지분을 가진 기관투자자로서 주주환원에 관해 회사에 적극적인 의사표시를 하겠다는 선언을 한 것이었다.

행동주의를 전개한 이유는 하나다. 사업은 경쟁사에 꿀릴 것이 전혀 없는데 오로지 주주환원이 부족해 디스카운트를 받고 있으니 이 부분만 개선하면 밸류트랩에서 벗어날 수 있다고 봐서다. 우리는 회사 측에 타사 대비 현저히 낮은 배당성향을 올려서 자사주매입소각까지 포함해 주주환원율을 40% 이상으로 올려줄 것을 요구했다. 또한 발행주식 대비 16.2%에 이르는 기취득 자사주에 대한 소각을 요구했다.

VIP자산운용은 아세아그룹처럼 공개된 사례 외에도 지분을 가진 회사들 상당수를 향해 비공개적으로 다양한 제안을 하고 있다. 3~5년 이상 투자해온 회사들이 대부분이고 심지어 투자한 지 10년이 넘는 회사들도 몇 개 된다. 업황, 현금흐름, 자산현황 등을 감안한 기업가치 제고 방안을 담아 적게는 10페이지 많게는 30페이지 분량의 제안서를 보내는데 확실히 과거와는 회사들의 반응이 다르다는 것을 체감한다.

"자꾸 귀찮게 하면 그나마 주던 배당도 없애버릴 겁니다." 선배 펀드 매니저들은 이런 협박까지 들었다고 한다. 하지만 이제는 주주들의 요구를 일방적으로 묵살할 수만은 없는 사회적 분위기가 조성되어 가고 있다. 실제로 최근 에스엠처럼 소액주주들이 선임한 감사가 이사회에 진입하기도 하고 사측에서 밀어붙인 동원산업의 합병 건이 소액주주들의 반발로 합병비율이 재조정되는 사례들이 생겨나고 있다. 희망적인 방향성

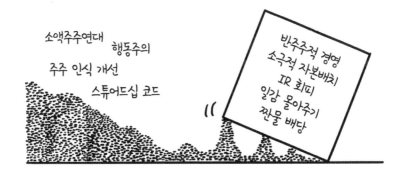

주주들의 반란

이다.

행동주의 하면 적대적인 이미지를 먼저 떠올리나 우리는 이제부터 우호적으로 대화하는 방식도 점차 효과를 발휘할 것이란 믿음을 갖고 있다. 젊은 세대가 배턴을 이어 받아 최대주주에 오른 기업의 수가 증가하면서 회사는 온전히 내 소유라는 인식, 소액주주는 무시하면 그만이라는 생각이 과거 창업주 세대에 비해 엷어지고 있다.

아세아그룹은 우리의 제안 이후 작은 변화를 도모함으로써 반응을 보였다. 아세아는 자사주식의 저평가를 인식해 2022년 들어 네 차례의 자사주매입을 실시했고 창사 이래 최초로 중간배당 계획도 공시했다. 그리고 아세아시멘트는 유동성을 개선하기 위해 액면가를 5,000원에서 500원으로 낮춘 액면분할을 발표했다. 여전히 자사주소각까지는 이르지 못하고 주주환원율도 타사 대비 낮지만 경영진에게 주주의 요구사항에 대한 관심을 환기시킨 덕에 점진적인 개선이 이뤄지는 중이라 판단한다. 변화는 이제 시작이다.

리스크는 전체 주주가 지고 최종 과실은 소액주주를 배제한 채 대주주가 독식하는 비정상적 경영 행태는 이제 사라질 때가 되었다.

이를 위해 소액주주들은 소유권에 대한 인식을 강화해야 한다. "앞으로 팔 거니까 주주권 행사해봐야 뭐하나." 이런 패배주의적인 생각에서 과감히 탈피할 필요가 있다. "주가 오르면 주식 팔 생각만 하는 단기 주주들에게 잘해줘서 뭐합니까" 같은 사고를 하는 상장회사 경영진이 있다면 그 또한 잘못된 것이다. 아파트와 회원권은 언젠가 팔 수도 있으니 현재 소유자로서의 마땅히 주장해야 할 권리를 포기해야 하는가? 자산은 보유 기간과 목적을 떠나서 갖고 있는 동안은 당연히 주인으로서 대접을 받아야 한다.

최대주주가 소액주주 지분을 쪼개진 다수라 보는 대신 내 지분을 제외한 나머지 지분을 가진 주주들을 한 주체의 1인 주주, 즉 함께 기업을 소유한 파트너로 본다면 시각의 변화를 경험하게 될지도 모른다. 반대로 소액주주 입장에서는 그렇게 느껴지도록 적극적인 행동을 취해야 한다. 의식의 변화는 행동의 변화를 가져온다.

우리나라의 상속세율이 다른 선진국에 비해 과한 것은 사실이다. 하지만 그런 이유로 주가를 눌러서 상속세를 줄이고 싶다면 그야말로 소탐대실이라 하지 않을 수 없다. 같은 논리라면 소득세를 적게 납부하기 위해 월급도 적게 받아야 한다. 높은 주가에선 대주주의 지분율 희석이 덜한 상태로 외부 자금을 공급받을 수 있는 장점도 있다. 시가총액이 크면 자금이 필요할 때 개인 주식담보대출을 받기에도 유리하다.

당국에도 한 가지를 제언하고 싶다. 상장주식이 상속 및 증여될 때 주식시장에서 매겨지는 '시가'가 아닌 '상속증여세법상의 가치'로 계산되는 편이 더 합리적이라는 것이다. 순자산과 순이익을 기초로 해서 매겨지는 평가가 단기에 큰 폭으로 널뛰기하는 주가보다 예측가능성과 실체반영도가 모두 높기 때문이다. 경영진이 적극적인 주주환원과 투명한 경영을 통해 주가를 상속증여세법상 가치보다 더 높게 형성 시킨다면 상대적으로 상속세를 줄이는 효과가 있기 때문에 주가 상승을 바라는 소액주주와 윈윈이 가능하다.

자사주매입소각은 배당에 비해 세금 친화적이면서 영구적으로 최대주주를 포함한 장기 주주의 지분율을 늘릴 수 있는 효과적인 방법이다. 버핏이 그토록 강조하듯 저평가된 가격에 실시되는 자사주매입소각은 애플의 사례에서 보듯이 가성비 높은 기업가치 제고 방안이다. 모 지주사의 CFO는 IR행사에서 만나는 해외투자자마다 한 명도 빠짐없이 자사주매입소각을 권유해서 놀랐다고 한다. 실제로 우리가 만나는 해외투자자들도 자사주매입소각은 통 안에 든 물고기를 잡는 것만큼 쉬운 기업가치제고 방안인데 왜 한국 기업들은 자금이 있음에도 저평가 기회를 그냥 흘려보내는지 이해가 안 간다는 항의를 한다.

가치투자자들의 회고를 들어보면 미국 또한 60~70년대 주주에 대한 의식이 매우 빈곤했다고 한다. 결국 주주들의 끊임없는 기업가치 개선 요구, 저평가 상태를 유지하다 경영권을 빼앗기는 경험(버핏이 버크셔 해서웨이를 이렇게 손에 넣었다), 경영진과 주주의 이해관계 일치화 작업, 주주의 권리를 보호하는 법률 등을 통해 지금에 이른 것이다. 자본주의를 도입한 역사에 차이가 있다지만 넉넉잡아 50년 이상의 격차가 존재한다 해도 지금은 한국도 유사한 변화를 기대할 수 있는 시점에 섰다 할 수 있지 않을까?

우리의 경험으로는 이미 완성에 이른 시점보다 변화가 진행되는 동안이 더 기회가 가득한 시장이었다. 미국으로 주식 이민을 갈 필요 없이 우리의 터전에서 맘 놓고 투자를 할 수 있는가는 행동주의의 성공 여부에 달려 있다. 한국의 정치 체계가 민주화를 이룬 것처럼 주식시장에서도 민주화가 달성되길 간절히 바란다. "우리는 대주주의 한 주와 소액주주의 한 주는 동일해야 한다고 생각한다." 김용범 메리츠금융지주 부회장이 했던 이 말은 자본주의를 채택한 한국에서 이제는 당연한 명제로 받아들여질 필요가 있다.

가치투자자의 역할

상장주식 투자자들은 벤처투자자 앞에 서면 스스로 작아지는 느낌을 받곤 한다. 일종의 컴플렉스다. 막 창업을 했거나 성장 가도를 달리는 기업에 자금을 직접 공급하는 일은 새로운 가치를 만들어내는 일에 기여하는 것 같지만, 이미 성숙된 기업이 발행해 유통되는 주식을 가격에 맞춰 사고파는 일은 개인적인 수익 추구 외에 사회적으로 어떤 의미를 가지는지 선뜻 대답을 내놓기 어려워하는 까닭이다.

우리 역시 같은 고민이 있어『한국형 가치투자 전략』에 추천사를 써주신 최도성 교수님께 "유통주식 투자자는 자본시장에서 어떤 역할을 합니까?"란 질문을 던진 적이 있다. 그분의 답변은 다음과 같았다. "주식 거래는 자기 이익을 추구하기 위해 하는 것이지만 그 결과로 시장 가격을 정하는 중요한 순기능을 제공하는 것이라네. 자금을 직접 공급하지 않더라도 그 기준이 되는 가격을 만들어내는 셈이지."

큰 깨달음이었다. 유통업자는 직접 만들어 가치를 창출하진 않지만 좋은 상품을 싸게 사는 행위를 통해 제조업자가 좋은 상품을 싸게 만들도록 유인을 제공하는 역할을 한다는 의미로 해석했다. 할인마트의 정육 구매 담당이 품질과 가격을 엄격한 기준으로 삼으면 축산업자는 저비용으로 양질의 고기를 제공하려 애쓰겠지만 반대로 무게만으로 구매를 결정한다면 물 먹인 소고기를 납품받게 되는 결과와 마찬가지다.

깐깐한 가치투자자가 시장의 다수라면 회사는 이익을 내지 않고서는 높은 가격을 받을 수가 없다는 현실을 인식하고 본연의 경영 활동에 매진할 수밖에 없다. 또한 과장과 속임수는 용납되지 않는다. 하지만 투기자들이 다수를 이루면 회사는 섹시한 스토리 등 포장에만 신경쓰면 되니

이 기업의
진짜 가치는
얼마인가?

가치투자자의 역할

실질의 개선이란 어려운 길을 택할 이유가 없다. 결국 주식시장에는 알맹이는 없이 껍데기만 남은 매매용 저질 주식들만 남게 된다.

가치투자자는 올바른 기준을 세우는 사람들이다. 우리를 통해 벤처기업은 우량기업이 되기 위해 노력할 동인을 제공받고 그 가운데 기여한 구성원들은 주식시장을 통해 최종적인 보상을 받는다. 상장기업은 매출을 올리고 비용을 아끼는 등 기업가치 제고를 위해 노력할 동인을 제공받고 그 일에 성공한 경영자들은 주가 상승으로 보답받는다. 우리는 건강한 자본주의 시스템을 지키는 파수꾼이다. 자부심을 갖자.

10

투자자의 성장

등산 방법을 다 배웠더라도 바로 에베레스트에 오를 수는 없습니다. 투자는 공부를 열심히 해야 한다는 점에서 국·영·수 학습과 비슷하지만 반복 훈련을 통해 체화해야 한다는 점에서 예체능적 속성을 가지고 있습니다. 성장을 위해선 시간이 필요합니다. 부끄럽지만 저희가 지금까지 걸어온 역사를 밝힙니다. 시행착오를 줄이는 데 하나의 참고가 되길 바랍니다.

최준철의 성장사

과외 아르바이트를 해서 모은 돈으로 산 나의 첫 종목은 LG화학이었다. 지금도 마찬가지이지만 LG화학은 사업 구조가 워낙 복잡해 이해가 쉽지 않은 회사다. 그럼에도 불구하고 겁 없이 매수했던 이유는 아버지가 화학업종에 종사해 어릴 때부터 익숙하게 들어온 이름이었기 때문이다. 알만한 업종 대표주이니 막연히 좋을 거라 기대한 것이다.

돈을 벌 거란 희망에 부풀어 있었지만 회사에 대해 아는 바도 없고 딱히 다른 대안도 없으니 그냥 주가가 오르내리는 것만 쳐다봤다(증권사 객장에 나가 전광판으로 시세를 확인해야 했던 시절이다). 주가가 오르면 돈 벌어 기분 좋고 떨어지면 돈 잃었다는 생각에 기분이 울적해졌다. 책 몇 권을 읽고 시작했다지만 주린이의 모습 그 자체였다.

이래선 안 되겠다 싶어 버핏을 대놓고 흉내내보기로 했다. "한국의 코카콜라를 찾아라." 당시 나의 미션이었다. 그래서 처음 제대로 들여다보기 시작한 업종이 이해하기 쉬운 음식료였다. 제품의 유사성 면에선 롯데칠성, 해태음료 등이 가장 비슷해 보였고, 소비자 충성도 면에선 농심이 가장 좋아 보였다. 이익 추이도 LG화학에 비해서는 안정적이었다. 이렇게 음식료 업체들을 매수하다보니 몰빵투자에서 분산투자로 성격도 자연스레 바뀌었다.

하지만 내 나름대로 판단한 한국의 코카콜라를 샀음에도 불구하고 주가는 내내 빠졌다. 결국 주식을 갖고 있는 상태에서 1997년 IMF 외환위기를 맞았다. 그 전부터 한보, 기아 등 대기업들이 휘청거린다는 뉴스가 한창 지면을 장식하던 시기였는데 솔직히 경제가 어떻게 흘러가고 있는지 전혀 눈치채지 못했다. 당시 투자 일기에 "IMF가 한국 경제를 구제하기로 했다니 참 다행이다"라 썼을 정도니 이후에 어떤 지옥문이 열릴지 짐작조차 못했던 셈이다(돌아보면 나뿐만 아니라 다들 IMF 구제금융이 뭐가 뭔지 몰랐던 것 같긴 하다).

당시 구독하던 경제신문을 통해 시세를 확인했는데 시간이 흐를수록 관리종목이 점점 늘어나더니 두 면 중 한 면 전체가 망한 회사들의 이름으로 가득 찼다. 종합주가지수가 280까지 내려가던 97년부터 98년까지 내 심리 상태는 이렇게 변해갔다.

1단계. 남탓: "하필 내가 주식을 시작하니 IMF라니 재수도 없지. 이게 다 정부 탓이야"

2단계. 희망: "그래도 농심이 망하기야 하겠어? 돈 없으면 라면을 오히려 더 먹을 텐데"

3단계. 굴복: "주가가 계속 빠지니 회사에 내가 모르는 문제가 있나 봐"

4단계. 체념: "나라가 망하는 판에 주식 떨어지는 게 대수인가. 원래 없는 돈이었다 치자"

그리고는 도망치듯이 입대했다. 팔 용기도 없어 주식을 그대로 두고 갔는데 자대 배치를 받은 후 시세를 봤더니 꽤 회복이 되어 있었다. 시장도 바닥을 찍고 환율도 2,000원에서 내려오는 등 경제도 뭔가 정상을 찾아가는 분위기였다.

이때 네 가지 교훈을 얻었다. 첫째, 경제는 언젠가 회복한다. 그리고 대응에 따라 생각보다 빠를 수 있다. 둘째, 주식시장은 경기에 앞서 움직인다. 특히 바닥을 확인하고 나면 급하게 반등한다. 셋째, 회사는 망하지 않으면 결국 주가는 제자리를 찾아간다. 넷째, 수익력과 재무구조가 취약한 회사는 위기가 닥치면 망해서 없어질 수도 있다.

다행히 자유 시간을 누릴 수 있는 카투사 신분이어서 주식투자를 재개할 수 있었는데 1999년은 내가 투자자로서의 실력이 가장 크게 성장했던 시기로 기억된다. 일단은 주식시장의 무서움을 알게 되어 개별기업 공부의 중요성을 절감하게 됐다는 점이 가장 컸다. 운도 따랐다. 마침 금감원 전자공시 서비스가 개시되어 세세한 기업정보에 접근이 가능해졌다. 기업의 속살을 들여다보는 게 얼마나 재미있었던지 매일 4~5개 기업을 정한 뒤 사무실 프린터로 몰래 출력해 막사에 가서 저녁시간 내내 읽었다. 아는 종목이 쌓여갔다. 지금도 군대 전우들을 종종 만나는데 세월이 흘렀어도 그들에게 나는 주식 덕후로 여전히 각인되어 있다.

이때 내가 개발한 주특기는 생활 속 발견이었다. 대학교 1학년 때 월스트리트를 보고 싶은 마음에 뉴욕으로 어학연수를 간 적이 있다(나의 첫 해외여행이었다). 이때 월마트에 큰 인상을 받아서인지 한국에서 신세계가 이마트 사업을 시작했을 때 대박 사업이 될 것임을 직감했다. 집 근처 분당점을 수차례 방문해 확신을 가진 뒤 신세계 주식을 샀다. 이를 통해 큰 자신감을 얻는 성과를 거뒀다. 하지만 아직 분석 실력이 모자란 탓에 신세계가 삼성생명 지분을 갖고 있는지는 삼성생명 상장 뉴스로 신세계 주가가 오를 때 처음 알았다.

이외에도 관심사와 경험을 최대한 발휘해 투자 아이디어를 개발해나갔다. 소비재에 대한 이해도를 늘려감에 따라 오리온, 빙그레, 롯데칠성, 한섬 등으로 종목 범위가 확장되어 갔다. 드라마 '재벌집 막내아들'에 주인공 진도준(송중기)이 우후죽순처럼 확장되던 PC방을 보고 투자 아이디어를 찾는 장면이 나왔는데 나 역시 비슷한 경험을 했다. 1998년에 휴가를 나와 PC방이라는 업태가 생겼다 해서 호기심에 방문했더니 남성들은 스타크래프트와 리니지를, 여성들은 스카이러브를 즐기고 있었다. 그렇게 채팅사이트 스카이러브의 인기를 목격한 후 하늘사랑 법인의 지분을 보유한 한글과컴퓨터에 투자해 큰 수익을 올린 기억도 난다(엔씨소프트는 당시 비상장이라 안타깝게도 투자를 할 수 없었다). 물론 1999년 후반 인터넷주에 불어 닥친 광풍은 나의 상식으론 이해할 수가 없었다.

만약 닷컴 버블 시기에 펀드매니저 생활을 하고 있었다면 고집을 부리다 끝내 이채원 매니저처럼 사임했거나 반대로 지나친 압박감을 이기지 못하고 뒤늦게 추세에 동참했다 참담한 꼴을 당하지 않았을까 하는 상상을 해본다. 어쨌든 이 시기는 자유롭게 시장을 대할 수 있었던 개인투자자였던 나에게 지나치게 뜨거운 냄비에는 절대 손을 대지 말아야 한다는 교훈을 강하게 뇌리에 남겼다. 버블 붕괴와 함께 나는 제대를 했다.

회사에 대해 잘 알고 투자하니 예전보다 시세 변동에 덜 휘둘리게 됐고 연속적으로 성공 경험을 쌓아가다보니 가치투자에 대한 확신이 더 커져갔다. 투자 대가들의 말이 가설이 아니라 내가 직접 한국에서 검증한 유효한 방식이라는 믿음도 생겼다. 더불어 호기심이 많아 공부하길 좋아하고 감정 변화가 남들보다 덜한 기질도 투자에 잘 맞다는 생각이 들었다. 평생 할 수 있는 일과 돈을 벌 비법을 찾았다는 생각에 행복했다.

하지만 내가 인터넷 공간에서 접한 현실은 그렇지 않았다. 주식은 도박이고 패가망신의 지름길이며 한국 시장은 작전세력들의 놀이터이니 정상적인 방법으로는 돈을 벌 수 없다는 의견이 주류였다. 그도 그럴 것이 나조차 주식한다는 얘길 부모님께 차마 고백 못하던 시절이었다(나중엔 내가 투자에 진지하게 임한다고 생각하셔서 감사하게도 씨드머니를 보태주셨다). 어차피 익명의 공간. 인터넷에서 내가 사랑하는 주식을 폄

하하는 사람들과 키보드로 싸우기 시작했다. 생기는 건 없지만 가만있기엔 청춘의 피가 뜨거웠다.

　제대를 하고 복학을 준비하던 2001년 우연히 '뉴아이'라는 가치투자 커뮤니티에서 눈에 번쩍 띄는 분석 글을 발견했다. 내가 관심을 가진 종목이어서 내용은 대략 알았지만 한 기업을 완전히 해부해 이렇게 쉬운 언어로 핵심을 짚어 설명한다는 점이 너무나 놀라웠다. 나와 비슷한 철학을 가진 투자자일 거란 기대감을 가지고 무턱대고 이메일을 보냈는데 직장인일 거란 예상과 달리 우연히도 나와 같은 대학에 다니는 동갑내기였다. 그가 바로 지금의 김민국 대표다. 우린 만나자마자 이야기꽃을 피워 금세 의기투합했다.

　당시 '서울대투자연구회'란 주식 동아리에 몸담고 있던 김민국은 나에게 함께 활동할 것을 권유했다. 가치투자가 한국에서 통한다는 사실을 증명하기 위한 펀드를 만들어 동아리 홈페이지에 성과를 공개하고 편입 종목을 분석한 보고서까지 올리자는 아이디어도 제안했다. 여기에 '예스'라고 답한 것이 나에겐 인생의 대전환점이 되었다.

　이후 2년간 김민국과 함께 『한국형 가치투자 전략』 발간과 『대학경제신문』 발행 그리고 VIP투자자문 창업 등의 성취를 이뤘다. 2002년 학교 앞 오피스텔에 작은 사무실을 차렸는데 여기서 숙식을 해결하며 인생 2배속을 산 결과였다. 학교 수업 듣고 기업 분석하고 동아리 활동을 하는 동시에 신문 기사를 쓰고 광고 영업까지 직접 다녔다. 특히 신문 발행이 돈이 들어가는 일이다 보니 과연 다음 달에도 신문을 낼 수 있을지 늘 조마조마했다. 건전한 투자방법을 알리고 싶다는 비전이 없었다면 진작 지쳐 나가 떨어졌을 테다.

　나의 투자 이력에 있어 이때 경험한 중요한 사건은 함께 하는 즐거움과 유익을 알았다는 것이다. 솔직히 동아리 활동 이전까지는 투자는 혼자 고민하고 결정하는 거라 믿었다. 하지만 함께 종목을 연구하고 아이디어에 대한 피드백을 받으니 종목 풀도 빠르게 늘뿐더러 의견의 객관성을 유지할 수 있어서 좋았다. 계속 혼자 투자하는 삶을 이어왔다면 외롭기도 하겠거니와 확증편향에 따른 실수를 계속 저질러왔을지도 모르겠다.

이때의 경험이 회사를 창업하고 나서도 애널리스트 팀을 조직하고 각자 분석한 뒤 함께 자유롭게 아이디어를 교환하며 치열하게 토론하는 문화로 이어졌다. 하지만 이때까지만 해도 "버핏이랑 똑같이 투자를 해야 해" "PER 5배 이상은 비싸니 살 수 없어" 같은 교조적인 논리에서 완전히 벗어나진 못했던 것 같다. 어린 대표가 기준을 빡빡하게 정해놓고 "여기 맞는 종목만 찾아와" 그랬으니 초기 멤버들이 참 답답했을 것이다.

내가 좋아하는 일을 평생의 업으로 삼을 수 있었던 건 순전히 고 김정주 넥슨 창업자의 도움 덕분이었다. 2001년 팍스넷에 올린 네오위즈 분석 시리즈 글을 보고는 메일로 먼저 연락을 줘서 처음 만나게 되었다. 나중에 얘길 들어보니 보고서 내용도 내용이지만 어느 대학의 어느 학과를 다니는 누구가 아니라 "저는 객장 6년 차 최준철입니다"라며 자기소개를 하는 당찬 모습이 마음에 들었다고 한다. 내가 그에게 가장 고마웠던 건 나이 어린 우리를 전문가로 대했다는 부분이다. 당시에도 이미 게임업계의 거물이었지만 짧은 머리와 반바지 차림의 편안한 모습 때문이었는지 나는 첫 만남에서부터 신나게 가치투자 철학과 구체적인 방법론을 설파했다. 이를 진지하게 경청하다가 실제로 우리가 제시한 종목 아이디어가 마음에 든다고 바로 실행에 옮기기도 했다. 다행히 결과가 좋아 신뢰를 쌓을 수 있었다.

『한국형 가치투자 전략』을 집필할 때 작업 공간을 내어준 사람도 그였다. 넥슨 사무실 한편에서 밤새 원고를 쓰고 책상에 엎드려 자고 있는 우리를 깨워 밥을 사주기도 했고, 집필이 끝나 짐을 싸고 있을 때 우리가 구상 중이던 『대학경제신문』을 만들 곳이 필요하지 않느냐며 학교 앞에 사무 공간을 마련해주기도 했다. 그가 호기롭게 지갑에서 꺼내준 수표 한 장은 창간호 제작에 쓰였다. 2003년 초 사모펀드 출범을 계획하고 있을 때도 결정적인 힘이 되어줬다. 당시만 해도 넥슨이 지금처럼 큰 회사는 아니어서 보유 현금이 100억 원을 좀 넘는 수준이었음에도 불구하고 그는 대부분의 금액을 사모펀드에 맡기는 결단을 내렸다. 대학생 신분으로 그 정도 규모의 자금을 모았다는 뉴스가 보도되자 우리를 향한 신뢰도는 한층 올라갔고, 고객들에게 운용 서비스를 제공할 수 있는 투자자문사 인수로 연결되는 직접적인 계기가 되었다. VIP투자자문에도 초기 주주로 참여해 20년간 든든한 버팀목 역할을 자청했다.

고 김정주 창업자를 우연히 만난 일은 내 평생에 찾아온 가장 큰 행운이었다. 아직 마음의 빚을 다 갚지 못했는데 우리 곁을 먼저 떠나버려 비통한 심정이다. 비보를 접한 후로 1년이 채 지나지 않았지만 벌써부터 우리의 멘토이자 파트너이며 친구 같았던 김정주 형이 너무나 그립다. 『열정 : 가치투자 10년의 기록』에 수록된 인터뷰에서 그가 언급한 "그동안 보여줬던 모습처럼 늘 변치 말고 좋은 사람들이 되었으면 좋겠다"라는 생전의 당부를 잘 지켜 나가는 것이 우리가 그동안 받았던 사랑에 보답하는 길이라는 생각이 든다.

투자자문사를 창업했을 당시 주식시장을 둘러싼 대표적인 편견은 "코스피지수는 절대로 1,000선을 넘을 수 없다"였다. 지수의 상단이 막혀 있다 해서 상방이 열린 주식이 없는 건 아니라는 우리의 믿음을 입증하고자 참 열심히도 크게 오를 종목을 발굴하러 다녔다. 조개껍데기를 최대한 많이 까봐야 그 중에서 진주 하나를 찾을 수 있다는 결의를 수도 없이 속으로 되뇌었다. 한국 사회에 만연한 부동산에 대한 맹신도 주식을 사랑하는 우리로서는 극복의 대상이었다. 고객들이 부동산 대신 주식에 투자하길 잘 했단 얘기를 꼭 듣고 싶었다. 수익률 자료에 코스피지수를 벤치마크로 넣었지만 솔직히 마음속 경쟁자는 부동산이었다.

기관투자자가 되고 나서 가장 신났던 일은 아마추어 때와는 달리 기업탐방을 실컷 다닐 수 있다는 것이었다. 회사 현장을 둘러보고 경영진을 만나 이야기를 듣는 경험은 회사가 어떻게 돌아가는지, 어떤 요소를 갖춘 회사가 잘 되는지를 이해하는 데 큰 도움을 제공했다. 현재 우리 회사에서 중추적인 역할을 담당하는 펀드매니저가 신입 시절 때 함께 당일치기로 대구와 부산 소재 건설사들에 탐방을 다녀온 적이 있다. 서울로 돌아오는 길에 "이래서 기업 탐방이 필요한 거군요. 크게 배웠습니다. 그 회사의 강점이 뭔지 정확히 이해했고 이제 어떤 회사가 더 나은지 보입니다"라고 하더니 이후 기업 탐방 마니아로 거듭났다.

거기에 작은 회사이긴 하나 직접 경영을 하면서 얻는 깨달음도 쌓이니 20년 전과 지금을 비교한다면 경영에 대한 이해도가 향상된 부분을 가장 큰 차이로 꼽을 수 있겠다. 다소 교조적이었던 가치투자 방식의 적용과 특정 밸류에이션 범위에 대한 고집이 점차 완화될 수 있었던 것도 기업경영의 복잡성과 다양성을 인식한 덕분이었다. 솔직히 그 이전만 해도 가치투자가 실제와 인식의 갭을 찾는 게임이라고만 여겼던 듯하다.

가장 큰 깨달음을 얻은 시기는 역시나 가장 힘들었던 2008년 글로벌 금융위기 때다. 창업 이후부터 워낙 수익률이 고공행진을 한 덕에 고객들로부터 마이더스의 손이란 칭송을 받다가 갑자기 마이너스의 손으로 전락하니 답답한 마음에 이 모든 실패의 원인을 남 탓으로 돌리기 바빴다. 금융위기를 촉발한 미국 탓, 인내심 없는 고객 탓, 나쁜 종목을 갖다준 애널리스트 탓, 경영을 똑바로 못한 회사 탓, 주식을 팔기만 하는 시장 탓……

하지만 남 탓을 하는 동안 상황의 개선은 없었다. 자만을 버린 채 모든 잘못이 나에게 있다는 사실을 인정한 후 하나하나 개선해나가기로 결심한 순간부터 변화가 일기 시작했다. 그렇게 2010년부터 조금씩 부활을 시작했다. 이후 매해 12월 마지막 주에 사내 펀드매니저들이 모여 그해 저질렀던 투자 관련 실수들을 돌아보며 고백하는 시간을 갖는데, 솔직한 반성 없이는 발전을 기대할 수 없다는 당시의 자각이 만들어낸 연례행사다.

내가 확고한 나만의 투자관을 갖췄다는 느낌을 받은 때는 투자를 시작한 후 18년차에 접어든 2014년이었다. 꾸준히 노력해온 결과 커버하는 종목 풀이 넓어졌고 이 가운데 내가 어떤 종목을 선정할지에 대한 명확한 기준이 세워진 것도 이 시기다. 경험이 풍부한 미국의 투자 대가 멘토들과 교류를 하며 좋은 경영진의 특징과 자본 배치의 중요성을 깨달아 가능한 일이었다. 또한 끈질기고 면밀한 팔로우업 작업을 통해 투자 아이디어를 점검하면서 길게 가져갈 수 있는 종목과 아닌 종목을 구분할 수 있게 되었다. 밸류트랩을 벗어나기 위한 촉매와 이어달리기 개념을 실전에 활용하기 시작한 것도 이때쯤이다.

나는 자주 유튜브에서 1980년대 광고 영상 모음을 찾아 시청한다. 어린 시절 기억으로 되돌아가는 느낌도 좋지만 무엇보다도 당시 인기 제품은 무엇이었고 어떤 브랜드가 아직까지 살아남았는지 알아채는 재미가 쏠쏠하기 때문이다. 이렇듯 소비재에 유독 관심이 많지만 한국 시장에서 살아남으려면 반도체, 중공업 등 산업재 투자에 능해야 한다는 압박감을 받았던 것도 사실이다. 이런 열등감과 강박에서 벗어난 시점도 2014년쯤이었다. 관심사와 재미를 동시에 챙기는 것이 본연의 업무에 태만한 게 아니란 깨달음이었다.

어렸을 때는 넘치는 투자 아이디어에 비해 늘 돈이 부족하다 생각했다. 그렇게 구두쇠 짓을 하며 살았던 것도 싼 주식을 한 주라도 더 사서 내 투자 아이디어를 실현하며 부자가 되고 싶었던 욕망의 발로였다. 지금은 돈과 투자 아이디어 모두 많다. 그런데 난이도는 더 높아졌음을 실감한다. 운용 규모가 커졌기 때문이다. 개인 투자자 때가 짜파게티 한 개를 끓이는 느낌이었다면 지금은 짜파게티 100인분을 한 번에 끓이는 느낌이다.

다행히 운용 규모가 장시간에 걸쳐 천천히 단계별로 올라와 큰 사고는 피할 수 있었던 듯하다. 나의 시작은 50만 원이었다. 졸업 전에 억 단위를 굴려봤고 투자자문사를 시작하면서는 100억 원을 맡아 운용할 기회를 얻었다(대학생이 100억 원 펀드를 만들었다는 뉴스가 당시 세간을 떠들썩하게 했다). 이후 꾸준히 운용자산이 증가해 현재는 3조 원이 넘는 규모가 되었다. 준비가 안 된 상태에서 이런 금액이 주어졌다면 오히

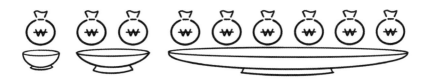

감당할 그릇이 먼저 되어야

려 재앙이 되었을 것이다. 운용 규모에 대한 욕심보단 감당할 그릇이 먼저 앞서야 한다고 늘 다짐한다.

그릇이 커질 수 있었던 배경에 김민국 대표의 존재를 빼놓을 수 없다. 우리는 같은 철학을 공유하지만 선호하는 종목과 관심사가 상이해 합집합의 크기가 넓은 편이다. 20년 이상의 세월을 함께 하며 쌓아온 신뢰, 상대의 장점에 대한 존중, 내가 못하는 일을 해내는 데서 비롯되는 존경심이 누적되었기에 각자가 각자의 방법대로 능력의 범위를 키워나가는 과정이 제약받지 않았다고 생각한다.

나는 특히 그의 오묘한 이중성에 경외감을 가지고 있다. 보수적이지만 공격적이고, 고집스럽지만 유연하고, 꼼꼼하지만 털털하며, 이성적이지만 감성적이며, 이기려 하지만 져준다. 우리의 동업이 오래 가는 이유를 누군가 묻는다면 그건 내가 아니라 순전히 포용의 품이 넓은 김민국 대표 덕분이라 대답하겠다.

사실 투자와 경영을 병행하는 일이 쉽지만은 않다. 감사하게도 함께 일하는 동료들이 어마어마한 양의 정보를 가공된 형태로 전달해주긴 하지만 그래도 해야 할 일은 많고 시간은 늘 부족하다. 나는 루틴으로 이를 극복한다. 출근해서 자료들을 읽고 궁금한 기업 정보를 찾아보며 오후에는 탐방을 가거나 미팅을 갖고 저녁에는 신문 등 정기간행물을 읽는 식이다. 대부분 읽고 보고 듣고 토론하는 일이다. 평소 배낭을 메고 다니는데 여기엔 늘 책, 신문, 자료가 가득 담겨 있다. 이동 중 자투리 시간이 날 때마다 꺼내 읽는다.

정보만 취득하고 마는 것이 아니다. 늘 머릿속에는 내가 현재 투자하는 기업으로 가득해 모든 뉴스와 정보를 이들과 연관지어 생각한다. 이렇듯 매일 숙제 하며 사는 삶이라고도 부를 수 있을 텐데 '우보천리牛步千

里 하면 우공이산愚公移山 할 수 있다'는 나만의 사상에 토대를 두고 있다. 같은 철학을 공유하는 모 자산운용사의 펀드매니저가 '가치투자는 금융 노가다에 가깝다'로까지 표현하기에 듣자마자 적극 공감했다. 어찌 되었건 배우고 생각하는 일이 즐겁지 않다면 늘 같은 일상의 반복은 고역이리라.

자신만의 루틴을 만들려면 내가 무엇을 추구하는지 이를 위해 무슨 일을 해야 하는지부터 먼저 알아야 한다. 나에게 있어 루틴은 많은 종목들에 대한 이해도를 유지하고 새로운 아이디어를 탐색할 수 있게 해주는 중요한 도구다. 더불어 쏟아지는 기업 이슈와 시장의 노이즈 그리고 정신 없는 주가의 변동성 속에서 평정심을 지킬 수 있도록 해준다. 나는 지금까지 내가 겪은 모든 경험과 깨달음이 매일 하는 일 곧 루틴에 함축되어 있다 믿는다. 한 사람의 루틴은 그 사람의 지향점을 보여준다. 당신의 루틴은 무엇인가?

삶의 역경과 고난을 이기는 방법은 의외로 간단하다. 그 첫 번째는 머리 속으로 고민하기보다 우선 정직하게 몸의 리듬을 지키는 것이다.

손웅정 감독(손흥민 선수 아버지)

김민국의 성장사

군대에서 근무하던 1999년 초 어느 날 갑자기 부대장이 찾는다는 이야기를 전해 들었다. 일병 계급장을 단 지 얼마 안 되어 바짝 군기가 들어 있었던 때라 긴장한 상태로 중대장실을 찾아갔다. 부대장은 대뜸 나에게 사회에서 주식투자를 해본 적이 있는지 그리고 입대 전 투자한 주식들이 무엇이었는지를 물었다.

기억을 더듬어보니 자대 배치 직후 사회에서 무슨 일을 했는지에 대해 자세히 쓰는 절차가 있었는데 그때 무슨 배짱이었는지 자기소개서 취미와 특기란에 '주식투자'라고 쓴 것을 부대장이 봤다는 생각이 머리를 스쳤다. 부대장은 주식투자에 진심이었고 그날부터 나는 '주식병'이라는 제2의 보직을 갖게 되었다.

나의 본캐는 '1종 보급병'이었다. 쌀, 라면, 건빵 등을 상급부대에 신청해 예하부대 취사반에 나눠주는 역할이다. 다행히 엑셀을 다룰 줄 알았던 덕에 전임자들이 계산기로 하던 일을 획기적으로 개선했다. 일주일에 한 번 프로그램을 돌려 적정 재고 수준에 맞게 주문을 낸 후 남는 시간은 주식책을 읽는 데 썼다. 중대장은 본인이 구독하던 매일경제와 한국경제를 볼 수 있게 배려했다('쇼생크탈출'이 생각난다). 부캐 주식병으로서 시황과 추천종목을 브리핑하는 미션이 있었지만 주식 공부 자체가 기쁨이었다.

선임병들은 내무반에서 신문을 보는 후임병이 황당했겠지만 부대장 지시사항임을 알고 있었기에 어느 누구도 토를 달지 못했다. 오히려 남들 쉴 때 신문을 봐야 하는 나를 안쓰럽게 바라보기도 했다. 그렇게 2년간 매일 경제신문을 꼼꼼히 읽었다. 주식투자 이론 서적을 더해 공부한 덕에 제대할 무렵에는 투자와 관련된 상당한 지식을 쌓을 수 있었다. 결과적으로 부대장은 나의 주식 인생에 찾아온 귀인이었다.

군대에는 일종의 일기에 해당하는 수양록을 작성하는 시간이 있다. 보통은 군대에서 배운 교육이나 그날의 훈련 내용 등을 쓰는 게 일반적이지만 나는 수양록에 주식투자 일기를 썼다. 신문에서 봤던 내용들을 정리하기도 하고 군인 신분이라 매매가 자유롭지 못했기 때문에 휴가 나갈 때 사고팔 종목들에 대한 투자 아이디어들을 적어보기도 했다. 군 생활 동안 작성한 나만의 독특한 수양록은 그 분량이 꽤 됐다. 투자한 적이 있었던 기업들은 적어둔 글들만 모아도 기업분석 리포트가 될 정도였다.

전역해서 보니 인터넷의 보급으로 팍스넷, 씽크풀과 같은 주식사이트에 종목 토론 게시판이 활성화된 상황이었는데 종목과 관련된 정보를 보러 들어갔다가 큰 실망감을 느꼈다. 주가에 대한 불만을 토로하는 욕설들로 가득한 반면 정작 회사가 어떻게 돈을 벌거나 그 가치가 어떻게 되는지에 대한 내용은 전무했다. 그나마 간간이 올라오는 분석 게시물은 주가 차트 움직임에 근거한 기술적 분석이 전부였다.

화가 나기보단 안타까운 마음이 들었다(나중에 들어보니 최준철 대표는 화가 치밀어 올랐다고 한다). 주식이 기업의 소유권이라는 관점도 모르고 기업 내용에 대한 이해도 없으니 이런 반응이 나오는 게 아닌가 싶었다. 내가 올바른 주식투자 방법에 대해 알려주면 이들에게 도움을 줄 수 있을 것 같다는 생각이 들었다. 그래서 수양록에 써둔 기업분석 글들을 그 시점에 맞게 다시 편집해서 하나씩 올리기 시작했다.

'낭중지추K'. 당시 나의 필명으로 낭중지추囊中之錐라는 사자성어는 주머니 속의 송곳을 말한다. 재능이 특출 나게 뛰어난 사람은 어디에 있어도 결국 그 실력이 드러난다는 뜻이다. 내가 그런 사람이 되고 싶기도 했고 내가 투자한 가치주들이 언젠가는 시장에서 재평가를 받게 될 거라는 믿음도 반영한 이중적 의미였다.

한섬, 웅진코웨이, 한국쉘석유, 롯데삼강, 신도리코, 퍼시스, 오뚜기 등에 대한 기업분석을 올렸는데, 특히 반응이 좋았던 종목은 한섬과 웅진코웨이였다. 이해를 돕기 위해 쓴 비유가 와닿아서였나 보다. 한섬의 리포트 제목은 '한섬이 나훈아를 닮았다고?'였다. 노세일 브랜드 전략을 나훈아의 고가 출연료 정책에 빗댔다. 웅진코웨이의 제목은 '사설 수도 사업의 가치'였다. 고가의 정수기에 최초로 렌탈정책을 도입해 코디라는 관리 시스템을 통해 가정마다 깨끗한 물을 공급하는 사업모델을 표현한 말이었다.

두 종목 모두 높은 주가상승률을 시현했다. 당시 해당 종목을 투자하던 주주들 사이에서 나름 유명세를 얻기도 했다. 한섬의 창업자 정재봉 사장은 따로 만난 자리에서 나중에라도 투자회사를 차리게 되면 꼭 투자를 하고 싶다는 의사를 밝혔다. 본인의 회사를 알아봤던 것처럼 다른 좋은 회사들을 찾는 일에 함께 하고 싶다는 것이었다. 실제로 그는 VIP투자자문을 창업할 때 초기 주주로 참여해 약속을 지켰다.

20년째 동업을 하고 있는 최준철 대표와의 만남 또한 기업분석 보고서 덕분이었다. 글을 읽고 한번 보고 싶다는 요청들이 있었는데 막상 만나보면 대부분 연세가 지긋한 아저씨 투자자들이거나 투자업계에 종사하는 사람들이었다. 그랬으니 그를 처음 만났을 때 같은 학교를 다니는 데다 나이까지 같은 점이 무척이나 신기했다.

그는 전통 산업에 집중하는 나와는 달리 당시 네오위즈 같은 새로운 비즈니스에도 이해력이 높았다. 카투사 출신이라 그런지 투자 서적을 원서로 읽기도 하고 케이블TV를 분석하면서 인터넷으로 외국기업 사례까지 찾아보는 게 신기했다. 철학은 같지만 나와는 관심사가 달라 배울 점이 많다는 생각이 들었다. 더구나 가치투자에 대해 이 정도의 이해도를 갖고 있는 또래 친구는 처음이라 어떻게든 인연을 이어가고 싶었다.

그래서 두 가지 제안을 했다. 첫째, 현재 내가 활동하고 있는 주식동아리에서 같이 활동을 했으면 좋겠다. 둘째, 경제학부에 이창용이라는 천재 교수님이 주식과 채권에 대한 강의를 최초로 개설했으니 함께 수업을 듣자. 그는 흔쾌히 동의했다. 이후 동아리 활동과 학교수업을 병행하면서 하루 종일 붙어다녔다.

여담으로 덧붙이면 그때 같이 들었던 수업은 주식에 대해 배우고 싶었던 우리의 바램과는 달리 채권에 대한 내용이 거의 90% 이상이었다. 내가 수업을 듣자고 제안할 때 의도한 바는 아니었지만 덕분에 채권시장이 돌아가는 원리에 대한 이해도가 높아졌고 후일 여러가지 투자 건을 집행할 때 많은 도움이 되었다(우리에게 주식 대신 채권을 가르쳐준 이창용 교수는 IMF국장을 거쳐 현재 한국은행 총재가 되었다).

동아리에 최준철이 합류한 후 처음으로 함께 기획한 프로젝트는 공개 포트폴리오 운용이었다. 가치투자에 의구심을 가진 사람들의 생각을 바꾸기 위해선 실전 투자를 통해 꾸준히 수익을 내는 모습을 보여줘야 한다는 데 의견이 일치했던 것이 배경이었다. 2001년 6월 '가치투자의 개척자Value Investment Pioneer'라는 원대한 포부를 담은 VIP펀드를 출범시켰다. 공식적인 펀드는 아니었지만 목적 자체가 가치투자의 유용성을 증명하는 것이니만큼 최대한 투명하게 그 운용 과정을 공개하는 데 초점을 뒀다. 그래서 동아리 홈페이지를 따로 만들어 매달 포트폴리오 구성 내역과 종목의 편출입 내용을 공개했다. 신규 편입 종목들에 대해서는 투자 아이디어를 담은 기업 분석 보고서도 함께 업로드했다.

그런데 야심차게 펀드가 출범한 지 3개월도 지나지 않은 시기에 큰 위기가 닥쳤다. 9·11 테러가 발생한 것이다. 안전지대로 여겨지던 미국 본토가 테러집단에 의해 공격받고 뉴욕 소재의 110층짜리 세계무역센터라는 상징적인 건물이 무너지는 초유의 사태였다. 이 광경이 실시간 중계되자 세계는 충격에 빠져들었다.

사건 다음날 거래소는 충격을 줄이기 위해 평소보다 3시간 늦게 거래를 시작했지만 별 소용이 없었다. 단 3시간만 열린 이날 증시에서 코스피지수는 무려 12.02%나 폭락했다. 코스피에서 621개, 코스닥에서 591개 종목이 각각 하한가를 기록했는데 체감하기엔 사실상 전 종목 하한가의 느낌이었다. 말로만 듣던 패닉장 속에서 최준철과 긴급하게 VIP펀드가 현재 상황에 어떻게 대응하는 게 맞을지 열띤 토론을 벌였다.

평소 폭락은 절호의 바겐세일 기회라고 얘기하곤 했지만 어제의 충격적인 영상이 뇌리에 남은데다 노스트라다무스의 예언이 소환되고 제3차 세계대전 가능성까지 거론되는 상황에서 주식 매수를 결단하기는 쉽지 않았다. 더군다나 운용 내역이 공개되어 있다보니 초유의 사태 앞에 논리적 설명에 대한 부담감도 크게 작용했다.

하지만 주가 폭락으로 관심 종목의 밸류에이션이 얼마나 말도 안 되는 수준까지 떨어졌는지와 IMF외환위기 시절 주식을 싸게 샀던 경험을 서로 나누는 과정에서 평정심과 이성을 회복할 수 있었다. 결국 남은 현금을 투입해 평소 사고 싶었던 종목들을 최대한 사들이기로 결론을 냈다. 다행히 다음날부터 주식시장은 빠르게 회복되었다. 이때 바닥에서 매수한 주식들은 큰 수익으로 돌아와 비상 시 발휘했던 우리의 용기에 보답을 안겼다. 인기리에 방영된 드라마 '재벌집 막내아들'에서 주인공이 9·11테러사태의 공포 가운데서 남들이 내던지는 주식을 사들이는 에피소드를 보고 당시 기억이 떠올라 잠시 감회에 젖기도 했다.

이후 2년간 원칙을 고수하는 가운데 열심히 종목발굴과 기업분석에 매진한 결과 투자자문사 창업을 앞두고 펀드를 정리한 2003년 7월 117%의 누적 수익률을 기록할 수 있었다. 같은 기간 코스피지수 상승률은 13%였다. 대학생들이 폭락장 대응을 포함해 운용 과정을 모두 공개한 얘기가 언론을 통해 알려져 대중들 사이에 상당한 인지도가 쌓이기도 했다. 우린 시장과 전문가를 이긴 대학생 투자 고수라는 민망한 별칭을 얻었다.

VIP펀드는 과정과 결과를 통해 우리의 가치투자에 대한 믿음을 강화시켜줬을 뿐 아니라 서로간의 협업이 가치투자를 실행하는 데 큰 시너지를 가져온다는 사실을 일깨워줬다. 펀드명이었던 VIP는 VIP자산운용으로 명맥이 이어지고 있다. '가치투자의 개척자' 정신을 계승함과 동시에 우리를 찾는 모든 고객을 VIPVery Important Person로 대하겠다는 의지를 담은 이름이다. 나는 매일 VIP 세 글자를 보며 초심을 다진다.

피겨스케이터를 꿈꾸는 어린이에게는 김연아가, 메이저리거를 꿈꾸는 선수에게는 류현진이 그런 것처럼 당시 내가 가장 만나고 싶었던 대가는 동원증권에서 주식 운용을 담당하는 이채원 부장이었다. 원조 가치주 펀드를 만들어 탁월한 수익률을 냈던 스타 펀드매니저였다. IT버블 시기 고객들로부터 엄청난 항의를 받으면서도 투자철학을 끝내 꺾지 않는 모습을 보고 큰 감명을 받았다. 당시 인터뷰 등을 통해 보유 종목 일부가 공개됐는데, 내가 투자하는 종목들과 상당한 부분이 겹쳐 신기한 생각이 들기도 했다.

큰 용기를 내서 투자가 겹치는 종목들에 대해 궁금한 점들을 물어보고자 회사로 전화를 걸어 조심스럽게 부장님과의 연결을 요청했다. 낯선 대학생의 전화라 받지 않아도 상관 없었을텐데 놀랍게도 그는 친절하게 전화를 받아주며 궁금한 내용들에 대한 자신의 생각을 들려줬다. 전화가 길어지자 이대로 전화를 끊기는 아쉽다고 하며 식사 자리를 제안했다. 최준철에게 이 기쁜 소식을 전한 후 함께 식당으로 향했다.

첫 만남에서 술 한 방울 마시지 않고 4시간 동안 내리 주식 이야기만 했던 기억이 난다. 이후에도 한 달에 한번 정기적인 만남을 가졌는데 저녁 10시가 넘어 식당이 문을 닫자 댁으로 자리를 옮겨 못다한 이야기를 마저 나눈 적도 있었다. 당시 이미 투자의 거장 반열에 올라 있어 굳이 대학생의 의견이 필요 없을 법도 한데 놀라울 정도의 집중력으로 하나라도 놓칠 새라 장시간 우리의 투자 아이디어를 경청하는 모습이 인상적이었다.

그로부터 배웠던 것은 투자의 지혜뿐 아니라 겸손한 자세로 아래 사람을 존중하고 이야기를 들어주는 진실한 마음이었다. 여전히 가치투자의 대가로 불리며 현역 생활을 이어가는 비결이 아닐까 싶다. 또한 가치

지혜로운 투자자는 경청할 줄 안다

지혜로운 투자자의 귀

투자를 제대로 실행하려면 저렇게 많은 종목을 저 정도의 깊이로 알아야 하는구나 하는 높은 기준을 제시받았다. 아마 이채원 부장을 만나지 않았다면 우리의 실력은 자족적인 수준에 그쳤을지도 모른다.

오랜 기간에 걸쳐 내게 가장 자극이 되는 존재는 역시나 창업 이후 21년째 같은 공간을 쓰고 있는 최준철 대표다(처음 두 해는 아예 같이 살았다). 워런 버핏은 파트너인 찰리 멍거를 두고 "아첨하지 않는 논리적인 파트너는 당신이 가질 수 있는 최고의 시스템 중 하나다"라는 이야기를 남긴 적이 있다. 최 대표를 만나지 못하고 혼자 투자를 계속 해왔다면 지금과는 완전히 다른 모습으로 살고 있었을 것이다.

창업 전 그가 인생의 변곡점에서 나를 두 번 설득한 기억이 난다. 첫 번째는 동아리 활동과 『한국형 가치투자 전략』 집필을 동시에 추진하는 시점에 과외 알바를 포기하자는 제안이었다. 여전히 과외로 꽤 많은 돈을 벌고 있던 상태라 이걸로 투자금을 더 늘리고 싶은 유혹이 컸다. 자신도 과외로 돈을 벌 수 있지만(유튜브에서 가치투자 일타강사로 불릴 정도로 가르치는 재주가 탁월하다) 집중력이 분산되면 최고의 결과물을 만들기 힘들다는 이유에서였다. 우리 둘은 합의하에 과외 알바를 포기했고 대신 가치투자 전파 활동에 올인했다. 진정으로 좋아하고 잘하고 싶은 일을 위해선 단기적인 유혹을 뿌리쳐야 한다는 교훈을 얻었다.

두 번째는 졸업 전부터 창업을 준비하자고 설득한 것이었다. 모든 외부 활동을 '서울대투자연구회'라는 타이틀을 달고 해왔기에 나에겐 학교와 동아리의 틀을 벗어나도 과연 우리가 인정받을 수 있을지에 대한 의구심이 있었다. 그가 설득한 포인트는 전문가로 도약하려면 아역배우 이미지를 탈피해 우리만의 독자적인 실력을 가급적 빨리 갖춰야 한다는 것이었다. 두려운 마음이 앞섰지만 의견을 따랐다. 경비가 들었지만 일단 학교 앞에 사무실을 차리고 봤다. 창업의 기회가 빨리 찾아온 건 배수진을 쳤던 덕분이었다.

투자를 하다보면 사이클에 따라 탁월한 수익률에 스스로 도취되어 교만해지거나, 저조한 수익률이 장기화되면서 슬럼프에 빠지는 경우를 자주 경험한다. 우리는 각자가 교만으로 무너지기 전에 잘못을 일깨워주는 알람시계 역할을 서로에게 부여한다. 반대로 슬럼프에 빠지면 한쪽이 일을 좀더 맡으며 격려해준다. 2008년 글로벌 금융위기로 고객의 신뢰를 잃을 위기에 처했을 때 깊은 사과의 뜻을 담은 자필 엽서를 200장가량 함께 썼다. 서로에게 기대지 않았다면 용기와 엄두를 내지 못했을 일로 기억된다.

가끔 이런 질문을 받는다. "스트레스 많은 이 힘든 일을 어떻게 그리 오래 하세요?" 이에 대한 답은 "혼자가 아니라 함께여서"다. 한 가지 덧붙이자면 이런 답도 가능하다. "남들이 몰라봤던 회사를 편견을 풀어 발굴했을 때의 희열과 그것이 나중에 시장에서 크게 인정받았을 때의 보람이 이루 말할 수 없이 큽니다."

나는 호기심이 아주 많은 성격이다. 취미가 식도락인데 일품요리보다 뷔페를 선호하는 이유도 다양한 음식의 맛이 궁금했기 때문이다. 이 호기심이 투자로 옮아왔다. 나에게 투자는 호기심을 끝없이 충족시켜주는 가장 좋은 취미이자 일이다. 전기차와 자율주행차를 누구보다 빨리 몰아보고 자동차 옵션들을 해설서까지 꼼꼼하게 찾아보면서 비교체험해보는 것도 투자와 연관된 호기심의 발로다. 나의 경험으로 볼 때 주식 투자를 오래 지속하지 못하는 사람들은 호기심이 왕성하지 못하다는 공통점이 있었던 것 같다.

기업마다 사업모델과 제품이 다르다는 점은 참으로 흥미롭다. 그리고 거기엔 사람이 자리 잡고 있다. 사업과 임직원 그리고 외부환경이 상호 작용하면서 매해, 매분기 새로운 재무제표를 만들어가는데 그 과정을 지켜보는 것 자체가 경이롭게 느껴진다. 그리고 변화의 원인을 찾는 일이 재미있다. 아직까지도 가슴을 뛰게 하는 기업을 발견하면 마치 게임에 홀릭한 사람마냥 날을 새며 관련 뉴스와 재무제표를 뒤진다.

대학생 투자자 김민국, 군인 투자자 김일병, 종목게시판의 낭중지추 K, 이 모두가 여전히 나의 현재에 함께 살아 숨 쉰다. 많은 인연과 우연이 얽혀 나에게 찾아온 '덕업일치'의 행운에 진심으로 감사하다. 버핏은 "나는 탭댄스를 추면서 출근한다"라고 일의 즐거움을 말했는데 나 역시 마찬가지다. 이 행운이 죽기 직전까지 이어지길 기도해본다. 그리고 이 책을 읽는 독자들도 덕업일치의 기쁨을 누리길 소망한다.

슈드should의 삶을 살아선 안 된다. 원트want의 삶을 살아야 한다. 부지런한 자는 한 일로 평가받고, 게으른 자는 하지 않은 일로 평가받는다.

손웅정 감독(손흥민 선수 아버지)

투자자의 성장 단계

우리 각각의 이력에서도 드러나듯이 주식 투자를 시작하면 실력이 완숙해질 때까지 일정한 단계를 필연적으로 거칠 수밖에 없다. 편의상 초심자, 하수, 중수, 고수로 나누어 각 단계에서 보이는 특징에 대해 우리의 생각을 밝혀보고자 한다. 비하의 표현으로 오해하지 않으면 좋겠다. 절대적 진리는 아니지만 내가 어떤 단계에 속하는지, 어떤 한계를 극복해야 하는지, 어떤 지향점을 향해 가야 하는지 참고가 되길 바란다.

초심자

주식 할 결심은 주로 시장이 활황일 때 이뤄진다. 주위에서건 뉴스에서건 주식으로 돈을 벌었다는 사례를 이미 접했으므로 두려움보다는 막연한 자신감으로 시작한다(카지노에 입장하는 초보 겜블러를 떠올리면 되겠다). 기업에 대해 아는 게 별로 없으니 익숙한 종목으로 시작하며 나에게도 돈 버는 감이 있다는 믿음이 있으므로 과감하게 트레이딩에 나선다. 목표수익률이 높은데다 선택지도 많지 않으니 몰빵을 하게 된다.

간혹 초심자의 행운이 따르는 경우도 있긴 하나 시장이 꺾이거나 잘못된 종목 선택으로 계속 하다보면 결국 실패의 그날이 찾아오는데, 이때 실패의 원인을 남 탓으로 돌리는 경향을 나타낸다. 초심자는 주식투자를 대결 구도로 보므로(주식시장을 제로섬 게임으로 보는) 일단 거래 상대방과 환경을 탓한다. 대표적인 것이 공매도 때문에, 작전세력 때문에, 외국인 때문에, 기관 때문에, 대주주 때문에, 한국 시장 때문에 등이다.

이게 초심자에게 가장 큰 문제가 되는 이유는 남 탓을 하면 발전을 도모할 수 없기 때문이다. 초심자는 실수에서 배우면서 포기하지 않고 앞으로 나아가야 하는 단계다. 처음부터 잘할 수 없다. 실수가 필연적이므로 큰 금액보다는 잃어도 감당할 수 있을 정도의 작은 금액으로 시작해 다양한 경험을 쌓는다고 마음먹어야 한다.

한 방송에서 "주식을 하면 안 되는 유형이 무엇입니까?"라는 질문을 받았다. 한참을 고민하다 내놓은 답변은 "귀가 얇은 사람입니다"였다. 우리가 보기에 이건 일종의 과락 개념에 해당한다. 다른 조건을 다 구비해도 귀가 얇으면 성공 투자는 성립하지 않는다는 뜻이다. 본인이 다른 사람의 속삭임에 별다른 비판이나 검증 없이 쉽게 넘어가는 스타일이라 판단한다면 다음 단계로 넘어가는 것을 재고해보자. 돈 잃고 사람 잃는다.

하수

초심자 단계를 거치면 주식시장의 무서움을 체감하게 된다. 수영하는 법을 모르고 물에 뛰어들었다 죽을 위기를 겪으면 수영하는 방법을 배우려 하는 것처럼 하수는 주식 공부를 시작할 결심을 새롭게 다진다. 하지만 여전히 핵심적 요인과 비핵심적 요인을 구분하지 못한다. 나의 실패가 시장의 전체 흐름을 읽지 못한 데서 비롯됐다는 잘못된 인과관계의 오류로 인해 각종 방송을 챙겨보며 매크로 공부에 매진한다. 매크로의 복잡성과 낮은 예측 가능성 그리고 개별종목 선택의 중요성에 여전히 눈 뜨지 못한 단계라 하겠다.

자기가 고른 종목에 확신이 없다보니 미스터마켓에 심하게 휘둘리는 상태가 계속된다. 주가가 답을 갖고 있다는 생각이 남아 있다보니 주가가 떨어지면 내가 틀렸나 하는 의구심이 강하게 들고, 반대로 주가가 오르면 다시 빠질까 노심초사한다. 감정이 시세에 따라 왔다 갔다 한다는 특징도 보인다. 주가가 오르면 얼굴에 웃음꽃이 피고 주가가 내리면 수심이 가득하다. 주가가 오르면 주식은 이렇게 해야 한다고 남들을 가르치지만 주가가 내리면 주식 얘기를 하기가 꺼려진다. 하수의 결과는 고점매수 저점매도다.

중수

주식시장의 보상 메커니즘을 이해하고 미스터마켓의 제안을 적절히 이용할 줄 알며 자신의 심리를 어느 정도 다스릴 수 있게 되면 중수 단계로 진입한다. 주가가 언제 덜 빠지고 언제 올라가는지에 대한 감이 잡히면 안전마진, 실적, 촉매에 대한 이해로 이어진다. 매크로보단 기업 분석에 좀 더 매진하는 모습도 보이게 된다.

다만 시세의 변동성을 자연스러운 현상으로 받아들이긴 하지만 여전히 고통을 느낀다. 운용 금액이 커질수록 고통의 정도는 점증한다. 여기서 선택의 기로에 놓이게 되는데 나의 성격이나 기질상 변동성을 도저히 감내하기 어렵다는 결론에 도달하면 직접투자를 포기하고 간접투자로 돌아서거나 아예 주식투자를 포기한다.

몇 가지 장애물을 넘어 중수의 끝자락에 이르면 두 가지 함정에 빠지기도 한다. 첫째는 투자에 비법이 존재한다고 믿는 오류다. 투자가 복잡한 프로세스를 반복하는 일이란 것을 이해하지 못하고 밸류에이션에 집착해 대충 맞출 높은 확률보다 정확한 가치평가에 집착하는 모습을 보인다(특히 답이 딱 떨어지는 문제에 익숙한 이공계 출신이 투자의 공식을 찾는 경향을 보인다). 둘째는 투자 대가들의 책을 많이 읽는 건 좋은데 그중 생각이 꽂힌 일부분을 교조적으로 따르는 한계점이다. 아전인수를 경계해야 한다.

확신을 갖는 종목에 너무 집착하거나 크게 오를 종목을 상승 초입기에서 일찍 파는 실수를 저지르기도 하는데, 내용을 상세히 파악하고 있는 종목 숫자가 적다는 데서 비롯되는 문제다. 이처럼 종목 풀이 작을수록 종목 간 비교 여지가 적어지기 때문에 상대적인 매력도를 파악하는 능력이 약해지기 마련이다. 중수가 되면 저점매수 고점매도 빈도는 높아지지만, 비중이 높은 몇몇 종목이 큰 수익을 내주며 하락 종목의 손실을 메꿔주는 식으로 포트폴리오 관리가 흘러가지는 못하는 한계를 가진다.

종목 풀이 커지려면 흥미, 전문성, 에너지가 필요하지만 기본적으로 누적된 투자 경험과 충분한 시간 투자가 필요하다. 예컨대 한 종목도 팔로우업 기간에 따라 이해의 깊이가 달라지며 경쟁사까지 포괄하는 종목 풀의 크기에 차이가 발생한다. 로마는 하루아침에 이루어지지 않았다. 투자 실력도 마찬가지다.

고수

중수까지는 노력을 집중하면 비교적 빨리 도달할 수 있다. 하지만 고수는 2D에서 3D로 시각이 바뀌는 정도의 차원이므로 중수에서부터 도약하는 데 상당한 시간이 소요된다. 사실 고수는 1장에서 설명한 가치투자의 세계관을 완전히 체득한 사람을 의미한다. 그 내용을 제외하고 고수의 특징에 대해 세 가지를 덧붙이겠다.

첫째는 세계관의 근간을 이루는 부분이라 할 수 있는데 바로 겸손하다는 점이다. 오랜 시간에 걸쳐 성공과 좌절 그리고 통제할 수 없는 변수를 겪다보면 자연스레 생길 수밖에 없는 덕목이다. 어린이와 성인의 차이 같은 것 아닐까 싶다. 둘째는 회사 경영에 대한 이해도가 높다는 점이다. 중수는 기업의 이슈를 호재와 악재로 이분하는 반면 고수는 내가 납득할 수 있는 내용과 납득할 수 없는 내용으로 나눠 판단한다.

마지막이 가장 중요한 대목인데 균형감각을 소유하고 있다는 점이다. 특히 다음과 같이 양립하기 힘든 요소들을 자웅동체처럼 갖고 있다. 원칙을 지키지만 유연하다, 조심스럽지만 공격적이다, 고집스럽지만 실수를 인정한다, 스스로 아이디어를 찾지만 다른 사람의 아이디어에 귀를

초심자	하수	중수	고수
강세장에 시작	매크로에 몰입	기업을 중요하게 생각	겸손하다
귀가 얇다	미스터 마켓의 노예	변동성은 여전히 힘들다	경영을 이해한다
필히 손실을 본다	감정의 노예	비법과 이론을 맹신한다	균형감각을 소유
남 탓을 한다	고점매수 저점매도	선수층(종목풀)이 얇다	장기 보유도 가능
작은 금액으로 경험을 쌓자	기업에 관심을!	더 긴 시간의 필요성을 깨닫자	실력 유지를 위해 끊임없이 노력하자

투자자의 성장 단계

기울인다, 부지런하지만 기다릴 줄 안다.

고수가 되면 저점매수 고점매도를 반복 실행함과 동시에 기업가치가 오르는 종목들을 길게 보유할 수 있게 된다. 어려운 길이지만 그만큼의 보상이 따르는 셈이다(실수와 실패를 경험하지 않는다는 뜻이 아님을 명심하자).

하지만 고수가 되었다고 끝이 아니다. 실력을 유지하기 위해 많은 시간을 투자에 써야 한다. 조금만 방심해 게으름을 피우면 금방 감이 떨어진다. 그래서 스스로 높은 기준을 세우고 자기만의 루틴을 고수하는 일을 강조하는 것이다. 자전거는 페달에서 발을 떼는 순간 이미 멈추기 시작한 것과 마찬가지다. 고수는 루틴을 지킨 하루하루의 노력이 쌓여 현재의 실력이 유지되고 있음을 늘 되새긴다. 지름길은 없는 법이다.

주식 분석이란 거의 재미없고, 아주 사소한 것들까지 챙겨야 하는 어려운 작업이다. 따라서 기업을 제대로 평가하고 주식의 적정한 가치를 매기는 훈련을 충분히 쌓지 않는다면, 주식 투자가 패가망신의 지름길이 될 것이다.

———————

랄프 웬저

성공은 몇 번 승리했느냐로 평가되지 않는다. 패배한 다음에 어떻게 플레이하느냐에 달려 있다.

———————

펠레

프로와 아마추어

이 책을 읽는 독자 모두가 고수가 되길 바라는 바람과 함께 프로와 아마추어의 차이도 추가로 제시하도록 하겠다. 고수로 가는 단계와 중첩되는 내용이 있으니 감안해서 읽어주길 바란다. 역시나 모두가 궁극적으로 프로 레벨에 등극하길 응원한다.

1) 아마추어는 백미러를 보고 운전하고, 프로는 전방을 주시해 운전한다.

2) 프로는 액셀을 밟아야 할 때와 브레이크를 밟아야 할 때를 구별한다.

3) 아마추어는 주가 상승요인을 엉뚱한 데서 찾는다.

4) 아마추어는 비법을 구한다.

5) 아마추어는 변동성을 싫어하고, 프로는 변동성을 즐긴다.

6) 아마추어는 남의 말에 휘둘리고, 프로는 독립적으로 사고한다.

7) 프로는 긴 쇼핑 리스트를 갖고 있다가 가끔 쇼핑에 나선다.

8) 프로는 많이 읽는다.

골프라는 스포츠를 아직까지 완벽하게 파악하지 못했다. 그 깨달음에 다가가기 위해 매일 노력 중이다.

———————

로리 매킬로이

나가며

피터 린치는 47살에 은퇴를 선언했습니다. 그를 동경하며 주식투자를 시작했던 20살에는 까마득히 멀게만 느껴졌던 숫자였는데 올해 제가 벌써 그 나이가 되어 경험했던 내용들을 모아 오랜만에 새로 책까지 쓰다니 묘한 기분이 드는 건 어쩔 수가 없네요.

'나도 꽤 오래 투자를 해왔구나' 하는 실감과 함께 '그동안 용케 살아남았네'라는 안도감이 밀려옵니다. 미천한 실력 탓에 성과가 마젤란펀드에는 턱 없이 못 미치지만 어린 시절 겁 없이 주장했던 가치투자에 먹칠을 할 정도는 아닌 것 같아 가슴을 쓸어내립니다.

피터 린치에겐 무례한 발언이 될 수도 있겠습니다만, 저는 지금 은퇴할 용기가 없습니다. 일을 그만두기엔 여전히 투자가 재미있습니다. 타인의 돈을 맡아 운용하는 펀드매니저 고유의 스트레스가 없다면 거짓말이겠죠. 하지만 혼자가 아니라 김민국 대표가 짐을 나눠 짊어져주니 아직은 버틸만합니다(그래서 버핏이 아직도 일을 할 수 있나 봅니다). 불철주야 리서치에 힘쓰는 VIP자산운용의 애널리스트들 덕분이기도 합니다.

책을 집필하면서 과거 포트폴리오를 포함해 제 투자의 기록을 쭉 살펴봤습니다. "이 종목을 도대체 무슨 생각으로 샀지?" "저 좋은 종목을 왜 저만큼밖에 못 샀지?" 갖가지 실수들에 얼굴이 화끈거렸습니다. 저에겐 배움이 더 필요합니다. 남은 평생을 다 바쳐야 피터 린치가 47살에 이룬

업적에 발끝이라도 쫓아갈 수 있지 않을까 싶습니다. 투자자로서의 탁월함보다 부족함이 더 많이 보이는 것이 제가 처한 현실입니다.

해왔던 일과 부족한 결과에 비해 그간 과분한 사랑을 받았습니다. 대학생이 저술한 주식 책이 세상에 받아들여졌고 투자업계의 선배들은 신규 진입자에게 노하우를 아낌없이 나눠줬으며 고객님들은 경험이 일천한 젊은이들에게 소중한 자금을 맡겨줬습니다. 『한국형 가치투자 전략』을 쓸 당시엔 상상하지도 못했던 일들이 행운처럼 연이어 찾아왔습니다.

저는 깊은 감사의 마음과 함께 앞으로 두 가지 일을 통해 지금껏 받았던 사랑을 우리의 방식대로 세상에 돌려주고 싶다는 꿈을 가지고 있습니다.

첫째, 가치투자를 통해 많은 사람을 주식 부자로 만들어 드리고 싶습니다. 그래서 작년 VIP자산운용은 공모운용사로의 전환을 결정했습니다. 그간 사모운용사로서 서비스의 범위가 소수의 자산가들에게만 국한됐지만 앞으로 가입금액의 제한이 없는 공모펀드와 퇴직연금펀드를 통해 더 많은 투자자들을 만날 수 있게 된 것입니다.

혹자는 이렇게 묻습니다. "이미 사모운용사로 알차게 자리를 잡았는데 군이 번거로움을 감수하면서까지 침체된 공모펀드 시장에 진출할 필요가 있을까요?" 물론 부담감은 가중되겠지만 함께 하는 고객들이 많아지니 원하는 결과를 안겼을 때 얻는 기쁨도 그만큼 커질 거라 믿습니다. "나는 나를 믿어준 사람들을 부자로 만들어주고 싶고 그 방법이 옳았다는 평가를 듣고 싶다." 이것으로 충분한 대답이 됐으리라 생각합니다.

둘째, 가치투자를 계속 대중에게 알려드리고 싶습니다. 영화 '매트릭스' 중 모피어스의 대사입니다. "나는 그곳으로 가는 문까지 보여줄 수 있다. 그 문을 통과해야 하는 건 너다. 길을 아는 것과 그 길을 걷는 것은 다르다." 가치투자를 택하는 건 각자의 몫입니다. 하지만 저는 가치투자로 가는 문을 보여주는 안내자가 되고 싶습니다.

지금처럼 이렇게 책을 통해 독자들을 만나기도 하는데 그래도 최근 가장 활발하게 소통하는 채널을 꼽자면 단연코 브이아이피자산운용 유튜브 계정인 『VIP tv(舊 브자tv)』입니다. 여기서 저는 다양한 영상을 통해 가치투자법을 알려주는 '가치투자 1타 강사'가 되기도 하며 힘든 상황이 닥칠 때 꾸준히 버틸 힘을 제공하는 멘토로 변신하기도 합니다. 이왕 이 책을 읽으신 김에 『VIP tv』에서 계속 인연을 이어가며 함께 성장해가길 원합니다.

이외에 제가 읽은 책을 소개하며 짧은 서평을 공유하는 인스타그램 계정(@jc_choi_vip, #최준철의 서재)을 운영하고 있습니다. 비록 온라인 상이지만 가치투자와 책을 매개로 많은 투자자와 교류하는 일은 투자와 독서가 취미인 제게 큰 기쁨입니다.

'공부하는 캐피탈리스트' 가치투자자로서 매일 즐기면서 하는 일 그리고 스스로 부여한 정체성과 지향점을 드러내고 싶어 인스타그램 프로필에 새겨 넣은 말입니다. 또한 제가 가치투자자들을 향해 외치는 "함께 열심히 공부해서 꼭 캐피탈리스트가 됩시다!"라는 구호의 의미도 담고 있습니다. 부족한 책을 끝까지 읽어주신 독자님들께 진심으로 감사드리며, 이 책이 앞으로 '공부하는 캐피탈리스트'를 대거 탄생시키길 기원합니다.

가치투자가 캐피탈리스트로 가는 길이라 믿는
최준철 올림

두 번째 소감

'한국인이 한국 시장에 맞게 쓴 최초의 가치투자서' 서울대학교 최도성 교수님께서 『한국형 가치투자 전략』에 써주신 추천 문구입니다. 이미 시중에 일부 훌륭한 주식 투자서들이 있었지만 투자 사례가 모두 미국 회사이다보니 한국 투자자들이 공감하지 못하는 점이 아쉬웠습니다. 그래서 일천한 투자경력에도 불구하고 한국 상장기업들을 사례로 삼아 쉬운 용어를 사용해 가치투자를 알려드리고 싶었습니다.

책 출간 이후 과분한 격려와 응원을 받았으나 여전히 가치투자는 한국에서 통하기 힘들다는 시각이 쉽게 불식되진 못했습니다. "너희가 몇몇 가치주를 발굴해 성공한 사례는 인정하지만 작은 금액인데다가 IMF 외환위기 이후의 특수한 상황에서 이뤄진 것이므로 일반화시키기 힘들다." 실험실에서는 통하는 프로젝트이지만 실제 대량 생산하기에는 힘든 사업 아이템에 불과하다는 평가를 받는 느낌이었습니다.

그래서 투자자문사를 창업하기로 결정했습니다. "기관투자자로서 공식적인 결과를 만들어 보여주면 가치투자라는 방법론을 입증할 수 있지 않을까"라는 생각을 했던 것입니다. 그로부터 20년이 흘렀습니다. 투자라는 길이 쉽지 않아 수많은 시행착오를 겪었지만 그래도 우수한 장기수익률을 기록할 수 있었던 건 순전히 벤저민 그레이엄과 워런 버핏 등 대가들의 가르침을 따르려 발버둥쳤던 결과가 아닌가 합니다.

가치투자는 예나 지금이나 여전히 소수의 게임입니다. 사람들은 단기간에 높은 수익을 올리고 싶어 하는 본성이 있는데 가치투자는 그 본성에 역행하는 투자법인 탓입니다. 대학생 시절에는 몰라서 못하는 거라 여겼는데(그래서 책도 쓰고 신문도 발행하고 온라인 커뮤니티도 운영했습니다) 시간이 지나 지금은 생각이 다소 바뀌었습니다. 타고난 기질과 학습 의욕이 없다면 알아도 못하는 게 가치투자인 것 같습니다.

그래서 이 책은 가치투자를 새로 알리는 데 초점을 두기보단 어느 정도 가치투자를 믿음으로 받아들인 분들을 대상으로 쓰였음을 밝힙니다. 저희가 운영하는 『VIP tv』가 건전한 투자방법에 목마른 투자자들을 대상으로 한 유튜브 채널인 것처럼 말이죠. 가치투자를 부정하는 사람을 설득하기 위해 논쟁을 벌이기보다는 공감하는 분들과 교감을 나누며 함께 성장을 도모하는 일이 저에겐 더 행복으로 다가옵니다.

마지막으로 개인적으로 갖고 있는 꿈에 대해 말씀드리고 싶습니다.

이미 잘 알려진 얘기입니다. 버핏은 경력 초기에 파트너십을 통해 고객의 자산을 운용하는 펀드매니저였지만 이후 투자 지주회사인 버크셔 해서웨이를 통해 주주들의 돈을 관리하는 투자자이자 경영자로 변신합니다. 투자 스타일에도 변화를 겪습니다. 단순히 저평가된 주식을 사는 바겐헌터에서 탁월한 기업을 소유하는 투자자로 거듭납니다. 파트너인 찰리 멍거의 적극적인 조언이 사고의 변화를 가져왔습니다.

저는 버핏이 실수에서 배우고 주변의 조언을 받아들이며 끊임없는 변신을 도모하는 모습에서 큰 자극을 받습니다. 특히 사업가로서의 면모 그리고 기업들에 미치는 선한 영향력을 닮고 싶습니다. 저 또한 지금까지의 경험을 바탕으로 투자하는 회사들에 주주정책에 관한 내용뿐 아니라 사업적인 영감을 전달하고 싶습니다.

행동주의가 단순히 기업들에게 주가부양만을 요구하는 행위로 오해 받지 않았으면 좋겠습니다. 상장기업의 경영진들을 만나보면서 놀란 것은 어떻게 해야 주주가치를 효과적으로 올릴 수 있는지 배워본 적이 없다는 점입니다. 의도적으로 소액주주의 부를 침해해 자신의 이익을 좇으려는 것이 아니라 자신도 잘해보고 싶지만 최선이 무엇이지 모르는 경우가 많았습니다. 이번 생에 아빠는 처음이라, 남편은 처음이라 서툰 것처럼 이번 생에 상장회사 경영은 처음이라 주주중시경영에 대한 무지는 어찌 보면 당연합니다.

주주와 경영진은 제로섬 관계가 아닙니다. 버핏이 워싱턴포스트의 발행인이었던 캐서린 그레이엄에게 조언하면서 평범한 언론사를 위대한 기업으로 함께 만들어갔듯이 저 또한 한국의 많은 상장사의 좋은 동반자가 되고 싶습니다. 오랜 기간 투자하며 지켜봤던 회사들에 A4 20장 남짓한 분량으로 경영과 주주정책에 있어 아쉬웠던 점과 개선방향에 대한 글을 정성스레 써서 보내고 있습니다. 그들이 제안서를 받은 후 조금씩 변화해가는 모습들을 지켜볼 때마다 큰 보람을 느낍니다.

지금까지 한국에 가치투자를 알리기 위해 노력해왔던 것처럼 회사들을 향한 진정성을 바탕으로 대안을 제시하며 모범이 될 만한 주주중시경영 사례를 만들어낸다면 코리아 디스카운트는 자연스럽게 해소되어가리라 믿습니다. 이것이 저의 가슴 뛰는 일입니다. 버크셔 해서웨이처럼 자랑스럽게 내세울만한 모범적인 투자 구조의 사례가 앞으로 한국에서도 출현한다면 저와 여러분이 그 주인공이길 간절히 소망합니다.

기업들과 동행하는 투자를 꿈꾸는
김민국 올림

제작에 도움을 주신 가치투자자분들

삽화: 여신욱(알머리 제이슨)

감수: 김범석

자료 정리: 남규은

데이터 정리: 권이레, 서신혁

집필을 마치고 나니 빚진 자의 마음이 이런 것이 아닌가 싶습니다. 책을 쓰는 동안 우리의 철학과 생각이 다양한 투자자들로부터 영향을 받았음을, 거인들의 어깨에 올라탄 덕에 여기까지 무탈하게 도달할 수 있었음을 실감했기 때문입니다. 사람뿐 아니라 투자자도 사회적 관계에서 자유로울 수 없는 존재입니다.

책으로 접했거나 운 좋게 직접 만날 수 있었던 대가들 그리고 가치투자를 매개로 교분을 나눠온 가까운 지인들이 없었다면 이 책은 빛을 보지 못했을 겁니다. 인터넷상에 양질의 글과 영상을 올려 생각을 공유하는 수고를 아끼지 않는 투자 블로거들과 유튜버들에게도 감사와 응원의 말씀을 전합니다.

다른 이의 아이디어지만 부지불식간에 저희의 독창적인 생각으로 서술되었거나 원작자를 밝히지 않은 채 무단으로 인용한 내용이 있을까 걱정이 됩니다. 혹시라도 부적절한 부분이 보인다면 글쓰기가 본업이 아닌 저자들의 부족함 탓입니다. 하나라도 내용을 더 담고자 의욕이 앞서 저지른 실수이니 넓은 아량으로 이해해주시길 부탁드립니다.

한국형 가치투자

1판 1쇄 | 2023년 3월 15일
1판 7쇄 | 2024년 11월 15일

지은이 | 최준철·김민국

책임편집 | 심재헌
편집 | 김승욱
디자인 | 조아름
삽화 | 여신욱(알머리 제이슨)
마케팅 | 김도윤
브랜딩 | 함유지 함근아 고보미 박민재 김희숙 박다솔 조다현 정승민 배진성
제작 | 강신은 김동욱 이순호

발행인 | 김승욱
펴낸곳 | 이콘출판(주)
출판등록 | 2003년 3월 12일 제406-2003-059호
주소 | 10881 경기도 파주시 회동길 455-3
전자우편 | book@econbook.com
전화 | 031-8071-8677(편집부) 031-8071-8681(마케팅부)
팩스 | 031-8071-8672
ISBN | 979-11-89318-41-3 03320